karma
imediato

8.879 maneiras de trazer boa sorte agora mesmo

para você e para os outros

BARBARA ANN KIPFER

Tradução
Anat Geiger

Título original: *Instant karma 8.879 ways to give yourself and others good fortune right now*
© 2003 by Barbara Ann Kipfer
Published by arrangement with Workman Publishing Company, New York.
© 2014 by Lexikon Editora Digital

Odisseia Editorial® é uma marca registrada da
Lexikon Editora Digital.

Todos os direitos reservados. Nenhuma parte desta obra pode ser apropriada e estocada em sistema de banco de dados ou processo similar, em qualquer forma ou meio, seja eletrônico, de fotocópia, gravação etc., sem a permissão do detentor do copirraite.

LEXIKON EDITORA DIGITAL LTDA.
Rua da Assembleia, 92/3º andar – Centro
20011-000 Rio de Janeiro – RJ – Brasil
Tel.: (21)2526-6800 – Fax: (21)2526-6824
www.lexikon.com.br – sac@lexikon.com.br

DIRETOR EDITORIAL
Carlos Augusto Lacerda

EDITOR
Paulo Geiger

PRODUÇÃO EDITORIAL
Sonia Hey

ASSISTENTE DE PRODUÇÃO
Luciana Aché e Rafael Santos

DIAGRAMAÇÃO E CAPA
Adaptação do original/Filigrana

CIP-BRASIL. CATALOGAÇÃO NA PUBLICAÇÃO
SINDICATO NACIONAL DOS EDITORES DE LIVROS, RJ

K64k

    Kipfer, Barbara Ann
        Karma imediato : 8.879 maneiras de trazer boa sorte agora mesmo para você e para os outros / Barbara Ann Kipfer ; tradução Anat Geiger. - 1. ed. - Rio de Janeiro : Odisseia, 2014.
    376 p. ; 17 cm.

    Tradução de: Instant karma: 8.879 ways to give yourself and others good fortune
    ISBN 978-85-62948-24-4

    1. Vida espiritual. 2. Filosofia. I. Título.

                                 CDD: 291.44
                                 CDU: 291.4

Para Paul, que provê a força do equilíbrio na minha vida,
e meus dois garotões, Kyle e Keir,
que a alegram.

Nós escalamos montanhas e buscamos as estrelas,
fortalecendo o amor que compartilhamos.
Obrigada por tudo.

Agradecimentos especiais a minha editora-chefe Jennifer Griffin, à editora assistente Cindy Schoen, à *designer* Elaine Tom, ao editor de produção Doug Wolff, e a Peter Workman, que publicou o livro. É maravilhoso ter a oportunidade de trabalhar com vocês.

INTRODUÇÃO

Karma imediato é uma coleção de milhares de formas disponíveis para se criar um bom *karma* para você mesmo e para outros. Os conselhos aqui apresentados baseiam-se nos princípios do budismo, do taoísmo e de outras tradições espirituais e enfatizam a importância da respiração física, do desenvolvimento espiritual, da harmonia e da paz. *Karma imediato* está cheio de sugestões simples e imediatas para reanimar e iluminar a sua vida. Eu tento incorporar essas ideias à minha vida cotidiana, e espero que você encontre aqui algumas que queira incorporar à sua.

O livro abrange quatro princípios fundamentais da prática espiritual: *karma*, *dharma*, *ioga* e *tao*. *Karma* é causa e efeito: o que você faz hoje, bom ou mau, retornará amanhã. *Dharma* quer dizer 'lei cósmica' — nós praticamos o *dharma* para estarmos afinados com a natureza e o mundo. *Ioga* é mais que alongar o corpo — é a iluminação através do movimento. Tao é a prática de agir em harmonia com a essência fundamental de tudo o que você encontra. Todos estes princípios e as variadas tradições que você encontra aqui têm a intenção de abrir seu coração e reanimar o seu espírito, celebrar o momento presente e ajudá-lo a alcançar força mental e física.

Você pode ler *Karma imediato* do começo ao fim, ou o abrir em qualquer página para um momento de inspiração. A natureza do livro visa a proporcionar algo novo toda vez que você o ler. Muitas passagens vão significar algo para você hoje mesmo;

outras parecerão verdadeiras daqui a anos; outras talvez nunca combinem com você. Tudo bem. Apanhe o que quiser e abandone o resto.

Há um número infinito de formas de melhorar a sua vida e a de outros. Isto é só um começo. O que você pode fazer para melhorar o seu *karma* e o dos outros?

NOTA DA EDITORA

Os pensamentos e conselhos expressos neste livro pretendem ter uma dimensão espiritual que abrange fronteiras além das geográficas, nacionais e até mesmo planetárias. No entanto, muitos deles referem-se a contextos (climáticos, culturais, tradicionais etc.) que são específicos, nem sempre aplicáveis, por exemplo, ao Brasil. Em muitos casos, para uma correta interpretação do conteúdo de um pensamento, ele foi adaptado ao contexto da realidade brasileira. Em outros, com o objetivo de manter seu caráter universal, manteve-se sua alusão a outros lugares e culturas. Neste caso, marcados com uma retícula.

O termo 'carma' já é dicionarizado em português. Mas para preservar a coerência e o paralelismo com *dharma*, preferiu-se mantê-lo em seu formato original, como palavra importada: *karma*.

- espere uma porta ser destrancada ao invés de tentar derrubá-la
- **teste sua inteligência desafiando-a**
- coloque um tapete no chão para seus pés descalços
- pare de trabalhar no computador e ponha suas mãos em *Namaste*, a postura centrada de respeito e gratidão
- dê a melhor informação
- inicie um programa de reforma social
- aprenda com a maneira natural e relaxada com que crianças pequenas se movem
- aprecie as suas excentricidades, e as dos outros
- num dia sombrio, ponha guardanapos amarelos e alegres na mesa
- acredite que o melhor ainda está por vir
- ponha algo extra no cofrinho de alguém
- pratique alguma forma de expressão corporal
- entregue-se
- faça trabalho voluntário na escola de seu filho
- seja autossuficiente
- aprenda a enxergar seus desejos e a fazer escolhas ao invés de reagir a cada um deles
- viva a vida conscientemente
- saiba o propósito para o qual você está lendo
- doe um décimo da sua renda para a caridade ou boas causas
- se você quiser garantir paz para si mesmo, comece defendendo a dos outros
- não leve demasiadamente a sério as experiências da vida
- faça da criatividade uma maneira de viver
- abrace o padrão orgânico da sua vida e confie nele
- nomeie uma estrela como presente de aniversário para um amigo

- introduza mudanças alimentares gradualmente
- **tente não fazer tudo ao mesmo tempo**
- entre num concurso — pode ser que você ganhe!
- dê um banho de esponja no seu animal de estimação
- construa um carro de brinquedo com uma criança
- aborde as tarefas do dia com reverência
- dê suporte a sua faculdade
- leia um dicionário na íntegra
- construa uma casa numa árvore para uma criança
- celebre a boa comida vinda da terra
- repita as palavras sagradas de grandes mestres
- ame — e deixe o resto rolar
- desafie você mesmo a se virar na vida
- pare de prender a respiração e comece a respirar pelo diafragma
- compre roupa de baixo e meias novas regularmente
- equilibre atividade mental extenuante com trabalho ou exercícios físicos
- recorra a reuniões parcimoniosamente e sempre siga uma agenda
- vivencie o fato de estar vivo, uma presença no aqui e agora
- faça da sua cozinha o aposento mais confortável da casa
- demonstre integridade pessoal
- não arrisque o que você não quer perder
- telefone ou escreva para seus primos
- quando necessário, improvise
- só o amor dispersa o ódio
- distribua um pouco de alegria
- desfrute de uma grande variedade de alimentos
- agradeça à pessoa que rasga os bilhetes no teatro
- imagine viver sua vida sem ter medo de correr riscos

- **convide pessoas para seu local de oração**
- a vida é positiva; só o seu pensamento é negativo
- A ousadia tem em si genialidade, força e magia. (Johann Wolfgang von Goethe)
- acenda uma vela para alguém com quem você se preocupa
- tire o foco de você mesmo
- coloque-se no lugar de outra pessoa
- vá à missa da meia-noite no Natal
- crie o hábito de ler algo inspirador e encorajador logo antes de ir dormir
- quanto mais atenção você der à comida, mais interessante ela fica
- **dê o melhor de você para o mundo**
- dê uma massagem nas costas de alguém
- não espere elogios ou recompensas
- faça dois ensopados e leve um para um amigo
- dê as boas-vindas a imigrantes que trabalham duro
- coma somente até perder a fome
- trabalhe ao som de música
- ajude alguém a organizar os ingredientes para cozinhar
- pendure comedores para pássaros para encorajar suas visitas
- faça menos; seja mais
- viva de acordo com o que você acredita
- alugue uma bicicleta nas suas férias
- envie um telegrama de amor entregue 'em mãos'
- ajude a preservar escolas pequenas
- doe seus velhos livros de infância a uma biblioteca
- uma dieta vegetariana está em harmonia com *ahimsa*, ou não violência
- aprenda a ser seu próprio conselheiro

- às vezes você tem de ficar na cozinha mesmo sem gostar do calor — pense nisso como um teste cármico
- crie uma sensação de alegria aonde você for
- leve um pequeno terrário para alguém que não pode sair de casa
- tenha a generosidade de permitir que outros recebam o que merecem
- saiba os números de emergência
- faça sua pausa matinal com um colega amável
- mantenha sua comida simples
- **crie a lista definitiva do que fazer, uma que o ajude a se manter no seu caminho**
- escute a resposta toda
- limpe sua casa com ingredientes naturais
- independentemente da situação, reaja com classe
- dome seu apetite
- abasteça um quarto de hóspedes com artigos de higiene e um roupão
- menos é normalmente mais
- deixe as coisas se desenrolarem em seu próprio tempo
- para que julgar?
- lembre que a maneira com que você diz algo é tão importante quanto o que você diz
- bons cientistas se libertam de conceitos e abrem suas mentes para o que realmente é
- reconheça atividades cotidianas e comuns como oportunidades para despertar a consciência
- demonstre sua dedicação a seu parceiro em público
- **melhore sua postura**
- cuide da sua mente e do seu corpo
- recuse-se a dizer uma mentira, mesmo que seja pequena

- organize um grupo para praticar meditação
- alegre uma escrivaninha deprimente com flores
- a sorte está em toda parte: tudo o que você precisa fazer é colher as bênçãos no seu caminho
- opte por direcionar você mesmo o curso e a qualidade da sua vida
- arranje tempo para ajudar um estranho que precisa de orientação
- o que você cultivar durante bons momentos torna-se a sua força durante maus momentos
- sinta-se confortável com ambiguidades
- sirva um café da manhã quente e farto numa manhã fria de inverno
- ensine seus filhos a comer saudavelmente
- Uma migalha de comida em paz é melhor do que um banquete feito com ansiedade. (Esopo)
- **respeite tradições**
- reflita sobre a gentileza de todos que você encontra
- respire profundamente para acalmar as emoções e relaxar os nervos
- importe-se com a felicidade dos outros
- incentive uma corrida de carros de brinquedo
- faça uma corrida matinal com amigos
- seja gentil e paciente com uma pessoa zangada
- arranje tempo para meditar
- ajude alguém a levantar pesos na academia
- sorria para a pessoa que está no carro ao lado do seu
- quando os desejos são poucos, o coração está feliz
- quando chegar em casa, tire os sapatos
- compre um cravo vermelho e leve-o quando for para o trabalho

- mastigue conscientemente
- tenha tempo para você mesmo
- dê tanto quanto recebeu
- **cultive uma aptidão**
- saiba quando parar
- trate bem dos animais
- doe revistas de palavras-cruzadas para hospitais
- faça um bolo de aniversário canino com carne moída e creme de aveia
- confie naquele de quem você depende, e cuide de quem depende de você
- ofereça-se para fazer um favor a seu cônjuge
- aprenda a arte da negociação
- explore a riqueza das suas imperfeições
- **mude suas rotinas**
- comece o dia da sua família com suco de laranja fresco
- mantenha seus negócios 'por cima do pano'
- mantenha seus relacionamentos em boa forma
- faça da honestidade sua única diretriz
- o silêncio é às vezes a melhor resposta
- sonhe sonhos bons
- assegure-se de que suas palavras expressam sua compaixão
- eduque seus filhos
- carregue o saco de lixo de alguém e limpe a sujeira de outros
- compre dois exemplares de um livro para ler junto com seu amor
- viva sua vida com integridade, compaixão e um saudável senso de humor
- transforme sentimentos gentis em ações
- mantenha-se focado em seu objetivo

- coma sua 'comida de consolo' preferida no jantar
- comece a perceber a diferença entre amor e apego, entre perda e mágoa
- dê a alguém um presente de 'bem-vindo de volta'
- encare seu trabalho como significativo
- não se preocupe por causa de uma tarefa desagradável, simplesmente cumpra-a agora mesmo
- mude o tom de uma sessão de queixas com piadas e humor
- compartilhe conhecimento para adquirir conhecimento
- não importa quanta bondade você faz, faça mais
- **peça ajuda quando precisar**
- quando você se aceita exatamente como é, aí então você pode mudar
- tente fazer um jejum de TV
- faça compras na loja de produtos naturais do seu bairro
- vá devagar e suavemente
- sirva refeições a moradores de rua nos feriados
- Zen trará perspectiva a sua vida por iluminar sua capacidade de prestar atenção a tudo com o mesmo fervor
- quando estiver sem saída, pegue outra rua
- faça as coisas com tranquilidade
- construa uma casa com materiais reciclados
- veja as coisas pela perspectiva de outra pessoa
- toque música relaxante durante o jantar
- faça com que sejam prazerosas as refeições em dias atarefados
- **compartilhe seu amor aos livros**
- veja tudo na sua vida como uma dádiva
- melhore seu vocabulário para fortalecer seus circuitos mentais
- **dê a seu cônjuge tudo o que puder**

- associe-se a vencedores
- **aprenda a fazer coisas para si mesmo**
- brinque com seus filhos nos sábados
- envolva alguém com seu casaco numa noite fria
- tenha um estoque de brinquedos para jovens visitantes
- não faça a sua aparência ser mais importante que sua disposição
- forneça calculadoras e dicionários a escolas carentes
- mostre a uma criança como usar o extintor
- certifique-se de que todos os seus amigos chegaram bem em casa
- faça muitas mudanças boas
- faça da gentileza sua verdadeira religião
- desenhe com crianças
- deixe seu dia se revelar
- conhecimento sobre os *chakras* o ajudará a identificar as áreas problemáticas da sua vida e proverá uma base para crescimento pessoal
- deixe um pequeno presente-surpresa na geladeira
- traga um livro de colorir e lápis de cor para uma criança em um restaurante
- reze pelo bem-estar de um amigo ou parente
- acredite que paz interior é possível
- aguarde com interesse a possibilidade de aprender
- faça o bem
- escreva três coisas ótimas sobre o dia de hoje
- pense nos outros
- ensine uma criança a ler
- resolva pegar apenas aquilo de que seu corpo precisa
- faça com que todos os aposentos da sua casa sejam confortáveis

- quando for dormir, durma como se fosse seu último sono
- **pense em termos de múltiplos propósitos e não de um propósito único**
- aguente tudo com bom humor
- comece cada refeição agradecendo, mesmo em silêncio
- surpreenda alguém com seu sanduíche preferido
- encontre a borda brilhante da nuvem escura
- pague suas contas no prazo
- pesquise suas opções
- corresponda a um abraço
- faça a diferença
- use protetor solar
- reconheça a realidade dos tempos
- pratique uma mentalidade de 'deixar as coisas correrem'
- inicie o dia de alguém com uma piada ou história engraçada
- compre um ingresso para uma corrida de automóveis para um adepto desse esporte
- pratique uma obediência constante ao que você acredita ser correto
- descubra sua própria alegria serena
- saiba estar fazendo o melhor que pode — no momento
- convide alguém amado para um chamego
- A vida não precisa mudar; somente suas intenções e seus atos é que precisam. (Swami Rama)
- **o Zen pede que você esvazie a sua mente**
- compre livros usados sempre que puder
- **envelheça graciosamente**
- lembre-se de que entender o *karma* é fundamental para entender a felicidade
- corra riscos para colher os frutos

- nutra essas qualidades: precisão, gentileza, e a capacidade de 'deixar correr'
- assista somente a programas de televisão que realmente lhe interessem
- presenteie um livro que faça alguém sorrir ou rir
- irradie paz quando as pessoas a sua volta estiverem ansiosas
- cultive ervas numa varanda
- antes de dizer alguma coisa, pergunte-se se suas palavra irão beneficiar ou prejudicar um relacionamento
- pegue brochuras sobre carros para alguém que está pensando em comprar um carro novo
- vá à biblioteca e torne-se uma pessoa estudiosa
- simplifique
- ouça a Nona de Beethoven
- ajude a banir qualquer coisa 'nuclear'
- dê a alguém um lanche para ele levar na sua viagem de avião
- ajude uma menina a fazer uma estrela (movimento acrobático N.T.)
- a cada semana assista um programa de televisão a menos
- tenha controle do momento
- assuma um cargo público e cumpra suas promessas
- leve um buquê de violetas para alguém
- dance sob uma chuva de verão
- ofereça um café da manhã para a pessoa que está atrás de você na cafeteria
- ensine crianças dando o (bom) exemplo
- por que brigar — sabendo que a vida é tão passageira quanto o clarão de um relâmpago?
- distribua compaixão
- deixe dinheiro onde alguém o achará

- traga plantas e flores, com sua energia curativa *yang*, para o quarto de um convalescente
- compre bolos em feiras de caridade
- vivencie a vida e a morte a cada momento
- conheça seus filhos
- complete um projeto
- ponha fotos da sua família no seu quarto de hotel
- crie circunstâncias que o façam sorrir
- termine cada bocado de comida antes de pegar o próximo
- levante-se uma hora antes de manhã e pratique ioga ou artes marciais
- limpe a garagem mesmo não sendo tarefa sua
- seja humilde quanto a sua boa sorte
- pratique a sua fé
- valorize você mesmo
- ria espalhafatosamente com crianças
- faça uma dedicatória na sua rádio local a todos os que sorriram para estranhos nesse dia
- reconheça suas características e qualidades positivas
- **dê uma sacudida num preguiçoso**
- escolha salada em vez de bife
- veja os dois lados
- dê um beijo na palma da mão de alguém e feche seus dedos a fim de 'guardá-lo' para depois
- adoce suas palavras
- ofereça compaixão e apoio a um amigo que sofre
- não tente comprar felicidade
- aceite-se como é, de corpo e alma
- carregue mais que seu peso
- ajude alguém a trabalhar num projeto
- pegue de seu empregador só o que lhe é dado

- deixe a mente em seu estado natural e sereno
- use sua prática de ioga para sentir suas emoções fisicamente — então você poderá deixá-las para trás
- plante árvores perenes
- pratique escutar — não aprendemos nada de novo quando estamos falando
- visite a ala infantil de um hospital
- perdoe as imperfeições dos outros a cada oportunidade
- tranquilize seu parceiro quanto ao compromisso que assumiu com ele
- todas as suas ações e seus comentários retornam a você
- **pense como uma criança**
- faça das refeições diárias uma celebração de abundância
- aprecie o aroma de uma rosa, o último fulgor de uma lareira
- compartilhe mutuamente conhecimento, gentileza, ajuda, celebração
- diga não conscientemente
- permita a você mesmo 'apenas ser' por cinco minutos — ou tanto quanto puder
- tente não trazer seus problemas de trabalho para casa
- busque a essência da beleza todos os dias
- use a ioga para ajudar a liberar seu deleite interior
- acorde cedo para começar o dia com vantagem
- faça decorações para as festas com artigos que o façam sorrir
- compartilhe o que você aprendeu
- reeduque sua mente a aumentar a consciência de cada um dos sentidos
- escute criticamente e atenciosamente
- leve latas e garrafas para reciclagem

- retire uma farpa de alguém
- colha maçãs [pode estar se referindo a certo jogo de computador que exercita a mente contra processos degenerativos. N.E.]
- não fique imerso no futuro
- desenvolva poderes de observação extraordinários
- busque possibilidades, não limites
- transforme-se no momento e tire tudo o mais da sua mente
- dê presentes em ocasiões marcantes — como cinquenta bolas de golfe para alguém que está fazendo cinquenta anos
- seja mentor de um jovem que admire você
- coma comidas que o mantenham saudável
- ajude uma tartaruga ou um sapo a atravessar a rua com segurança
- deixe o passado para lá
- suavize suas opiniões mais obstinadas
- abdique de uma ida ao restaurante por semana e doe o dinheiro a uma instituição de caridade
- não tente culpar, argumentar ou discutir
- preste atenção a suas reações a pessoas que provocam em você uma aversão instintiva
- modifique seu comportamento derrotista
- seja um conhecedor da língua
- leve os ingredientes para o café da manhã à casa de um amigo para cozinharem algo juntos
- seja honesto quanto a suas limitações
- ajude uma comunidade a reconstruir depois de uma enchente
- pratique os preceitos de Deus
- ajude a embelezar até mesmo os aspectos mais mundanos da vida

- ofereça a alguém leite quente antes de dormir
- **ajude a manter os avós jovens**
- permaneça atento ao fato de que tudo está em constante mudança
- descubra seu trabalho, e então dedique-se a ele com todo o seu coração
- aprenda a se conectar com os outros
- comece a se exercitar hoje
- faça perguntas que outros gostarão de responder
- saiba mais sobre respiração profunda
- escute seus fregueses e clientes com atenção
- quanto mais você fizer pelos outros, mais feliz você será
- certifique-se de que você tem tudo de que precisa antes de começar um projeto
- direcione sua mente ao momento presente sempre que se sentir apático
- enterre uma cápsula do tempo que irá deliciar quem a encontrar
- empenhe seu melhor esforço
- acredite no melhor de cada um
- livre-se de coisas
- envie um buquê para sua mãe e uma flor de lapela para seu pai
- dê um passeio em família
- faça algo que ponha um sorriso em seu rosto
- resolva não se preocupar
- busque novas maneiras de ver e criar beleza
- encape em couro o livro favorito de um amigo
- nunca destitua alguém de sua esperança
- **durma avidamente e sonhe vividamente**
- peça para ser removido de malas diretas

- dê-se o luxo da alegria
- valorize o que você faz e faça o que você valoriza
- seja modesto
- aprofunde sua relação com a natureza e encontre maior satisfação
- faça o que você gostava de fazer quando criança
- faça rolamentos de pilates para manter sua coluna flexível
- junte uma poupança confortável
- comece todos os dias dizendo 'estou acordado e grato por estar vivo'
- compartilhe: brinquedos, divertimento, risadas, segredos
- **desperte crianças para as ciências**
- fale sobre o que o está incomodando ao invés de se zangar quando os outros não sabem ler a sua mente
- alugue um carro de passeio e faça uma viagem
- Aparente ser sábio, não diga nada e dê grunhidos; a fala foi dada para camuflar pensamentos. (Sir William Osler)
- adote um filhote de animal abandonado
- use o que tiver
- bata palmas para o pianista do restaurante
- veja com seu olhar interior, ouça com seu ouvido interior
- pratique *metta*: Que (nome) seja agraciado com amor e gentileza. Que (nome) fique bem. Que (nome) fique em paz e tranquilo. Que (nome) seja feliz.
- faça menos na correria
- observe os sentidos para ver o que atrai você e o que o repele
- nada que vale a pena é conseguido de um dia para o outro
- compre móveis confortáveis
- use a técnica de 'escaneamento' para observar sensações pelo corpo

- torne-se um 'faz-tudo'
- levante-se e comece seu dia cedo
- seja discreto
- asse uma torta para sua sogra
- dê graças antes das refeições
- se você tentar, pode ser que se surpreenda
- recuse-se a ouvir os resmungos e as queixas dos outros
- repita atividades que aumentem sua autoestima
- dê a seu parceiro amor e fidelidade, mas também autoridade
- fique quieto por um momento, até as palavras certas surgirem por si mesmas
- dê livros aos pobres
- faça da sua casa um santuário
- ofereça a dádiva da sua atenção total
- apare a grama de seus vizinhos quando eles estiverem fora
- compre material escolar para uma criança carente
- dê ao papai um balde de bolas de golfe novas
- apoie uma festa de bairro
- sacuda a sua rotina
- coma fruta ao invés de ovos e *bacon* no café da manhã
- **relaxe — você viverá mais**
- considere-se uma pessoa afortunada
- escolha um dia da semana para deixar seu carro em casa
- para tranquilizar uma mente preocupada, imagine uma colmeia rodeada de abelhas, cada uma representando um problema irritante; visualize as abelhas desaparecendo uma por uma dentro da colmeia e observe como a sua mente se acalma
- presenteie com pequenos tesouros achados na natureza
- surpreenda alguém com um evento especial

- use cada momento com habilidade
- pergunte, como posso ajudar?
- aprenda a fluir
- seja firme mas educado com funcionários de *telemarketing*
- desligue sua massa cinzenta quando estiver se exercitando
- ponha delicadamente alguém para dormir
- faça mais com menos
- **tudo é possível!**
- trabalhe de acordo com as circunstâncias do momento
- medite na academia de ginástica
- faça um esforço extra por seus clientes
- o desapego é às vezes o maior ato de amor
- explore tudo o que lhe interessar
- escreva uma carta inesperada
- vá ao encontro das circunstâncias a sua volta
- perceba que nada está faltando, e que o mundo todo pertence a você
- preste atenção
- traga um espírito de aventura a uma festa de aniversário de criança
- faça as pazes com o lugar onde você se encontra na vida
- aprenda alguma coisa com cada experiência
- tenha controle sobre seus pensamentos para ter controle sobre suas palavras
- traga à tona o melhor de cada um
- aja consciente e intencionalmente
- desenvolva sua própria filosofia
- cause o menor dano possível
- compartilhe uma cadeira
- deixe lugar no seu estômago quando comer
- sempre há tempo para fazer o que é importante

- você só pode amar verdadeiramente aqui e agora — o passado é uma memória e o futuro uma fantasia
- importe-se consigo mesmo o suficiente para estabelecer limites
- encoraje as pessoas a compartilhar a sua excitação com a vida
- Para que vivemos, senão para fazer a vida menos difícil uns aos outros? (George Eliot)
- assista a um programa de TV com alguém
- ame a si mesmo
- seja cortês
- reconheça seu sucesso
- sirva de exemplo
- demonstre admiração e apreço
- ensine às crianças que pessoas são mais importantes que coisas
- **convide alguém para o café da manhã**
- tente manter suas refeições em horários regulares
- viva quietamente
- crie tempo para um lazer ininterrupto
- faça cursos em uma escola perto de você
- quando fixar uma meta, mantenha seu objetivo, não necessariamente os detalhes do plano
- O único cantinho do universo que você certamente pode melhorar é você mesmo. Portanto é aí que você deve começar, não fora, não em outras pessoas. (Aldous Huxley)
- seja uma pessoa pacífica para ter um lar pacífico
- tome algum tempo para conversar sobre os eventos do dia com seu parceiro
- adote o ritmo da natureza
- permita a outros mais espaço, mais liberdade e mais tempo

- leia sobre moda em revistas — e então vista o que quiser
- lembre-se de que amor não é lazer, é trabalho
- tire as rodinhas e pedale!
- respeite o recolhimento alheio
- ouça a sua mente; aprenda a estar consciente de seus atos
- a prática cria padrões e grava hábitos em nossas células
- demonstre gratidão a si mesmo
- cuide de cada momento
- relaxe por uns dias — ou durante um verão, ou durante sua estação favorita!
- encontre o lado engraçado de uma situação
- viva uma vida espiritual, e você terá menos medo da morte
- considere primeiro o fim
- passe mais tempo lendo
- deixe os acontecimentos seguirem seu curso
- antes de se levantar, reflita sobre o que significa acordar e ir ao encontro do dia
- tolere uma injustiça sem retaliar
- aprecie excelência
- disponha de vários lugares para caminhadas
- desvie dos bichinhos que aparecem na rua depois de uma tépida chuva de verão
- desenvolva reações divertidas a problemas
- compareça a um jantar de igreja
- **divirta-se mais do que qualquer um**
- não busque o amor; busque todas as barreiras interiores que você mesmo construiu contra ele
- quando perguntar a alguém como vai, ouça realmente a resposta
- viva sua própria vida
- tente ser um consumidor informado

- exagere na confiança
- ponha condimentos formando um sorriso no sanduíche ou hambúrguer de uma criança
- relaxe com o aroma de uma vela perfumada de baunilha
- **você está exatamente onde deveria estar**
- ignore obstáculos e recuse-se a desistir
- deixe as Fúrias tornarem-se Musas
- transforme seu jardim em uma atração turística
- elimine a tagarelice sem significado da sua comunicação
- passe esmalte nas unhas do pé de uma grávida
- trate de si mesmo religiosamente
- creia e então você verá
- perdoe a si mesmo e aos outros
- ame seus filhos por serem quem são
- mesmo se não puder dormir — descanse
- experimente uma oração para centrar-se: use como foco a repetição silenciosa de uma palavra ou frase
- acima de tudo, escolha ter uma boa saúde
- oponha-se ao *statu quo*
- pense menos e preste mais atenção a seu coração
- leia um manual de gerenciamento financeiro
- pense primeiro, fale depois
- admire os jardins
- não se chateie com confusão
- convide os vizinhos para um churrasco
- preste atenção a valores tradicionais
- Nunca fazemos nada bem até que paramos de pensar em como fazer. (William Hazliit)
- olhe para o horizonte à distância e para o céu ao menos uma vez por dia
- grave suas músicas favoritas para seu parceiro

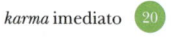

- **tente fazer algo do jeito que outra pessoa faria**
- em vez de se chatear quando algo se quebra ou é destruído, tente sentir-se grato pelo tempo durante o qual o objeto foi seu
- erradique a maldade
- aprenda um pouco sobre o interesse especial de um membro da família
- **se você não precisa, não compre**
- faça campanha por uma assistência médica universal
- agradeça a quem recolhe o lixo
- evite exageros
- coma mais fibras
- seja simpático com recepcionistas
- se não for capaz de falar calmamente, não fale
- quando tiver dúvidas sobre o que fazer, simplesmente imagine que hoje é seu último dia e você verá claramente o que sua consciência lhe diz
- veja a vida em seu todo
- perceba as mudanças
- sinta-se confortável com ideias contraditórias na sua mente
- transforme ações repetitivas em experiências inovadoras
- por uma semana, tente melhorar um aspecto da sua vida
- seja o chefe da torcida de alguém
- quando tiver organizado um espaço, não traga mais coisas para dentro dele
- experimente escalada *indoor*
- junte as mãos na noite de Ano-Novo e diga uma prece especial para o ano que está começando
- pratique esperar pacientemente
- permaneça aberto à experiência e à mudança
- expanda os limites do seu conhecimento

- você já tem o que está buscando
- toque música clássica para as crianças na hora de dormir
- ajude a pintar um aposento
- a atenção total dissipa preocupações e medos sobre o passado e o futuro e nos ajuda e permanecer ancorados no momento presente
- faça para seus queridos uma lista com todos os seus documentos importantes e onde eles estão
- ar livre e sol fazem bem à sua saúde (mas não esqueça o filtro solar!)
- arrume a bagunça dos outros em vez de reclamar
- faça silêncio em uma biblioteca
- ao invés de remar contra a corrente, deixe-se levar por ela
- revolva com um ancinho o jardim do vizinho
- sugira melhorias à sua prefeitura
- dê o melhor de si
- pense no dia de hoje — não pense em fazer algo para sempre
- melhore o meio ambiente da sua família
- o caminhar consciente é uma prática para permanecer na rota
- alivie raiva, ansiedade e depressão alterando hábitos de pensamento nocivos
- faça reviver uma forma de arte perdida
- apoie um zoológico para crianças
- pratique *feng shui*
- compartilhe suas guloseimas com outros campistas
- aprenda a contar uma piada
- **o jeito que escolhemos de enxergar o mundo cria o mundo que enxergamos**
- mastigue bem sua comida para evitar mau hálito

karma imediato

- contribua para o mundo com algo único
- concentre-se no que é importante
- agarre-se bem aos momentos felizes
- faça o exercício de colocar as palmas das mãos sobre os olhos e perceba como depois as cores ficam mais vivas e os objetos mais definidos
- perca parte da sua couraça — convide e permita que outros compartilhem a sua experiência
- **reúna-se com a família nas festas de fim de ano**
- peça às pessoas que não lhe deem presentes, e sim a alguém que deles necessite
- use a ioga para tranquilizar os nervos e acalmar o corpo
- ingira um pouco de limão com mel de manhã
- dê um passeio para admirar as luzes e as decorações de Natal
- leia as escrituras e os livros sagrados
- tome a iniciativa — não espere que a outra pessoa peça desculpas
- não perca tempo respondendo às críticas
- ria das piadas de todos
- compreenda que todas as coisas mudam; não tente retê-las
- aprenda o código Morse
- ofereça-se para levar um vizinho idoso ao supermercado quando for fazer compras
- una-se a outros vizinhos para ajudar um vizinho necessitado
- domine um *gadget* novo
- remova qualquer coisa que o impeça de abrir completamente uma porta
- seja rápido em fazer o bem
- faça um sanduíche com pão integral, uma pasta doce natural e geleia sem açúcar

- tente ser a voz da razão e da reconciliação
- bata papo com um amigo querido
- perceba a sensação que você tem quando respira
- introduza automassagem na sua rotina
- encontre o lado positivo de uma situação
- use suas caminhadas como uma meditação vigorosa e focada para diminuir a distância que imaginamos haver entre o corpo e a mente
- escreva cartas aos representantes do governo
- sejam você e o *dharma* uma coisa só
- tenha boas intenções
- **divirta-se no caminho**
- recompense uma babá maravilhosa
- melhore seu casamento para o bem de seus filhos
- resolva desenvolver uma atividade paralela divertida
- conscientize-se de que tudo na sua vida tem importância
- receba bem as crianças bem-comportadas
- não exija desculpas verbais
- patrocine uma criança
- celebre as imperfeições dos seus relacionamentos
- tenha tempo para rezar
- seja infinitamente curioso sobre o universo
- use suas milhas para dar uma viagem a alguém
- vá fazer algo interessante
- invente sua própria receita de viver
- pratique fazer uma coisa de cada vez conscientemente
- relaxe
- não finja ser o que não é
- **não tire conclusões apressadas**
- quando você for verdadeiro, você será confiável
- respeite aqueles que têm um enfoque diferente

- modifique a pior característica da sua personalidade
- planeje com antecedência para que o final da vida seja a sobremesa
- dizer que ama alguém não é o suficiente
- faça muitas anotações em salas de aula
- saboreie o momento
- acumule sabedoria com a idade
- ajude um irmão ou irmã
- beba muita água
- quando comer, ponha toda a sua atenção no gosto, no cheiro e na sensação
- **desenvolva aptidão para a intimidade**
- encontre uma carreira significativa
- controle as suas porções quando comer
- aprenda o que o mundo animal tem para ensinar
- quando tiver uma ideia generosa, siga-a
- negocie soluções para crises
- todos os dias, busque um jeitinho de melhorar seu casamento
- dê boas massagens nos pés
- encontre um emprego compatível com seus valores básicos
- desenvolva a capacidade de esperar e ouvir
- seja paciente
- leve seu melhor amigo para almoçar
- use uma pergunta importante como um exercício de meditação
- mude a maneira pela qual você sempre fez alguma coisa
- pergunte-se, a minha vida está em equilíbrio?
- veja beleza no simples
- tenha tempo para se conectar com outros

- celebre as pequenas realizações
- livre-se de todas as panelas, utensílios, pratos e eletrodomésticos que você não usa
- saiba quando morder a língua e ficar calado
- a liberdade se encontra numa vida com pouca opções
- prepare um piquenique especial, levando as comidas preferidas dos seus companheiros
- escolha a melhor resposta
- baseie suas escolhas no que você sabe agora
- aprenda a usar aromas para influenciar seu estado de espírito
- ouça seu corpo antes de cada refeição e determine o que você realmente quer comer
- **ame também os dias chuvosos**
- encare uma revisão da sua dieta como uma aventura
- acredite no valor supremo do indivíduo
- contribua para a pesquisa sobre a AIDS
- ganhe a afeição de crianças
- saiba quando descansar
- preste toda a atenção ao que está fazendo
- abandone-se completamente para encontrar a paz
- leve você mesmo para almoçar
- diga a um adolescente algo que você gostaria de ter ouvido quando tinha a idade dele
- participe de uma caminhada em família
- presenteie um cartão de biblioteca a um jovem amigo
- dedique seu dia a uma ideia — e a cada hora tente trazer você de volta a essa ideia
- toda vez que você reconhece um estado de espírito e não tenta julgá-lo, isso suaviza o estado de espírito e fortalece sua capacidade fazer com que ele passe

- assista a filmes e *slides* de família
- visite hospitais trazendo sorrisos e conversas amistosas aos pacientes
- **deixe uma criança ler até tarde da noite**
- saiba o nome de seus senadores e representantes
- não seja comum em nada
- adote a quietude e espere
- **guarde seus segredos**
- reduza seu consumo de carne
- considere vida e morte como iguais
- lembre-se de seus valores mais profundos, criando rituais próprios
- encontre coisas simples que façam sua casa e seu local de trabalho mais bonitos
- comporte-se durante o dia de tal forma que lhe permita dormir em paz à noite
- mantenha sua mente de Buda enquanto trabalha
- afague as orelhas de um cão
- saboreie os pequenos prazeres
- envie um cartão comemorativo a todos os seus primos
- não reaja quando estiver de mau humor
- tenha conversas verdadeiras com parentes e amigos
- **espere ouvir boas notícias todos os dias**
- ponha fotos de família emolduradas pela casa toda
- anotações mentais (rotulando os pensamentos) ajudam a não levar o conteúdo do seus pensamentos demasiadamente a sério
- dedique sua vida à perfeição espiritual
- faça com que frustrações se tornem ocasiões para exercer a paciência
- faça amizades com pessoas de outros países

- escreva uma carta para alguém de quem você gosta e que não está mais na sua vida
- Não há começo que seja pequeno demais. (Henry David Thoreau)
- imagine nunca precisar se arrepender de nada do que diz!
- opte por grãos integrais
- ouça seu corpo e siga intuitivamente em direção a uma dieta saudável
- harmonize suas ações com o jeito natural da vida
- transforme em vantagem as limitações da situação em que se encontra
- preste atenção!
- aprenda a ver como os outros enxergam as coisas
- seja gentil com você mesmo e com outros
- a atenção total faz com que cada momento seja importante
- permita que outros tenham um lugar no seu espaço
- exercite-se todos os dias por tanto tempo quanto gasta comendo
- colecione moedas fora de circulação para uma criança
- aja de maneira saudável e benéfica
- não deixe que outros interfiram com sua determinação de viver um dia pleno e fértil
- quando sua mente desviar-se do que você está fazendo, traga-a de volta
- identifique ilusões como ilusões, e fantasias como fantasias
- abrace cada mudança de estação
- unificar uma prática espiritual com uma necessidade (como comer) catalisa o processo de se tornar consciente das coisas, da intencionalidade
- faça o melhor que puder com aquilo que já aconteceu
- seja um pai que lê, de filhos que leem

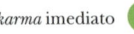

- permaneça paciente mesmo quando provocado
- faça uma árvore genealógica para um irmão ou irmã
- abandone expectativas irreais
- espere o melhor dos outros
- compre um cachorro-quente de carrocinha depois de um jogo
- apoie o movimento pelos direitos dos animais
- escreva uma carta ao editor
- deixe que amigos o surpreendam
- espere uma ou duas horas para levantar pesos após uma refeição
- requisite o prazer de uma dança
- adoce seu azedume
- elogie os filhos de outras pessoas
- curiosidade inspira criatividade
- se você aceitar a si mesmo e aprender a não se criticar, você encontrará a verdadeira saúde — física, mental e espiritual
- permita que o sabor da bondade preencha a sua vida
- não se abandone às emoções
- pratique o silêncio do coração, amando e evitando egoísmo, ódio, ciúme e cobiça
- dê uma piscadela para o seu estresse; todos nós sabemos que você não é tão importante
- abandone o que deixou de ser importante
- leve poesia consigo aonde for
- celebre um dia de clima quase perfeito
- acorde mais cedo um dia por semana e leve a si mesmo para tomar o café da manhã
- viva a sua fé
- quando estiver estressado, só faça exercícios leves

- deite de costas com suas pernas relaxadas e abertas, seus braços ao longo do corpo, as palmas das mãos para cima (Postura do Defunto)
- controle suas emoções
- encaixe alguns poucos exercícios ao longo de todo o dia
- esvazie sua mente durante uma caminhada
- resolva manter um equilíbrio na vida diária
- mesmo se você acha que já expirou todo o ar, ponha um pouco mais para fora
- não coma porque está triste ou com raiva
- seja o melhor amigo e o maior fã de seu parceiro
- crie uma boa atmosfera em seu lar tocando músicas estimulantes, positivas ou relaxantes
- faça bem o seu trabalho
- beba sucos de legumes
- **adote um animal da Sociedade Protetora de Animais**
- seja uma fonte de amor
- transmita a jovens um sentimento de segurança, importância e responsabilidade
- deixe sua mente ficar inquieta
- perdoe seus erros passados e siga em frente
- deixe que as pessoas curtam a vida a seu próprio jeito
- valorize pessoas mais do que coisas ou ideias
- acenda uma lareira aconchegante no inverno
- uma dieta vegetariana gasta aproximadamente quinze vezes menos água do que uma dieta à base de carne
- quando não tiver certeza, acredite no melhor
- comece a optar por água em vez de outras bebidas até que isso se torne um hábito
- ponha um ponto final nos problemas
- dê um tapinha nas próprias costas

karma imediato

- tire sapatos sujos ou molhados antes de entrar em casa
- uma coisa boa leva a outra
- respeite regras de limpeza
- tente com mais vigor ainda
- pratique alguma crença, filosofia ou religião todos os dias
- use um pouco de tempo para pensar sobre o que está fazendo e por quê
- use uma balança de cozinha para saber o tamanho das porções recomendadas
- participe de um Dia da Terra
- comece a encarar o envelhecimento como um processo natural
- seja pacífico
- **compre e prepare comida fresca sempre que puder**
- seja moderado em seus pontos de vista
- comer com atenção total é uma parte importante da meditação
- emoldure um convite de casamento como um presente para o casal
- veja o mundo como um lugar amigável
- ame seu vizinho como a si mesmo
- mantenha seus olhos abertos a todas as coisas boas
- tenha flexibilidade para mudar de direção no meio do caminho
- por um dia, preste atenção em como você pega, usa e joga fora as coisas
- cumprimente as pessoas em um elevador
- encha cadernos com afirmações e citações positivas
- aprenda a fazer ressuscitação cardiorrespiratória
- desfrute dos serviços gratuitos da sua comunidade — bibliotecas, palestras etc.

- desbaste o que está na superfície de sua vida comum para expor o que você realmente sente
- faça-o agora!
- estabilize seu *karma* por meio da meditação
- use um 'mapeador' da mente (escrevendo pensamentos num mapa) para pensar, trabalhar e resolver problemas em menos tempo
- ponha uma fonte de água borbulhante perto de sua porta de entrada para encorajar o bem a entrar
- antes de comer, pergunte a si mesmo se está realmente com fome
- seja equilibrado em tudo o que faz
- resista ao impulso de fazer muitas coisas ao mesmo tempo
- pratique o ato de ouvir os outros
- proteja heranças de família
- **arranje uma volta de buldôzer para uma criança**
- doe uma árvore para um parque da vizinhança
- escreva ou desenhe para sua raiva passar
- quando governar, não tente controlar
- jogue fora suas tralhas
- vivencie seus sentimentos de raiva, mas não reaja a eles imediatamente
- siga orientações
- tente fazer um trabalho criativo antes das suas tarefas de sempre
- **jogue fora a culpa acumulada do ano passado**
- analise atentamente sua vida
- poupe dinheiro
- se quiser saber como sua vida futura será, olhe para sua vida agora
- trate todos com civilidade e respeito

- demonstre liderança na comunidade
- examine com atenção o que você está relegando
- dê um presente simples mas atencioso num embrulho bem elaborado
- toda jornada começa com um passo
- lembre-se do prazer de cozinhar
- acalente seus sonhos
- comece a fazer uma lista de pessoas a quem você é grato
- não busque reconhecimento
- reconheça e valorize seus erros
- lute contra a inércia
- mantenha medicamentos fora do alcance de crianças
- tenha fé nas suas próprias ideias
- plante as sementes da Visão Correta do Budismo — a ausência de todo ponto de vista — em crianças
- crie seu próprio léxico
- sinta-se confortável em seu próprio corpo — você exalará confiança e beleza
- delicie-se com cada momento em que está desperto
- pergunte a si mesmo, o que é realmente importante?
- saia à caça de antiguidades com sua sogra
- forneça gratuitamente livros para escolas
- restabeleça o ritual do chá vespertino
- quanto mais se concentrar, menos causas para agitação você terá e mais tranquila será a sua mente
- crie um projeto de arte em família ou em grupo
- tente acompanhar sua respiração enquanto ouve música
- construa um legado que inspire respeito
- controle os pensamentos e as imagens que lampejam na sua mente
- dê uma mão

- se estiver se sentindo por baixo, tente olhar para cima
- faça a cama e coloque pétalas perfumadas de rosas entre os lençóis
- organize uma venda de garagem para livrar-se do que não mais precisa
- fale sobre ideais, não sobre pessoas ou coisas
- encare a vida
- seja gentil com os animais
- dedique-se a algo que não seja você mesmo
- pergunte a si mesmo, eu quero reagir a este pensamento ou simplesmente deixá-lo passar?
- deixe que sua mente perturbada se acalme
- compre um buquê de flores para si mesmo
- monitore seus sentimentos
- **demonstre interesse pelos amigos de seus filhos**
- tenha como objetivo tirar 10 em todas as provas
- não despreze o que você não pode ter
- encontre a religião
- trace uma estratégia para encontrar seu *hobby* perfeito
- encare sua vida como férias prolongadas
- sempre tente enxergar você mesmo através dos olhos de Deus
- telefone para seus filhos só para dizer oi
- faça o exterior de sua casa parecer acolhedor
- não ria quando alguém cometer um erro
- **seja pontual**
- acenda velas
- coma comida natural mais frequentemente
- não conte com nada como garantido
- aprenda a julgar a qualidade de uma comida pelo seu aroma
- questione a 'sabedoria convencional'
- pratique um individualismo vigoroso

- use seus ouvidos para explorar o mundo
- elogie crianças frequentemente
- conserve velhos filmes, *slides* e fotos de família
- confie na sua capacidade de monitorar honestamente a qualidade e o progresso de sua prática
- relaxe sua tendência de controlar
- crie uma distração boba durante seu dia
- respeite um sinal de 'Não Perturbe'
- **beije loucamente seu parceiro**
- medite com perseverança
- deixe que seus processos permaneçam um segredo; só mostre aos outros os resultados
- compre papel reciclado
- cultive um jardim do qual possa comer
- abrace as mudanças
- não chore sobre o leite derramado
- simplesmente respire
- tente uma culinária nova
- saboreie o que quer que surja no seu caminho
- ajude um veterano de guerra
- desconfie de revistas da moda que falam de simplicidade
- abandone seu apego a regras, planos e outros detalhes da vida
- você tem a opção de agir baseado em seus pensamentos — ou não
- exteriormente, siga a corrente; interiormente, mantenha sua verdadeira natureza
- ensine dentro de casa
- faça uma lista de dez coisas que podem acrescentar beleza a sua vida e que custam pouco ou nada
- confie na sua maneira de fazer as coisas

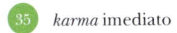

- abra os olhos à grandeza do seu mundo
- não reaja ou fale — seja como uma árvore
- abra mão de meia hora de TV todos os dias
- não se deixe levar por rumores
- permita que tudo alimente seu espírito
- clareie sua mente
- deixe que crianças raspem a vasilha do bolo
- ofereça a dádiva do entusiasmo
- diga a si mesmo coisas positivas desde a manhã até a hora de ir dormir
- trate a si mesmo com generosidade
- lembre-se que há mais na vida do que apenas conquistas
- torne-se mais centrado, equilibrado, direto e calmo
- acredite em si mesmo e nos seus sonhos
- encare toda criação com respeito e dignidade
- tenha um coração enternecido em todas as situações
- faça a coisa certa mesmo quando ninguém estiver olhando
- não planeje com um resultado específico em mente
- jogue sempre para o time
- gentileza amável é mais poderosa e efetiva do que raiva
- vá a um parque, ouça os pássaros, sinta o cheiro da grama
- a vida é importante demais para ser levada a sério demais
- tenha a expectativa de amar e acalentar seu parceiro enquanto os dois viverem
- tenha um kit de ferramentas completo
- cure suas tristezas e feridas com compaixão
- use uma parte de um gramado para plantar um jardim
- admita que há coisas que você não sabe
- **mantenha um registro das coisas boas que acontecem**
- passe um dia em silêncio
- mantenha as gerações conectadas

- faça jardinagem com uma criança
- pratique uma contenção consciente
- dê a um recém-graduado merecidas férias
- elogie as conquistas de uma criança
- pratique uma atenção total por pelo menos cinco minutos todas as manhãs
- concentre-se no momento presente em vez de em sonhos ou remorsos
- leia dicas de ioga para melhorar sua prática
- tenha a atitude destemida de um herói e o coração amoroso de uma criança
- entregue-se à jornada
- engraxe os sapatos de alguém como um gesto-surpresa de amor
- faça o melhor possível de uma situação ruim
- quanto mais amor você der, mais amor você terá para dar
- gaste a maior parte de sua energia plantando boas raízes
- resolva mudar um comportamento todo dia
- lembre-se das bênçãos na sua vida
- passe algum tempo tranquilamente ao ar livre
- resolva falar a verdade, com palavras que inspirem autoconfiança, alegria e esperança
- permaneça no centro, observando
- aumente a luz para dissipar a escuridão
- construa uma mesa de trabalho para alguém
- traga para seu trabalho uma planta que todos possam apreciar
- dê a si mesmo oportunidades de se reabastecer
- medite sobre o vazio
- reduza entulho e complexidade ao doar objetos pouco usados

- não leve mau humor demasiadamente a sério
- aprenda a surfar as ondas do pensamento
- descubra quão especial você é
- escolha como reagir
- **nós não precisamos perdoar as pessoas se não as julgamos primeiro**
- massageie seu couro cabeludo com óleos essenciais
- aprenda com os obstáculos que aparecem no caminho
- leia sobre pontos de vista diferentes do seu
- não tente fazer de tudo alguma coisa
- divida uma banana *split*
- dê um jeito em sua casa aqui e ali
- inunde uma pessoa doente com pensamentos positivos
- cultive relacionamentos com aqueles que podem lhe ensinar algo
- faça sanduíches de queijo-quente e sopas de tomate
- anote dez coisas práticas e dez coisas impraticáveis que você gostaria de fazer agora mesmo e que lhe dariam prazer
- tenha como objetivo entender você mesmo
- use uma bicicleta fixa ou uma esteira quando não puder se exercitar ao ar livre
- cuide dos mínimos detalhes
- ouça os sons ao seu redor
- ouça programas inspiradores ou educativos no carro
- não use ninguém como alvo da sua piada
- erradique um estresse ainda em botão
- faça campanha a favor de legendas na televisão (em vez de dublagem N.T.)
- **saiba quando cair fora**
- agradeça à tripulação no final do voo

- quando tiver uma visão clara da coisa certa a fazer, faça-a
- dê um jeito de incluir na sua rotina alguns exercícios abdominais e alguns alongamentos todos os dias
- viva sua vida como um capitão competente: trace uma rota e conduza seu barco quando necessário, mas deixe que as ondas e o vento façam a maior parte do trabalho
- não julgar tudo usando o critério de 'gosto' ou 'não gosto' é a mais alta manifestação de equanimidade
- se viajar de ônibus, deseje um bom dia ao motorista
- organize todos os seus armários
- faça uma declaração romântica num placar eletrônico
- crenças tornam-se profecias que se autoconcretizam
- surpreenda sua família pondo chocolates com menta em seus travesseiros
- permaneça atento a sua experiência de cada momento
- enterneça-se e seja misericordioso
- adube suas plantas quando elas precisarem
- faça com atenção as tarefas de limpeza
- escreva um bilhete de reconhecimento a um de seus professores favoritos, falando sobre a importância que ele ou ela teve para a sua vida
- promova o bem nos outros
- leve um prato de biscoitos ou uma panela de cozido a um novo vizinho
- renda-se às coisas como elas são
- escreva um poema a giz numa calçada
- seja verdadeiro consigo mesmo
- **seu pior inimigo não pode prejudicá-lo tanto quanto seus próprios pensamentos**
- seja o senhor de seus humores
- devolva livros antes da data marcada

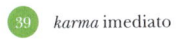

- sua experiência é o resultado do que você faz com aquilo que acontece
- dirija menos seu carro
- permaneça calmo diante da histeria de outra pessoa
- pergunte, o que posso relevar agora mesmo?
- elogie a aparência de alguém
- dê ânimo àqueles que estão 'para baixo'
- encontre forças junto a seus entes queridos
- examine-se frequentemente
- na medida em que controlar seus pensamentos, na mesma medida você controlará seu mundo
- limpe a energia do seu quarto várias vezes ao ano
- reflita sobre os efeitos futuros de atos presentes
- coma antes de ir ao supermercado
- reconheça suas fraquezas
- faça exercícios no seu próprio ritmo; eles devem ser energizantes e não dolorosos
- mande um recado elogioso a um ótimo colega
- deixe sua mente solucionar um problema enquanto estiver ocupado com outra coisa
- celebre o momento presente
- aja com boas intenções
- deixe ir embora todo sofrimento
- viva a vida agora mesmo
- lembre-se de que tudo o que você faz, pensa e sonha tem importância
- passe horas na biblioteca por prazer
- se sua casa interior não estiver em ordem, nenhuma casa exterior estará
- baseie suas expectativas na realidade
- desperte!

- Se você atribui bastante importância ao resultado, quase sempre o alcançará. (William James)
- jogue fora uma lembrança ruim
- reduza o estresse no trabalho cultivando calma e atenção no ambiente
- deixe que a atenção total guie suas ações
- erradique a obsessão de fazer tudo — quase tudo pode esperar
- seja amável com seus irmãos e irmãs
- diga olá a desconhecidos
- pense por si mesmo
- examine todo assunto que desperte curiosidade
- lembre que você pode sempre aprender
- Rico é aquele que sabe que tem o suficiente. (Lao-tzu)
- escolha com cuidado: o que você escolhe pode determinar o que você se torna
- ensine crianças a usar sua criatividade
- leve o cachorro para uma caminhada diferente
- mantenha-se em movimento
- **vá para cama no mesmo horário todas as noites**
- encare desafios por outros ângulos
- saia da mesa de trabalho na hora do almoço
- direcione seu futuro
- pratique ioga antes do café da manhã
- leia para alguém
- saia da mesa com um pouco de espaço no estômago
- dê aulas em comunidades carentes
- no inverno, beba água morna ou quente com limão
- pague o almoço de um colega
- cante com crianças
- aprenda nas entrelinhas

- livre uma criança de um problema
- ajude crianças carentes a terem motivos para rir
- tenha um momento tranquilo todos os dias
- não fique procurando erros
- concentre-se em fazer o melhor que pode
- rindo superamos nossos problemas
- dê um passo para fora de si mesmo
- encontre tempo para fazer um arranjo de flores
- ofereça sustento a alguém
- **faça questão de ser feliz onde está**
- aceite os outros como são
- permita que seja divertido
- siga sua jornada, livre de toda carga
- se souber que alguém está tendo um dia ruim, leve-o para um café ou para jantar
- seu comportamento quando zangado reflete-se sobre você muito depois de a raiva passar
- diga a uma pessoa jovem que você gosta da roupa que ela usa
- pratique uma boa higiene
- escreva legendas engraçadas em fotos de revistas para sua família ver
- demonstre afeição
- use roupas feitas de materiais naturais
- tenha curiosidade pelo que acontece em seu corpo
- ofereça um café da manhã comemorativo para alguém
- faça compras em vendas de garagem
- você só pode ter felicidade se não a perseguir
- leve alguém para um programa surpresa
- mantenha sua coluna neutra para ter boa postura
- para onde você vai daqui só depende de você

- liberte-se de tudo que o constringe
- dê a seus familiares 'cupões de cortesia', que eles poderão trocar por favores especiais
- relaxe e desobstrua sua mente com um banho quente
- faça uma lista com o que o vem incomodando; mude o que puder e esqueça o resto
- deixe que más notícias entrem por um ouvido e saiam por outro
- esteja presente: identifique os sinais de distração e traga sua mente de volta ao momento presente
- não ouça rádio ou tevê enquanto cozinha
- reconcilie dois inimigos
- diga não a algo para abrir espaço a algo mais importante
- celebre sua vida e liberdade, e esteja aberto à felicidade
- **deixe algumas coisas por dizer**
- não passe o tempo só por passar
- faça de uma casa um lar
- não se deixe levar por cada nova ideia
- incentive seus filhos
- medite centrado no seu terceiro olho (sexto *chakra*) para ajudar a controlar suas emoções
- nunca adie uma boa ação que você pode fazer agora
- leve uma xícara de café para alguém desfrutar na varanda, ao sol da manhã
- dirija como você espera que seus filhos dirijam
- escreva uma carta para seu autor preferido
- tenha tempo para ter um amigo
- não corra atrás de nada
- desfrute de admiração e elogios, mas não dependa deles
- não fique atolado — faça alguma coisa!
- deixe de achar que tudo é pessoal

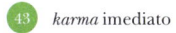

- acredite em milagres
- lembre-se de que coisas boas vêm de bons hábitos
- seja um aventureiro intelectual
- comece algo totalmente novo hoje
- transformar seus padrões de comportamento cria novos dendritos (conexões entre células nervosas) em seu cérebro
- deixe que adolescentes saibam que são amados
- aprenda a se divertir sozinho
- pratique dizer e ouvir a verdade
- **faça com que relacionamentos sejam mais importantes que regras**
- plante uma árvore para o aniversário de um bebê
- saiba quais são as coisas sem as quais você pode viver
- ponha seu CD favorito e dance
- leia os melhores livros primeiro
- você está tratando a si mesmo com suficiente ternura?
- pague seus impostos em dia
- para ter uma vida longa, tenha peixes em um número que seja múltiplo de nove
- construa amizades entre gerações
- quando fizer compras, gaste mais tempo no perímetro externo do supermercado — nas seções de frutas, legumes, carne e laticínios
- ensine coisas da vida a seus filhos
- construa uma vida mais simples
- seja um professor voluntário
- na mente de um iniciante há muitas possibilidades
- a maioria dos picos de montanhas podem ser escalados se você tiver a vontade, a força e o equipamento para a escalada

- faça uma lista das maneiras de trazer mais bondade ao mundo
- se estiver cozinhando, faça um pouquinho mais para uma mãe solteira atarefada
- recicle catálogos
- visite monumentos nacionais
- passe um fim de semana em retiro
- faça e conserte você mesmo
- não se deixe restringir por suas experiências passadas
- pare de pedir desculpas
- converse com moradores locais onde quer que vá
- simplifique e reduza
- demonstre respeito pelo tempo dos outros
- deixe que seu inconsciente lide com uma preocupação
- carregue sua própria bagagem
- transforme pensamentos negativos
- desfrute de seu jardim
- coma pratos crus mais frequentemente
- aplique soluções criativas em problemas reais
- exercite a discrição
- compre cartões postais na loja de um museu para levar essa experiência a alguém que não pôde ir
- afirme todas as suas boas qualidades
- vote em políticos que incluem o meio ambiente em sua agenda
- quando seu nível de açúcar baixar, inspire o aroma de lavanda, de alecrim ou de ambos
- leia um manual sobre estilo e usos da língua escrita
- decida conscientemente querer menos
- espere ter digerido uma refeição antes de comer outra
- use sua vida sabiamente

- **seja educado mesmo sob pressão**
- faça absolutamente nada por um momento
- acredite que os outros estão fazendo o melhor que podem
- limpe com água e bicarbonato de sódio
- a jardinagem Zen é uma forma de contemplação
- aceite de vez em quando o que seu parceiro ou amigo preferem
- ofereça um toque terapêutico, uma palavra terapêutica
- pense bons pensamentos e eles se tornarão boas ações
- sirva canja de galinha a seu parceiro quando ele ou ela estiver doente
- **comece cada dia um pouco mais feliz**
- caminhe devagar
- inspire a você mesmo
- distraia-se quando sentir um desejo até que ele passe
- a postura mais importante na prática de ioga é a Postura do Defunto/de Relaxamento (*shavasana*)
- mantenha à mão arquivos que você está usando
- deixe-se envolver pela atmosfera romântica de um casamento
- contribua para sua faculdade
- patrocine uma cátedra em sua universidade
- fique agradecido quando sentir-se bem
- deixe um bilhete no travesseiro de seu filho quando for sair à noite
- aprimore-se
- passe a ficar completamente atento
- convide seu cônjuge para uma dança lenta
- livre-se de maus hábitos
- sente-se na grama
- reze sob uma catedral formada por árvores

- presenteie um rapaz com aulas profissionais de pilotagem de automóveis
- pratique paciência e assistência aos outros por meio de jardinagem
- **respeite a qualidade**
- leia livros de piadas bobas
- dê tanto quanto recebe em seus relacionamentos
- recompense a si mesmo por cada objetivo alcançado
- tente depender de menos *gadgets*
- quanto menos precisar, mais livre será
- negocie pacificamente
- quantas vezes você espera passar por algo somente para começar outra coisa?
- relaxe profundamente
- tome suas vitaminas
- coma devagar e mastigue cada bocado dez vezes; vá aumentando até chegar a cinquenta
- ouça música quando estiver sozinho
- ofereça-se para limpar o carro da mãe ou do pai
- adquira o hábito de olhar para grandes distâncias, para distâncias medias, e para os espaços entre elas
- convença um fumante a parar
- se não achar as circunstâncias desejadas, invente-as
- incentive empregados
- perturbe o menos possível a fauna e a flora
- esforce-se para ajudar o avô ou a avó
- **passe o dia de hoje trazendo felicidade a seus amigos e a sua família**
- não tente ganhar a discussão, somente escute
- aprenda a nadar na Associação Cristã de Moços
- seja um explorador

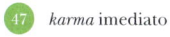

- faça uma oração pela paz
- cante uma cantiga de ninar
- leve uma criança ao parque para alimentar os patos
- seja os olhos e os ouvidos de um amigo que busca algo relacionado com um interesse ou um *hobby*
- se amar seus inimigos você não terá inimigos
- quando falar com as pessoas, olhe-as nos olhos
- ponha um bilhete de amor no estojo de maquiagem ou de barbear de seu parceiro
- ache tarefas fáceis e seguras para crianças pequenas fazerem
- ajude outras pessoas a realizarem seus sonhos
- não cause sofrimento aos outros
- compartilhe
- Viva cada estação enquanto ela passa; e resigne-se às influências de cada uma. (Henry David Thoreau)
- abra-se ao que é belo e bom
- festeje o luxo de estar vivo
- inspire outros a serem felizes
- faça tudo com amor
- se você doar, você receberá
- planeje bem
- leve um cão para passear
- aceite seu medo e sua raiva, e então deixe que vão embora
- pendure um coração na porta do quarto de seu filho como um bom-dia surpresa
- esteja disposto a mudar de ideia
- faça algo generoso
- use palavras com extremo cuidado
- exija explicações de um político sobre promessas não cumpridas

- seja uma pessoa divertida: bom apetite, trabalho interessante, bom contador de histórias, senso de humor levemente distorcido, ideias originais, escolhas corajosas
- congratule-se cada vez que conseguir diminuir sua raiva e controlar seu comportamento
- preste atenção ao que está comendo
- dê com alegria
- livre-se de objetos que se tornam um peso
- desfrute de um festival de música
- **quanto mais você aprende, tanto mais capaz de aprender você se torna**
- alugue um filme engraçado
- seja paciente com seu familiar que é exigente quanto àquilo que come
- tenha uma segunda lua de mel
- traga mais ordem à sua vida
- não fale de ninguém que não esteja presente
- diminua seu consumo de pão, macarrão e pizza
- dê a seus pais dois ingressos para o teatro
- na primavera, medite sobre a nova vida que está florescendo
- **não culpe ninguém — nem a você mesmo — pelas decepções da vida**
- quando sentir que está ficando zangado, respire pelo menos dez vezes
- se você se enxergar vivendo num universo de fartura, será mais fácil compartilhar
- faça campanhas para mudar uma lei injusta
- tenha somente três plantas pequenas em seu quarto para promover a saúde, a harmonia e o bem-estar
- remova a sujeira da calçada de alguém

- segure a mão de seu filho sempre que puder
- controle suas reações
- não preencha sua mente com pensamentos venenosos
- tire férias no verão, como fazia na época da escola
- dê a uma criança uma caixa de lápis de cor
- cancele a assinatura de revistas que você não lê mais
- tente cultivar um jardim que seja natural e tenha uma aparência natural
- deixe-se inspirar pela excelência de outros
- organize sua vida — mas não demais
- você pode melhorar sua mente com pura determinação
- vá a museus para crianças
- ouça o que outras pessoas querem sem reagir, protestar, discutir, brigar ou resistir
- seja confiante demais para se preocupar, nobre demais para sentir raiva, forte demais para sentir medo
- estimule seu parceiro a passar tempo com seus amigos
- tente não se defender
- compartilhe o livro que está lendo no momento comprando um exemplar para alguém
- cultive coisas comestíveis
- tente fazer uma refeição nova cada semana
- mantenha suas palavras amáveis, carinhosas, precisas e positivas
- conserte um velho ursinho de pelúcia para uma criança
- **faça compras numa feirinha orgânica**
- doe livros de segunda mão
- sirva um chá a alguém
- use de todos os meios possíveis durante o dia para proteger seu *samadhi* — iluminação — da mesma forma que protegeria uma criança

- esforce-se para alcançar — seja o que for — o que você acha que não vai conseguir
- respeite a privacidade de seus filhos
- doe por doar
- aceite que a vida muda constantemente
- transforme o próximo momento rompendo o padrão e fazendo algo diferente
- faça *chalá* (pão especial em forma de trança N.T.) para o *Shabat* (dia sagrado de descanso no judaísmo, que vai do anoitecer de sexta-feira ao anoitecer de sábado, N.T.)
- esteja verdadeiramente presente
- faça com que o momento de ler uma história seja especial
- faça da paz de espírito sua prioridade
- preste homenagem a veteranos de guerra
- o que importa na vida é a viagem, não o destino
- ouça atenciosamente o que se quer dizer, não apenas o que se diz
- nunca desencoraje a individualidade de uma criança
- ame-se primeiro
- **prepare um piquenique e leve sua família para um passeio no campo**
- leve uma criança para andar de cavalo
- cada etapa é um lugar de aprendizado
- celebre um atestado de boa saúde recebido de um médico
- ensine alguém a usar o computador
- seja um parceiro presente
- tome decisões conscientes sobre como vai passar seu tempo
- deixe a raiva pra lá
- a compaixão está baseada em saber que todo ser humano tem o mesmo desejo inato de ser feliz
- leve sorvete a um amigo doente

- crie uma afirmação positiva para cada uma das áreas da sua vida
- É mediante o estudo das pequenas coisas que alcançamos a grande arte de termos o mínimo de desgraças e o máximo possível de felicidade. (Samuel Johnson)
- torne-se um professor em um centro educacional para adultos
- pendure uma mensagem positiva no espelho do seu banheiro, na sua geladeira e no monitor do computador
- passe adiante uma receita especial
- declare uma moratória para seu dispêndio de dinheiro
- **deixe que todos durmam até mais tarde nos domingos**
- aceite críticas decorosamente
- recompense a si mesmo
- lembre-se de que tudo passa
- esqueça o número na balança do banheiro
- leve seus netos com você numa viagem
- ofereça-se para realizar pequenas tarefas para alguém que está incapacitado de fazê-lo
- ouça suas músicas favoritas enquanto passa roupa
- faça o trabalho você mesmo
- ajude os deficientes por meio de terapias mentais ou físicas, companheirismo e com a defesa de seus direitos
- doe seus brinquedos favoritos a uma creche
- aprenda a encontrar o significado das alegrias que se desvanecem
- sinta-se confortável em ser uma pessoa completamente comum
- dê uma gorjeta aos músicos que tocam no parque
- aprenda a deixar rolar
- ofereça-se para ser monitor em um movimento juvenil

- compartilhe as suas batatas fritas
- ignore os *infomerciais*
- **explore uma cidade em ritmo de observação**
- faça as 'tarefas de sábado' de outra pessoa
- forneça indicações boas e exatas
- quando estiver andando em *kinhin* (meditação andando), mantenha sua mente completamente focada no seu ambiente, não nos pensamentos que o distraem
- concentre-se no que você espera alcançar
- esforce-se para viver uma vida simples
- ofereça a dádiva de uma boa torcida
- direcione seu olhar para dentro
- faça pausas frequentemente
- consuma menos produtos
- crie pensamentos que enfraqueçam ou destruam um mau pensamento
- escolha uma coisa que você fez bem naquele dia e congratule-se
- cancele todos seus cartões de crédito a não ser um ou dois
- assuma sua raiva e seu medo
- tente pôr em prática o que você aprender na sua vida diária
- para aumentar sua capacidade respiratória, exale o máximo de ar possível antes de inspirar
- **seja sincero**
- fique indiferente ao que os outros possam pensar ou dizer
- caminhe com cachorros para um asilo de animais
- compartilhe seu amor, sua sabedoria e sua riqueza
- reconheça que religião é algo pessoal
- proteja os ovos de um pintarroxo
- evite uma dor desnecessária
- vivencie o momento presente sem reminiscências,

comparações, avaliações, julgamentos
- **promova escolas seguras**
- ofereça-se para plantar e manter o jardim de um idoso
- olhe para algo e diga 'sim, eu posso melhorar isto'
- exercite-se todos os dias
- de manhã, escove seus dentes e gengivas; raspe a língua
- dê mais uma chance à comida da qual você menos gosta
- descanse mais quando precisar
- abra seus olhos um pouco mais
- tente ver as coisas como elas realmente são, ao invés de permitir que problemas fiquem destorcidos e aumentados pela preocupação
- encontre as partes divertidas
- termine o que começou
- acredite que o bem de um ser humano se revelará a você
- recite os juramentos formais do refúgio budista: "no Buda, no *dharma*, no *sangha*"
- **nunca resista a um impulso de generosidade**
- fale e aja com amor-bondade
- compre flores para sua casa às sextas-feiras
- inicie tudo com aceitação
- a próxima vez que sentir um desejo de criticar, controle-se
- experimente hipnose positiva
- amplie os horizontes de alguém
- arranje mais tempo para caminhar quando estiver cumprindo suas tarefas
- leve uma limonada para alguém num dia quente
- desafie pressupostos antes de chegar a uma conclusão
- forme-se no ensino superior
- receba um estudante do exterior
- seja um líder

- troque para energia geotérmica
- cultive uma estufa, especialmente no inverno
- aponte as boas qualidades de outras pessoas
- envie uma carta inesperada a um velho amigo
- dê um chute no hábito da [de comer] batata
- gaste dinheiro conscientemente e com alegria
- siga seu coração
- abandone sua necessidade de controlar e aprenda a confiar
- sinta uma conexão íntima com a terra
- mantenha um lar onde crianças podem ser crianças
- mantenha a vida na sua casa — animais e plantas trazem energia
- supervisione os hábitos televisivos de seus filhos
- não considere seus amigos como garantidos
- forneça ideias a outras pessoas
- aceite as pessoas independentemente de sua condição social
- sempre acerte as coisas com seus amigos
- ponha um dinheirinho no bolso de seu filho
- toque música suave
- acorde quinze minutos mais cedo para uma prática espiritual
- abandone o controle da lógica de vez em quando
- retorne de novo à respiração
- resolva coisas pequenas antes que se tornem grandes
- só você pode se fazer feliz
- a precisão aprendida com o pilates afeta como você entra num aposento, como se senta, como se movimenta pela vida
- ajude crianças ao trabalhar como voluntário em um programa de recreação

- participe de atividades que lhe deem alegria
- transfira sua prática de meditação para a vida diária
- ajude os outros
- abasteça os carros da família com estojos de primeiros-socorros
- irradie energia
- **ganhe a confiança das pessoas ao seu redor**
- olhe para dentro de si mesmo durante uma parte de cada dia
- desfrute do cheiro da grama e das folhas ao longo do seu caminho de bicicleta
- faça um calendário com fotos para presentear seus avós no ano-novo
- Nós somos livres para estarmos em paz com nós mesmos e com outros, e também com a natureza. (Thomas Merton)
- faça alongamentos de respiração sentado: respire na frente do corpo, nas costas e em cada lado
- seja discreto
- consuma menos cafeína e a meditação se tornará mais fácil
- **refresque um viajante cansado**
- tenha suficientes horas de sono, exercícios e comida saudável
- encare a vida com uma atitude Zen
- não subestime suas próprias qualidades
- ajude um amigo sem ele pedir
- ligue a TV com consciência
- quando for lavar seu próprio carro, ofereça para lavar o de mais alguém
- desenvolva uma visão independente das coisas
- não cobice as posses alheias
- meditação é aprender a focar e se concentrar nos menores atos da vida diária

- tenha como objetivo o domínio sobre si mesmo
- faça suas endorfinas pulsarem
- recicle
- encomende uma pizza para seus empregados quando eles ficarem trabalhando até tarde
- **controle os controles**
- viva cada dia em si mesmo
- conserte seu coração partido
- doe legumes de sua horta para o sopão dos necessitados
- só coma quando estiver relaxado
- dê um prazo realista para a realização de seus sonhos
- fazer amizade com o silêncio é um processo de aprendizado para fazermos amizade com nós mesmos
- faça castelos de areia
- inclua as crianças quando for tomar decisões sobre atividades familiares
- dê instruções fáceis de seguir
- encontre algo que o entusiasme
- **quando gostar de alguém, diga**
- limpe sua casa com produtos não tóxicos
- escreva poemas sobra a amizade
- apague a luz para alguém que não pode alcançar o interruptor
- aja para o bem maior
- reestofe sua poltrona predileta
- tente manter a boca calada quando perceber que está com muita vontade de ter razão
- evite comer pelo menos duas horas antes de dormir
- plantas demais, que exalam energia *yang*, podem perturbar o sono
- faça do jantar de domingo algo especial

karma imediato

- alivie a carga de alguém
- leia os jornais junto com alguém no domingo
- preste muito mais atenção
- use livros para ajudá-lo a encontrar, se não respostas, ao menos significado
- acredite que você pode causar impacto
- fique quieto se não pode dizer nada agradável
- o que você faz hoje é o que mais importa
- **siga em frente: a vida é valiosa demais para se ficar empacado**
- mente boa, coração bom, sentimentos calorosos — essas são as coisas mais importantes
- deixe o trabalho no trabalho quando sair de férias
- respire pelo nariz
- dê a uma criança uma caixa de lápis de cera nova
- use a culpa para pôr seu comportamento em dia com sua consciência, depois deixe que a culpa se vá
- seja gentil consigo mesmo, mas firme com suas expectativas
- faça uma pausa nos gastos por trinta dias
- fale devagar, calmamente, baixinho, claramente e com segurança
- na próxima vez que se hospedar em um hotel, deixe uma gorjeta generosa em um envelope endereçado à 'Camareira'
- vivencie o sagrado em cada momento
- saboreie os prazeres efêmeros do dia
- não deseje nada
- faça rotações pélvicas quando sentado no chão com as pernas cruzadas para abordar o segundo *chakra*
- assista a programas educativos na TV
- quando se zangar com alguém, tente lembrar-se de algo bom que essa pessoa disse ou fez

- mude para uma dieta natural, saudável e simples — longe de comidas muito processadas, de carne e de açúcar
- medite sobre a luz
- trabalhe duro (mas não demais)
- use lâmpadas que economizam energia
- faça campanha para vistoriar a assistência social a crianças
- a liberdade para escolher e para mudar pertence a você
- ofereça-se para atender telefonemas na linha de apoio a suicidas
- **use seu tempo com o impulso do momento**
- concentre-se na suas refeições — nas cores, nos sabores, nas texturas, na temperatura
- não tente planejar cada minuto do seu dia
- promova o espírito de Natal durante o ano todo
- corrija seus erros
- aprenda sobre outras culturas
- livre-se do hábito mental que o aprisiona
- seja um perscrutador, não um comprador
- doe para a caridade e para lojas de segunda-mão
- dê um descanso a sua mente caminhando
- acalme crianças quando elas ficam assustadas
- permita-se sentir as coisas
- **sempre que estiver num estado de espírito negativo, pense em dez coisas pelas quais é grato**
- **leve seu mentor para almoçar**
- apoie a erradicação de todas as armas
- livre-se do sentimento de que não é bom o suficiente
- aceite o que não pode mudar; mude o que pode
- ajude a embelezar sua cidade
- enxergue os aspectos estimulantes da vida diária
- como líder, promova incentivos e recompensas

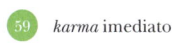

karma imediato

- mastigue devagar para degustar todos os sabores
- a visualização pode reconfigurar uma autoimagem distorcida
- desfrute realmente de suas férias
- crie cestas de alimentos para famílias carentes no Natal e no Dia de Ação de Graças
- lave a louça com as mãos
- ajude alguém a aproveitar uma oportunidade
- acredite que o que a pessoas dizem é o que elas querem dizer
- doe sangue
- comece algo hoje
- reaja construtivamente
- ceda a outro motorista a vaga que você viu primeiro
- contribua para vizinhos que coletam dinheiro para boas causas
- ajude a fazer o mundo seguro para as crianças
- na grande jogada, mire e gire o corpo para bater em cheio na bola
- faça uma audição para atuar numa peça comunitária
- **seja gentil com um vendedor insistente**
- exija que crianças assumam a responsabilidade por seus atos
- desfrute de noites relaxantes, sem interrompê-las com a TV
- economize um centavo para ganhar um centavo
- reaja a coisas desagradáveis com calma e equanimidade
- passe pelo menos vinte minutos por dia ao ar livre
- seja mais gentil do que o necessário
- tenha em sua mente pensamentos positivos
- busque sem buscar: fique sentado e quieto, clareie sua mente, espere

- seja receptivo ao que a vida realmente é e não ao que você imagina que ela seja
- o princípio do Tao é a espontaneidade
- pergunte: esta suposta conveniência vai realmente simplificar a minha vida?
- convide a si mesmo para jantar num restaurante excelente
- pare de se preocupar
- elimine o irrelevante
- leve uma sacola com sanduíches para moradores de rua
- entre em uma banheira quente antes de ir dormir
- pratique amor-bondade (termo budista, N.T.)
- faça um passeio no campo com alguém querido
- chegue cedo no trabalho
- se houver um abismo, comece a construir uma ponte
- faça banana *split* para seu filho e os amigos dele
- palavras bem ditas trazem frutos para quem as põe em prática
- veja tudo o que você faz como uma obra de arte
- ouça com empatia
- beba água morna durante sua refeição
- cresça em profundidade
- quanto mais você dá, mais rico se torna
- elimine dez coisas de sua vida
- adote em todo serviço a atitude de tentar mais e melhor
- lide com o que você tem
- mantenha-se nos mais altos padrões
- eduque crianças que se comportam em público
- vivencie a duração da respiração
- viva com a consciência de sua mortalidade
- a aceitação produz uma mente resistente
- diga algo agradável a alguém

- celebre o fato de estar vivo
- preste atenção a seus lapsos freudianos
- tire seus sapatos e refresque seus pés em uma fonte
- se seu coração for grande em compreensão e compaixão, uma palavra ou ato não terão o poder de fazê-lo sofrer
- **ajude seus filhos a crescer**
- dê ajuda, não conselhos
- realize algo todos os dias
- encontre coisas que o façam feliz sozinho
- envie uma carta de reconhecimento a um servidor público
- exprima apoio ao projeto pessoal de outra pessoa
- não recorra ao sarcasmo
- sinta-se merecedor da felicidade
- assuma o controle sobre suas respostas automáticas
- levante pesos como forma de exercício
- comece cada dia com beijos
- faça uma lista diária das coisas a fazer
- arranque ervas daninhas da sua vizinhança
- elimine seus maus hábitos um por um
- entretenha você mesmo
- evolua
- seja um amigo mais atencioso
- medite ao menos vinte minutos; progrida até sessenta
- amarre um travesseiro no traseiro de um patinador novato
- viver Zen significa não ter futuro — o agora é a sua única vida; faça com que signifique alguma coisa
- encontre um uso para tudo
- diga, "Que todos os seres sejam estejam conscientes, que todos os seres sejam felizes, que todos os seres estejam em paz."
- faça seu trabalho interior todos os dias

- encontre a verdade exatamente onde você está
- **cumprimente uma criança apertando-lhe a mão**
- o silêncio é um refúgio e um mestre
- leve flores frescas ao corpo de bombeiros
- ajude uma criança a aprender geografia
- observe todos os detalhes de uma folha ou de uma pedra ao sol
- Se uma pessoa avança com confiança na direção de seus sonhos, ela encontrará um sucesso inesperado em momentos comuns. (Henry David Thoreau)
- deleite-se com a perspectiva de um novo dia
- controle seu hábito de encomendar comida fora
- mantenha viva a paquera dando presentes com frequência
- seja cuidadoso quando fala
- preserve o hábitat de todos os seres
- ajude a inventar empregos para o milênio
- prepare um '*Kit* de Sobrevivência para Dias Difíceis' cheio de coisas que lhe deem segurança
- **ofereça seu assento a outra pessoa**
- a vida é como você a vê
- aprenda posturas de ioga que abram e liberem seus *chakras*, e inunde-os com *prana*, força vital
- mantenha uma lista com palavras novas que você ouve ou lê, e as estude até que se tornem parte de seu vocabulário
- dê a alguém um cartão engraçado de 'Estimo melhoras'
- faça tudo com entusiasmo
- faça um cartaz de aniversário para alguém
- percorra sua própria estrada
- não dê atenção às pessoas que riem da sua prática espiritual
- acalme seus desejos

- perceba que o seu mau hábito não define você
- ofereça a outra face
- faça comida para outras pessoas
- ofereça-se para pagar por alguém que esteja atrás de você na fila
- diminua sua dívida
- ofereça ajuda na escola de seu filho
- leve alguém para um café ou um sorvete
- seja terno com os jovens
- isole sua casa do vento e da chuva
- não viva como um robô
- frustre suas próprias expectativas!
- na Postura do Defunto, concentre-se em acalmar a respiração, mantendo o foco em seu ritmo
- limpe o banheiro após usá-lo
- respeite a inteligência e os motivos alheios
- ame completamente e sem egoísmo
- ofereça leite e biscoitos a alguém que está se sentindo por baixo
- lance elogios, não maledicência
- pendure cristais nas suas janelas para trazer boas energias para a casa
- seja uma inspiração para os outros
- sonhe e crie
- não force a barra
- diga uma prece de agradecimento no dia de Ação de Graças
- vote em um candidato merecedor de seu voto
- faça o impossível
- compre uma caixa de cartões de Dia dos Namorados e use-a durante o ano todo com seu amado e com sua família

- adiante-se no seu trabalho
- desenvolva os talentos que herdou
- ouça as histórias de outra pessoa
- **pratique ser corajoso**
- planeje suas refeições para que incluam pratos com legumes
- siga um caminho o mais silenciosamente possível
- fique satisfeito em satisfazer apenas as necessidades básicas
- faça com que a felicidade seja um fator no processo de tomar decisões
- escute quando as pessoas contarem histórias sobre suas infâncias
- demonstre que se importa por meio de um toque ou de palavras
- crie um ritual Zen
- analise o tipo de pensamentos que sua mente produz
- planeje atividades aventurosas
- apresente uma sugestão que economize dinheiro para sua empresa
- peça por paz de espírito
- nunca dramatize uma dificuldade
- devolva tudo que tomar emprestado
- **reclame menos e escute mais**
- encare as dificuldades como oportunidades de crescimento
- simplesmente esteja presente
- deixe claros seus pensamentos e desejos
- depois de dar sua opinião, recue, e não se preocupe com o resultado
- ensine um adulto a ler
- apague qualquer mensagem negativa de seu 'disco interior'

- **saia para comprar um lanche tarde da noite**
- não se compare a outros
- há sempre um pouco de boa sorte na má sorte
- aprenda técnicas de *tai chi* que imitam o andar de animais para ter equilíbrio e consciência corporal
- o *dharma* nos possibilita integrar várias experiências de vida em um todo significativo e coerente
- dê uma forma a sua vida assim como um artista cria uma grande obra de arte
- tome, todos os dias, pequena medidas para avançar em seus sonhos
- examine seu verdadeiro valor
- seja o melhor amigo de seu cônjuge
- leia quatro páginas de dicionário por dia
- é preciso coragem para crescer e se tornar quem você realmente é (e.e. cummings)
- se você quer tornar-se pleno, permita-se ficar vazio
- a prática de ioga trabalha a autoaceitação, não o autoaprimoramento
- exponha medalhas e troféus conquistados por um jovem
- envie sinais claros
- alugue *Pollyannna*
- ofereça-se para patrocinar um cão guia para cegos até que esteja pronto para ser treinado
- considere o verdadeiro custo de adquirir algo novo
- uma vez por hora torne-se consciente de sua respiração
- entretenha uma criança
- dê uma caminhada durante seu intervalo de almoço
- reduza toda atividade sem sentido
- compartilhe sem hesitação quando outros precisarem
- ajude seu cônjuge a ter oito horas de sono

- acorde e diga, 'eu gostaria de hoje fazer diferença para o mundo'
- trabalhe as coisas passo a passo, um dia após o outro
- faça um esforço extra
- cultive os bons sentimentos em seus relacionamentos
- use pensamento positivo para ajudá-lo a alcançar seus objetivos
- ajude uma criança a se preparar para uma competição de ditados
- passe um dia sem pedir desculpas
- coma todo o seu espinafre
- **recupere seu fim de semana; não deixe todas as tarefas para o sábado**
- explore seu inconsciente
- comece de novo
- peça desculpas a seu filho quando estiver errado
- não ofereça ajuda quando esta não for bem-vinda
- mantenha provisões básicas à mão
- preze músicos talentosos
- mude o jeito com que você pensa sobre si mesmo
- comece cedo
- tenha uma relação amorosa com seu cônjuge
- ensine a seus filhos o valor do dinheiro
- aceite o que seus entes queridos podem e o que não podem dar
- fortaleça seu quadríceps praticando a Postura do Guerreiro
- estabeleça uma rotina tranquilizadora para quando sentir que está ficando zangado
- ponha uma flor no travesseiro de alguém
- conheça as suas opções
- substitua juventude por mistério

- sente num banco de parque, feche os olhos e absorva o que se passa ao seu redor
- doe enlatados
- plante um canteiro de flores
- apaixone-se por um filhotinho de gato sem dono
- coma três refeições por dia
- por uma semana, não faça mal a nenhum ser vivo em pensamento, palavra ou ação
- evite usar cobertores elétricos
- seja menos áspero com você mesmo e com outros
- **entusiasme-se com algo**
- nade a favor da correnteza e não contra ela
- mantenha um diário com os elogios feitos a seu filho
- esconda cupões que dão direito a coisas boas para que outros os achem
- dê dinheiro a quem necessita
- encontre prazer em ser respeitoso
- alongue-se durante o dia
- livre-se da conformidade
- faça mais do que aquilo pelo qual está sendo pago para fazer
- para adquirir serenidade, ponha uma estátua de Buda em sua casa
- aprenda o verdadeiro sentido das férias
- esteja atento ao que está fazendo e por quê
- seu caráter é seu destino
- evite comidas apimentadas e picantes
- uma solidão temporária é necessária à alma
- inicie uma conversa
- mova-se para além de si mesmo
- recuse-se a mentir, fofocar ou irritar pessoas

- quando caminhar, apenas caminhe
- programe a cafeteira para começar a funcionar mais tarde numa manhã de dorminhocos
- entenda que nem tudo precisa ser feito hoje
- leve uma criança ao zoológico
- organize um grupo para fazer mantas para bebês na UTI de hospitais
- aproveite cinco minutos livres para iniciar um projeto
- esteja sempre satisfeito com o que quer que venha a acontecer
- pare de tentar controlar
- quando der um presente, não espere nada em troca
- guarde seus pensamentos em um diário
- faça posições simples de ioga com seus filhos
- **às vezes não conseguir o que se quer é a melhor coisa que poderia acontecer**
- ligue-se a pessoas positivas
- seja sociável
- encare uma limitação e dê o melhor de si
- não tenha protegidos
- se estiver chovendo, faça um piquenique no chão da sala
- escreva um cartão postal para alguém em quem você está pensando
- o amor é melhor quando não é fruto do desespero
- aplauda pessoas que estão praticando
- a maior parte das coisas pode esperar
- prepare refeições *gourmet*
- deixe que alguém passe a sua frente na fila da cafeteria
- deixe a tristeza ir embora
- não recline sua poltrona num avião lotado
- responda a e-mails rapidamente

- busque a mensagem de ajuda em seus sonhos
- identifique aquilo que desencadeia um mau hábito e as origens desse hábito
- dê passinhos de bebê para atravessar tempos difíceis
- **não ignore pressentimentos**
- quando você se torna mais calmo e sereno interiormente, o mundo se torna mais calmo e sereno exteriormente
- seja um cozinheiro criativo
- faça a postura de ioga da Torção Dorsal Deitado para soltar costas presas e os músculos do torso
- evite cafeína durante a tarde
- proponha um brinde
- esteja consciente das dificuldades mas acredite que elas podem ser superadas
- use de moderação
- sinta-se merecedor de abundância
- sua consciência se irradia para ainda mais longe do que sua imaginação
- liberte-se de tristezas antigas e de ansiedades sobre o futuro
- aprecie o trabalho árduo dos atletas
- **abra mão de desejos**
- não analise demais
- envie a seu cônjuge um cartão de Dia dos Namorados no dia 12 de todo mês
- se não entender, pergunte
- seja cortês o tempo todo
- agradeça ao árbitro no fim do jogo — mesmo se seu time perder
- acenda incensos para ajudar a acalmar sua mente quando meditar
- aprenda a orientar-se

- encontre alternativas que expressem compaixão
- **ensine dando o exemplo**
- busque contentamento interior
- saia para catar conchas
- não faça nada em excesso
- mantenha junto à janela um binóculo e um livro sobre pássaros
- economize água
- associe-se a uma cooperativa de comida natural
- cozinhe a refeição preferida de alguém no aniversário dele
- pare de se inquietar e de roer as unhas
- faça alguém rir
- exercite-se consistentemente
- tenha paciência
- crie paz em sua própria vida
- trabalhe como voluntário em um zoológico
- meta-se apenas com a sua própria vida
- pratique ioga para tornar seus músculos, eliminar excesso de peso e experimentar energia ilimitada
- deixe que se vão a dor, o medo e a insegurança
- faça com que seu coração seja tão aberto quanto o céu
- conte a seu filho uma história na hora de dormir
- controle seus desejos materiais
- não planeje seu futuro com base no passado
- tenha tempo para conversas sinceras
- coma devagar e saboreie o momento
- encha o tanque de alguém, ele ou ela
- **leia livros sobre todas as religiões**
- faça a postura de ioga da árvore para melhorar o equilíbrio e a postura

- permaneça centrado quando as coisas estiverem fora de equilíbrio
- mantenha um diário doméstico e um programa para planejar projetos
- seja íntegro no trabalho
- pratique a bondade
- deixe que cada respiração limpe sua mente e abra seu coração
- compartilhe com seu filho um poema especial
- espere sempre o melhor e esteja preparado para o pior
- tenha uma mente aberta
- as boas ações são imortais
- amplie uma foto de família e envie a um avô
- ame a natureza
- **transmita a outros confiança**
- confie em alguém
- pergunte a si mesmo, estou prestando atenção?
- seja bom em alguma coisa
- decida tornar-se uma pessoa melhor
- comemore a Semana Mundial dos Animais
- leia uma passagem espiritual, depois dê a si mesmo um tempo para meditar sobre ela
- absorva informações devagar
- desenvolva disciplina, obrigando-se, deliberadamente, a fazer todo dia algo que não seja essencial
- resolva o que deixou pendente
- mergulhe em tudo que há para ver, ouvir e cheirar agora mesmo
- ponha um tesouro no bolso de alguém
- coma comidas da estação
- leve o cachorro de um avô para passear
- sirva a seu país

- seja você mesmo
- planeje sua família
- aprenda com sua raiva
- considere as vantagens do perdão e as do ressentimento — e então escolha
- aumente a energia *yin* fazendo exercícios de alongamento como ioga e *tai chi*, meditando à noite, ficando acordado até tarde e passando muito tempo dentro de casa
- estude filósofos que tenham uma visão positiva da vida
- transforme uma viagem de negócios em uma aventura
- escute simplesmente por escutar
- envie cartões de aniversário durante toda uma semana para alguém especial
- esteja no aeroporto esperando uma pessoa querida
- concentre-se menos em calorias e gordura, mais em exercícios
- escute as folhas no outono
- deixe que passem feridas e raivas antigas
- esteja seguro de que sua motivação é o amor e não o medo
- tenha paixão pela excelência
- fique mais ereto
- sente na frente e não atrás
- o que você está fazendo pelos outros?
- **arregace suas mangas e trabalhe duro**
- ganhando ou perdendo, seja simpático com os oponentes
- faça com que todos riam
- inicie uma coleta para uma instituição de caridade local
- encare a comida como um remédio que promove a saúde e repele as doenças
- fatores para um descanso: tempo livre, tempo de transição, tempo fazendo nada

- aproveite suas férias em uma escola de culinária
- peça ajuda
- não se preocupe com a ideia de que não vai conseguir fazer tudo
- ensine alguém a usar o *thesaurus* (dicionário analógico)
- é melhor conquistar a si mesmo do que conquistar milhares de outros
- peça a uma criança que cante uma música
- ajude os enfermos — através de hospitais, da Cruz Vermelha ou de clínicas de repouso
- ganhe o respeito de seu patrão
- Zen significa fazer coisas comuns com vontade e ânimo
- quando trouxer algo novo, jogue fora algo velho
- compre um estoque de pratos de papel e tire uma semana de férias de lavar a louça
- seja esperto com dinheiro
- apoie o Instituto de Patrimônio Histórico e Artístico Nacional.
- cuide de cada momento e aprenda algo novo
- invista tempo em realizar os seus sonhos
- seja um aprendiz
- introduza variedade na sua dieta
- explore seus objetivos na carreira, nas finanças, na situação familiar, na espiritualidade, na saúde, na diversão, nas viagens e na educação
- cultive o seu contentamento
- crie um cantinho calmo para seu filho
- exprima alegria de formas palpáveis
- ocupe-se em viver a vida, não apenas em falar sobre ela
- **os conflitos são inevitáveis. as brigas são opcionais**
- antes de comprar algo, faça o teste dos 30 dias: anote o

que você quer, e após 30 dias pergunte-se se ainda quer ou precisa daquilo
- olhe com curiosidade
- perdoe um ato mesquinho de alguém
- mantenha um diário do seu estado de espírito
- procure e converse com alguém que faz o que você mais quer fazer
- diga preces buscando orientação e sabedoria divinas
- **não seja uma pedra no seu próprio caminho**
- passe um fim de semana em uma aconchegante cabana numa floresta sem telefones ou televisão
- demonstre contenção quando necessário
- cada vez que for ao supermercado, compre uma lata de legumes ou um saco de grãos para doar a um programa de combate à fome
- nem se agarre ao que lhe dá prazer nem rejeite o que lhe inspira repulsa
- descanse quando exausto
- deixe-se definir pelo que você é e não pelo que você faz
- desenvolva alguns interesses comuns com entes queridos
- ponha balas em formato de coração na lancheira de alguém
- complete as tarefas da sua lista diária de 'a fazer'
- aprenda somente as coisas que você realmente precisa e quer saber
- beba chá com total atenção
- aprecie o silêncio de uma estreita amizade
- reduza seu consumo de carne
- compartilhe com a família as novidades de sua vida
- critique menos e elogie mais
- construa uma casa para pássaros
- **explore, corra riscos, seja aventureiro**

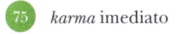

- carregue coisas pesadas para idosos ou para deficientes
- programe uma hora de leitura em família
- dê beijos e abraços regularmente
- considere todo o seu conhecimento uma dádiva
- quanto mais generoso você é, mais amor-bondade você cultiva
- doe jogos usados para um asilo de idosos
- trate de conhecer a garçonete da manhã
- **deixe os outros fazerem as coisas da maneira deles**
- coma comidas refrescantes na primavera
- não se preocupe com quem vai ficar com o crédito
- nunca almoce na mesa de trabalho
- ignore as carências e vivencie a liberdade
- não deixe para depois
- fale quando necessário
- leia algo por prazer
- deixe uma cesta de primavera pendurada na maçaneta de alguém
- quanto mais esquecemos nossos egos, mais abertos ficamos ao amor
- seja só ouvidos
- empenhe-se em ter moderação em tudo
- seja padrinho do filho de um amigo
- tente levantar o ânimo de alguém
- assuma o compromisso de se organizar
- ame seu parceiro
- leia os escritos de Sir Thomas More
- seja mais leve
- tenha consciência de suas próprias realizações
- sinta sua respiração em suas narinas
- deixe que alguém durma

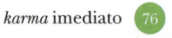

- aprenda a diferença entre ter fome e pensar que tem fome
- diminua porções e compartilhe sua comida
- observe seu filho na sala de aula para entender essa parte da vida dele
- demonstre respeito
- honre seus professores
- **pergunte, o que eu sempre quis fazer e nunca fiz? e então tente fazê-lo**
- faça uma serenata para seu amado
- sinta-se confortável em sua própria pele
- seja corajoso
- tenha fé
- faça sacrifícios para atingir grandes metas
- alargue seus horizontes de leitura
- tente comer uma refeição picante para acalmar o nervosismo
- deixe espaço em seu calendário para a espontaneidade
- ensine a seus filhos como amar e ter empatia
- aprecie e honre a beleza na vida
- faça uma prece diária
- deixe que um pouco de terra entre debaixo de suas unhas
- abra uma poupança
- curta a expectativa de ir para casa
- ponha seus abdominais em forma
- considere livrar-se de tudo o que possui e começar de novo
- compre detergentes não tóxicos
- reduza sua necessidade de bens e serviços
- quando você muda de atitude, você pode mudar de comportamento e, consequentemente, mudar seu *karma*
- **aceite o perdão dos outros**
- diminua a cafeína

- vá para o trabalho de bicicleta
- ponha uma cereja no topo da sobremesa de uma criança
- faça de sua saúde uma prioridade
- encoraje seus filhos a doar brinquedos que eles não usam a crianças menos afortunadas
- procure a alegria nos lugares menos óbvios
- seja a pessoa que prepara um bule de café fresco no trabalho
- experimente a técnica de respiração terapêutica chamada 'respiração do cachorro', que é exatamente como a de um cachorro arfando
- **seja grato aos que o fazem feliz**
- observe
- envolva-se num projeto que valha a pena
- compre o vinho ou o queijo de que seu parceiro gosta
- tenha respeito pela crença dos outros
- a jornada de 1.000 milhas começa com um único passo
- quando nada é seu, ninguém pode lhe roubar nada
- acredite ser a melhor pessoa para a tarefa
- instrua-se em *kapalabhati*, a respiração de limpeza
- não use ingredientes químicos em seu gramado
- compre na loja de ferragens do bairro
- diga 'não' educadamente
- aprenda a armazenar comida de modo a manter seu *chi* (energia vital, N.T.)
- use a o isolamento da meditação para ajudá-lo a aprender qualquer coisa
- tire seu relógio nos fins de semana
- tenha tempo para você mesmo
- produza coisas originais
- ofereça oportunidades iguais

karma imediato

- pegue crianças de surpresa quando estão se comportando bem
- sempre torne a montar no cavalo
- caminhe diariamente
- nem esconda nem exponha sua vida
- **encontre alguém no meio do caminho**
- participe de charadas, quebra-cabeças e trocadilhos
- pergunte, o problema é a situação ou é a minha reação à situação?
- reserve tempo para estudos espirituais
- leia para crianças *A pequena locomotiva que podia*
- encontre tranquilidade ficando algum tempo sozinho
- olhe para seu entorno de todos os dias com olhos de turista
- dê um longo telefonema a alguém que esteja precisando disso
- cada coisinha que você faz tem importância
- ceda ao seu desejo de viajar e pegue a estrada
- não fique frustrado com pequenos percalços
- permita que haja possibilidades
- conte de novo suas bênçãos todos os dias
- deixe que o estresse se vá sem o analisar
- esqueça a grama do vizinho
- supere o apego e a aversão, o orgulho e o medo, a tristeza e a mágoa
- tire fotos de uma noiva e um noivo, amplie e dê como presente
- a gratidão faz a alma grande
- aceite irritações e frustrações com humor ou com serenidade
- leve consigo algo para ler
- compre, cozinhe, sirva e coma a comida de um modo que demonstre apreço e cuidado

- saiba como o governo funciona
- **faça de repente um elogio**
- elimine tudo que não parecer verdadeiro
- em momentos de tensão, lembre-se de respirar
- esteja disposto e apto
- ajude crianças a esperar o inesperado
- viva no presente
- acalme seus pensamentos de protesto
- não discuta com seus filhos o modo como eles se vestem
- estimule outros a desenvolverem suas forças
- ofereça a dádiva de um ambiente tranquilo
- treine um time de crianças
- **compre produtos hortifrutigranjeiros locais**
- não tente resolver seus problemas quando estiver de mau humor
- planeje primeiro, aja depois
- desfrute de algo quando ele se apresenta, mas não anseie pelo que não tem
- não desperdice nada
- quando estiver com raiva, não diga nem faça nada — simplesmente mantenha uma total lucidez
- coma qualquer coisa com moderação
- aprecie seus relacionamentos felizes e aceite seus relacionamentos imperfeitos
- proteja sua família
- esteja sempre pronto para encontrar prazer, mas não o busque
- torne-se um hortelão orgânico
- acabe com um mau hábito
- preste atenção no que o leva a criticar
- coma com atenção
- acredite que cada dia é o melhor dia do ano

- quando estiver se apressando, diminua seu ritmo conscientemente
- aplique uma compressa fria na testa de alguém que esteja febril
- calcule as consequências possíveis de um ato antes de agir
- mantenha o senso de humor em relação às falhas de seu filho, assim como em relação às suas
- aprenda a se tornar bem-sucedido ouvindo as histórias dos triunfos de outras pessoas
- **abandone as coisas que o prendem**
- aproveite dias com uma temperatura de 22 graus
- use sacolas de pano e não de papel ou plástico
- aceite prazerosamente o que o universo lhe apresenta
- não telefone para seus amigos para contar os detalhes mundanos de cada dia
- encontre pessoas divertidas
- seja relaxado e flexível (*yin*) enquanto mantém seu foco e propósito (*yang*)
- evite aqueles que escolheram fazer o mal
- surpreenda seu parceiro de vez em quando
- **leve um irmão ou uma irmã a uma matinê de sábado**
- pague as contas em vez de pagar a multa
- faça convites que incluam crianças
- torne-se você mesmo o momento
- economize dinheiro suficiente para quando estiver aposentado
- experimente não dar qualquer desculpa durante 24 horas
- se não estiver livre de pecados, não fale dos pecados alheios
- satisfaça seus cinco sentidos
- perceba que corpo, respiração e mente são uma unidade inseparável
- observe o silêncio entre os sons

- seja o tipo de pessoa que faz as coisas acontecerem
- demonstre amor com palavras, toques, consideração
- doe equipamento médico a um hospital em nome de alguém querido
- evite coisas nas quais pode ficar viciado
- compartilhe um livro de ilustrações com uma criança em idade pré-escolar
- suas crenças definem suas realidades
- foque-se naquilo que pode controlar
- desacelere
- reconheça a sua conexão com todos os animais
- faça com que sua compaixão seja contagiosa
- comece de pé, com as mãos na posição de *Namaste* (oração), estenda seus braços para cima e para trás num ângulo de 60 graus enquanto inspira, expire e volte à posição inicial
- viva a sua sabedoria
- não faça dieta nem caia na comilança
- deixe que outro motorista passe para a sua faixa
- diga aos outros o que eles estão fazendo de correto, não o que estão fazendo de errado
- limpe as bancadas depois de usá-las
- compre um automóvel que seja eficiente
- entremeie suas críticas com camadas de elogios
- pense leve
- alcance o sucesso, mas sem agressão ou arrogância
- sinta-se contente no trabalho e em casa
- encare um problema como um teste e veja se pode aprender algo com ele
- **encontre maneiras de fazer uma criança sentir-se grande**
- baixe a guarda

- prepare e sirva um serviço de chá elegante para seus avós
- aprenda a confiar em si mesmo
- dê uma corrida no parque quando fizer frio
- envie flores para expressar seu amor por alguém
- reate amizades
- evite ações que causam sofrimento
- comece de novo, continuamente
- o que quer que faça, faça com todo o coração
- modere suas reações
- seja qual for a sua prática espiritual, pratique-a todo dia
- aprenda como as coisas são feitas e como funcionam
- peça orientação
- se estiver por baixo, mexa-se
- abandone ideias rígidas
- sempre priorize as pessoas
- concentre-se na sua conexão com alguém, não naquilo que os separa
- **encontre uma fonte e faça um pedido**
- ofereça a dádiva do *dharma* — abra-se e converse com outra pessoa sobre o que é realmente significativo
- mantenha sua compostura em qualquer situação
- jogue-se num sofá com uma criança e simplesmente deixe-se ficar
- exercite-se por prazer
- explore algum lugar novo
- dê a seu adolescente um calendário marcado com os aniversários da família
- expresse amor ouvindo
- envie uma contribuição a uma revista
- limpe sua casa com produtos naturais que contenham óleos essenciais

- abra-se a todo o apoio que está a sua volta e dentro de você mesmo
- todo minuto conta
- apoie um programa de controle das armas
- enxergue além do óbvio
- trabalhe como voluntário em uma igreja ou num grupo cívico
- seja um bom navegador para um motorista
- jejue durante um fim de semana
- seja um voluntário para trabalhar com crianças que têm AIDS
- celebre cada coisa que alcançar, não importa quão pequena seja
- coma principalmente carne de gado criado solto, e com moderação
- saiba onde ficam as saídas de incêndio
- consuma a maior parte de suas calorias no começo do dia, e menos calorias no fim
- conheça os detalhes minuciosos de seu corpo
- tenha tempo para conversas ao pé da lareira
- diga adeus a um mau hábito
- dê um vale-presente para uma aula de dança de salão a um casal que esteja planejando seu casamento
- freie a negatividade logo em seu início — respire profundamente e clareie sua mente
- equilibre suas atividades ativas e passivas
- ofereça a alguém uma bala de menta
- escreva para seu cônjuge uma carta do tipo 'sou tão feliz por ter casado com você'
- dedique a alguém uma música no rádio
- melhore seu casamento continuamente

- às vezes é legal dar aos outros o que eles querem!
- recuse envolver-se com pensamentos cruéis, gananciosos ou que sejam de alguma maneira desagradáveis
- dê respostas honestas
- fique feliz e presente e não terá motivos para ter saudades do passado ou de querer repeti-lo
- adquira o dom de acalmar os medos alheios
- ao nos esquecermos de nós mesmos, nós nos encontramos
- veja o mundo como se você fosse uma criança: brinque e crie
- abra espaço para o mistério
- curta os aspectos físicos do seu dia: a maciez de um casaco, uma ducha depois de uma caminhada revigorante
- evite a situação e a sensação de estar ocupado o tempo todo
- livre-se do estresse naturalmente — acalme o batimento cardíaco e melhore sua aeração — usando seu diafragma para respirar
- aprenda a conservar as coisas você mesmo
- o que você quer dizer é uma melhora em relação a permanecer em silêncio?
- resgate um animal se puder fazê-lo com segurança
- vá assistir a todos os jogos de alguém
- sonhe e realize
- **deixe que tudo venha e que tudo se vá**
- leia mitologia ou poesia para ter inspiração
- curta usar suas mãos (limpas) ao preparar a comida
- pague uma nova partida de boliche para as pessoas que estão na pista ao lado da sua
- torne-se mais consciente de quais são as cores que fazem você se sentir bem
- apanhe ou devolva livros da biblioteca para alguém

- seja grato àqueles que prestam serviço com afinco
- cate lixo onde quer que seja
- ajude a parar com o abuso das drogas
- uma mente aberta recebe instruções, um coração aberto recebe inspiração
- mantenha seu senso de humor haja o que houver
- leia os escritos de Ralph Waldo Emerson
- **não espere pelo momento perfeito — ele não chegará nunca**
- faça o que disser que vai fazer
- tenha uma ideia melhor, não um martelo melhor
- faça coisas gentis e pacíficas se quiser que sua vida seja em prol da gentileza e da paz
- expresse-se na hora certa, no lugar certo, com as palavras certas e a atitude certa
- inale o aroma de óleos essenciais que combatem a fadiga, como alecrim e hortelã
- permita que a prática de ioga proporcione um suave alívio físico a emoções fortes, direcionando a atenção para o movimento preciso e o posicionamento exato
- dê um alívio a sua necessidade de apego
- envie cartas escritas à mão que incluam fotos, flores secas ou citações
- doe legumes de sua horta a um asilo da vizinhança
- compartilhe muito e frequentemente
- dê de presente a um idoso uma visita de um 'quebra-galhos'
- não conte seu cônjuge como garantido, aconteça o que acontecer
- imagine viver sua vida sem medo de expressar seus sonhos
- pratique artes pacíficas como ioga e *tai chi*
- substitua algumas das comidas processadas que você consome por comidas mais simples, frescas e naturais

- beba água em vez de álcool
- seja leal
- ignore um comentário rude
- quando viajar, traga para casa pequenos presentes para todos
- deixe um dinheirinho onde alguém irá encontrá-lo
- seja flexível
- dê uma caminhada
- descubra novos *insights*
- **afaste-se de um conflito do qual não se pode sair vencedor**
- compre dois almoços para viagem e leve para a casa de um amigo
- prefira comida caseira a *fast-food*
- lembre-se do valor do caráter
- selecione uma técnica de meditação e prossiga com ela
- use alguns minutos toda semana para escrever uma carta sincera
- deixe que todos os seus pensamentos se tornem ensinamentos do *dharma*
- economize dinheiro para a cadeira dos seus sonhos
- leve seu cônjuge a um filme que ele adore
- o que você faz por você mesmo é também pelos outros, e o que você faz pelos outros também é por você
- deixe pra lá o que você não pode mudar
- telefone para alguém e cante 'Parabéns Pra Você' no seu dia especial
- seja egoísta quando precisar, sem culpa
- envie uma carta de amor
- **esteja informado**
- leias as instruções
- tenha muitos livros para ler em caso de mau tempo
- seja amoroso com aqueles que não amam você

- cultive um espírito de investigação
- acredite primeiro em uma pessoa e por último em boatos
- reserve todo dia um tempo para a prática de mantras
- aprecie a inteligência e a maturidade
- observe com clareza aquilo que você está atravessando e sentindo
- faça com que o assunto seja o mais interessante possível
- dê as mãos ao atravessar a rua
- volte a estudar
- ponha um freio em sua teimosia
- celebre dias comuns
- **deixe que um idoso passe a sua frente**
- evite ser um(a) 'maria vai com as outras'
- chegue na hora
- enfatize os aspectos fortes de sua família, não os fracos
- adote um gato de rua
- celebre a alegria
- observe e vivencie sem reagir
- leia os editoriais
- contribua para salvar o estuário de um rio
- encontre um pouco de privacidade
- fortaleça-se
- quando o dia acaba, deixe graciosamente que ele se vá
- aperte o braço de alguém, só por um momento, para que ele ou ela saiba que você se importa
- preste toda a atenção ao que se ensina em sala de aula
- alterne atividades
- **fique bem-disposto**
- abrace seus filhos
- O maior de todos os erros é não fazer nada porque só pode fazer pouco. Faça o que puder. (Sydney Smith)

- tome pequenos goles de água quente durante o dia para dissolver *ama* (toxinas) do seu sistema
- não seja teimoso — ofereça um acordo
- encontre uma forma de relaxar saudavelmente
- seja gentil e respeitoso com professores
- encare sua vida como uma aula de educação para adultos
- escolha diariamente rituais pessoais: ioga, caminhadas, meditação etc.
- exercite-se para estimular o coração e os pulmões, melhorar a circulação e levar mais oxigênio para o cérebro
- dê às cobras direito de passagem
- plante flores silvestres à beira de estradas
- espere por alguém no ponto de ônibus
- dê um '*kit* de escrever para casa' a uma criança que está indo para uma colônia de férias
- deixe ir embora o sentimento de estar incompleto ou desprovido de algo
- pratique os atos de comer atentamente, dirigir atentamente, levar o lixo para fora atentamente
- concentre-se em pensamentos de amor — sempre há pessoas e coisas para se amar
- anime a sua dieta com culinárias étnicas
- ajude regularmente crianças desprivilegiadas
- perca-se em algo maior que você mesmo
- perceba o que é atraente e charmoso nos outros
- fale com doçura
- coma comidas de qualidade
- cumpra tarefas sozinho
- dobre sua alegria compartilhando-a
- medite com uma mochila nas costas
- seja leal a seus amigos

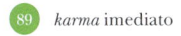

- pendure uma foto de alguém que o tenha inspirado
- envie um cartão de secreta admiração
- aumente sua massa muscular
- **sente em um lugarzinho especial junto a uma janela e leia um livro favorito**
- seja aberto e acessível
- melhore a qualidade da sua vida mental e física praticando ioga
- tenha o maior número possível de opções
- aprenda sobre a vida e a obra de seus artistas favoritos
- se você se dá conta de que tem o suficiente, você é realmente rico
- deixe que sua natureza se expresse
- não há nada que substitua o ato de prestar atenção!
- não julgue alguém por ser rude, indelicado ou desatencioso
- medite em um jardim Zen
- esteja consciente dos cheiros e dos sons de um momento tranquilo
- participe de um programa social para detentos
- mantenha seu corpo puro e limpo para a alma lá mora lá
- coma em equilíbrio com seu estilo de vida e seu emprego
- caminhe com alguém querido
- faça uma lista com todas as coisas que você sabe fazer
- leve as coisas com mais facilidade
- flexibilidade é liberdade
- 'adote' um rio
- abandone pensamentos inquietantes
- inclua em sua dieta muitas folhas verdes
- na prática da percepção, você observa a sua experiência com uma mente atenta mas relaxada, rotulando os pensamentos à medida que vêm à tona

- cuide do que você tem
- ache maneiras simples de ter tempo para você mesmo
- ajude uma criança a encontrar maneiras surpreendentes de brincar com objetos da casa
- desfrute de cada pequeno divertimento
- ponha as coisas de volta onde as achou
- **compartilhe o seu guarda-chuva**
- faça diariamente exercícios de pensamento criativo
- borrife um aposento com um leve *spray* de água pura para neutralizar energias negativas
- aproveite ao máximo o que vem a você e lamente ao mínimo o que se vai
- encontre alegria na generosidade
- para que desperdiçar energia ficando irritado com coisas que você não pode controlar?
- muito do que acontece é determinado por seu *karma* passado, mas o modo pelo qual você reage ao que acontece está completamente contido na sua liberdade do momento
- apoie quando alguém se empenha em algo novo
- deixe que a tagarelice do mundo exterior passe ao largo
- veja menos TV; leia mais livros
- não tente provar nada a ninguém
- tenha um calendário personalizado, feito com fotos de família
- não diga nada que seja ofensivo ou mentiroso
- faça uma coisa de cada vez
- observe sua vida se desenrolar
- acredite ser um sortudo
- O indivíduo torna-se perfeito quando perde sua individualidade no todo ao qual ele pertence. (D.T. Suzuki)
- prontifique-se a entregar marmitas a quem precisa

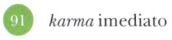

- interrompa cartas de corrente
- ponha música no ar
- a mente desperta flui em liberdade, é natural e equilibrada
- decore o poema favorito de alguém
- envie uma piada ou um pensamento do dia a alguém que você ame
- aja, não reaja
- quando se sentir confuso ou para baixo — a meditação é a maneira de se aprumar
- resista à tentação de dormir mais no fim de semana
- guarde somente as coisas que você usa ou ama
- todo dia, diga a alguém que você gosta dele ou valoriza algo nele
- quando precisar se livrar de um excesso de energia — passe o aspirador de pó!
- não se apresse
- ponha o nome de alguém num bolão
- forneça caixas de tinta a crianças carentes
- **faça pequenas coisas com muito amor**
- peça desculpas a alguém que você ofendeu
- fique tão entusiasmado com o sucesso dos outros quanto com o seu
- escolha o momento certo para abrir a boca
- repita mentalmente o mantra *so ham* no ritmo da sua respiração
- ter mente Zen significa despertar e viver, em vez de passar pelas coisas como se estivesse adormecido
- faça os garçons sorrirem
- esforce-se para ter luz dentro de si
- explore o mundo através de cada um dos seus sentidos
- leia o jornal da manhã ao ar livre

- escreva todas aquelas cartas que você vem pensando em escrever
- abandone o territorialismo
- proteja a vida, pratique a generosidade, aja com responsabilidade e consuma com consciência
- tente desfrutar da comida simplesmente como uma fonte de sustento
- dê uma caminhada antes do café da manhã
- estabeleça a hora da sua meditação diária
- fotografe eventos importantes e marcantes
- ponha o jornal de alguém na porta da casa dele
- reconheça cada dia como um presente
- reduza a vida a 100 livros ainda por ler, algumas calças *jeans*, algumas camisetas de algodão e meias
- seja um viajante em vez de um turista
- faça coisas que despertem sua paixão de viver
- crie espaços em branco no seu calendário
- cultive uma voz que seja fácil de ouvir
- evite os extremos
- fique quieto até descobrir em que está pensando
- seque os sapatos molhados de alguém
- tenha um lar onde seja fácil reunir os amigos
- compre cosméticos de companhias que não tratam animais com crueldade
- **beije a testa da vovó**
- ria alto
- roube um beijo de alguém que esteja saindo às pressas
- organize um concerto em casa
- enrole-se num cobertor de lã enquanto lê
- faça um exercício que fortaleça o *core* várias vezes por semana

- compre um bom dicionário
- goste das pessoas com quem você trabalha
- se alguma coisa o faz infeliz, tente outra
- cozinhe com alguém que você ame
- encare a vida como se ela fosse um banquete
- participe de um grupo que faça rondas na vizinhança
- vá dançar mais
- cumpra suas obrigações
- ponha plantas nos banheiros
- administre seu tempo fazendo listas
- use suas boas louças e prataria regularmente
- cozinhe uma refeição para si mesmo todos os dias
- limpe o para-brisa de alguém
- tire discretamente seus sapatos por baixo da mesa do restaurante
- **viva uma história de amor que ainda está sendo escrita**
- curta completamente a solidão
- permaneça calmo — ou aprenda a tornar-se calmo
- brinque com tudo
- a felicidade duradoura vem de um respeito profundo por todos os seres e toda a vida
- deixe que uma preocupação vá embora
- esconda uma pequena surpresa debaixo do travesseiro
- deixe que alguém vença uma queda de braço
- evite comentários sarcásticos
- levante-se e vá falar com alguém — não grite de um aposento a outro ou de um andar a outro
- fique mentalmente em forma
- passe sua vida em numa pacífica serenidade
- lance olhares de admiração
- aprecie a combinação de comida e vinho

- concentre-se na solução em vez de no problema
- evite comidas *rajásicas* (muito picantes, amargas, azedas, secas ou salgadas) (termo da Ayurveda, N.T.), que promovem agitação e descontentamento
- estabeleça um equilíbrio entre o que você tem e o que você quer
- preserve a vida — mesmo a de um inseto, mesmo a de uma planta
- perdoe-se
- o que importa é quão bem você vive essa curta vida, e quão bem você aprende a amar
- surpreenda alguém limpando o quarto dele ou dela
- dê *feedback* e elogios quando delegar responsabilidade
- envelheça com graciosidade
- deixe que identidades passadas se desfolhem e se vão
- mostre a outras pessoas como aproveitar a vida
- use seu tempo com criatividade
- livros interessantes são presentes interessantes
- trabalhe sobre o que você pode mudar
- **contente-se com muito**
- veja obstáculos como oportunidades
- encontre alegria ao oferecê-la
- libere as criações de sua imaginação
- perdoe-se por qualquer falha temporária
- crie um menu saudável para sete dias com receitas que são rápidas e fáceis de comprar, preparar e comer
- reconheça sua dívida para com outros
- respeite as donas de casa
- complete sua educação
- seja puro em suas intenções
- compartilhe tudo com seus entes queridos

- participe de descobertas e desafios
- envolva-se
- não tente dirigir do banco traseiro
- envie a alguém um cartão de amizade
- mantenha o brilho em nos seus olhos
- consuma menos
- tenha tempo para terminar o que está inacabado
- não pense; veja
- dê ao sono a atenção que ele merece
- planeje um ritual de amizade
- contrate um quarteto de cordas para tocar para você e seu parceiro enquanto jantam
- dedique um tempo no começo e no final do dia à quietude
- seja curioso sobre a vida
- doe a arrecadação de uma venda de garagem a uma instituição de caridade
- tenha uma válvula de escape construtiva para suas frustrações
- tenha prazer em envelhecer
- peça perdão a todas as pessoas que você magoou
- posicione sua escrivaninha ou cadeira favorita de frente para a entrada de um aposento
- discorde sem discórdia
- ligue a seta
- dê uma festa para que pessoas se conheçam
- há mais em você do que seu corpo, seu intelecto e suas emoções
- plante uma flor
- louve ex-fumantes por terem parado
- acredite em amor à primeira vista
- dê as mãos enquanto dá as graças

- praticar o *dharma* é aprender a não querer ou precisar que as coisas sejam de um determinado jeito
- exercite-se sem equipamentos
- ajuste suas rotinas ao seu ritmo pessoal
- conheça suas habilidades e seus pontos fortes
- **deixe que pequenas irritações vão embora antes de se tornarem grandes conflitos**
- Peça conselho àquele que sabe se governar. (Leonardo da Vinci)
- cozinhe ou asse algo para a feira da igreja
- sua visão é apenas uma perspectiva; por que ficar tão amarrado a ela?
- abandone os remorsos
- quando achar que está com fome, tente beber água ou chá verde e veja se a fome passa
- continue seguindo em frente
- quando o desejo cessa, vem a paz
- permita que outros levem a glória
- aprenda sobre outras culturas
- organize uma viagem de fim de semana com seu cônjuge
- ande mais de bicicleta que de carro
- seja gentil consigo mesmo
- traga cristais e pedras semipreciosas — terra — para sua casa
- pratique a Postura da Montanha (posição de pé simples) enquanto espera o macarrão ferver
- **tenha a fama de ser cortês**
- não perturbe um cão adormecido
- respire profundamente antes de falar
- faça um jantar à luz de velas pelo menos uma vez por semana

- seja generoso com os outros sem motivo
- faça amizade com os animais que você encontra quando vai caminhar
- deixe sozinho alguém que está falando ao telefone
- deixe algo no seu prato
- faça suas afirmações no tempo presente, como se já fossem realidade
- melhore a alfabetização — por meio de promoção, educação ou orientação
- use roupas que não friccionem ou apertem
- alugue vídeos de ioga e experimente diferentes estilos
- ouça a voz profunda de um rio
- seja o melhor amigo e treinador de seus filhos
- concentre-se na verdade verdadeira
- esteja pronto a aprender coisas novas
- é melhor perguntar duas vezes que se perder uma
- jante, não coma
- dê a uma criança sua primeira varinha de pescar
- **dê segundas oportunidades**
- apoie a banda do colégio
- conforte alguém que esteja triste
- envie amor em cartas e telefonemas
- dê um passo à frente
- ouse parecer uma pessoa vivida
- use com parcimônia aparelhos de alta tecnologia feitos para economizar tempo
- não atenda o telefone somente porque ele está tocando
- deixe de sentir-se indigno
- pule num pequeno trampolim
- faça uma pausa por um momento
- faça um ratinho de erva-dos-gatos

- torne-se um ser humano maior
- faça o melhor que pode de uma situação
- reconheça as limitações de seu corpo
- deixe que o garçom lhe diga quais são os pratos do dia
- envie cartas ou cartões a membros de sua família sem nenhum motivo
- combata um preconceito sempre que o ouvir
- diga a seus pais mais frequentemente que os ama
- ajude uma criança a superar a timidez
- valorize o momento
- aprecie tudo o que tem
- aprecie coisas simples, comuns e muito reais
- não peça desculpas pelo que gosta de fazer
- tire os sapatos, arregace as calças e entre num riacho
- leia para os cegos
- use sininhos com um tinido agradável para ativar energia *yang*
- não busque a resposta nos outros
- coma no almoço legumes da horta e salada de macarrão
- releia um livro que marcou a sua vida
- nunca questione a sua felicidade
- seja pontual
- limpe e reorganize as gavetas
- reconheça os momentos nos quais lhe faltam a deliberação e a atenção
- use menos plástico
- trabalhe nas pesquisas de opinião pública antes de eleições
- previna problemas antes que eles apareçam
- **quando sua energia estiver baixa, experimente fazer exercícios de respiração ou Saudações ao Sol**
- compre dois de cada presente quando fizer compras para as festas, e doe um

- acenda uma vela quando praticar ioga
- remova o entulho do lugar onde se exercita
- aceite a serendipidade
- trate da dor e do conflito na sua vida
- domine a sua natureza combativa
- imagine uma vida melhor
- sente numa cadeira e rastreie a sua energia, sentindo a vibração de sua energia vital do topo de sua cabeça, através de seus dedos, descendo pela coluna até as solas dos pés
- **deixe que se vá o desejo de estar sempre com a razão**
- leve seu almoço para o trabalho numa embalagem reciclável
- cumpra os Dez Mandamentos
- fique em silêncio até a resposta emergir
- cozinhe um jantar para alguém
- grave uma história de família
- conserte uma relíquia de família danificada
- A vida real começa com autossacrifício. (Thomas Carlyle)
- onde quer que você esteja, não chegou lá sozinho
- doe todas as roupas que você não usa mais
- leve seus pais para jantar
- dê um tempo
- busque a elegância em vez do luxo
- sinta a lama entre seus dedos do pé
- seja zeloso
- não tente controlar, subjugar ou modificar seus pensamentos
- dê férias sabáticas à sua mente racional
- cante no chuveiro
- visite os países de seus ancestrais
- livre-se da vaidade

- levante a âncora e deixe o barco ser levado
- seja receptivo ao que está acontecendo
- deixe que os assuntos do dia entrem em perspectiva, relativizando-os
- quebre uma velha rotina
- ajudem-se um ao outro a crescer
- **toda a felicidade do mundo vem de se pensar nos em outros; todo o sofrimento do mundo vem de se pensar apenas em si mesmo**
- desenvolva uma visão de 360 graus
- leia os livros de Norman Vincent Peale
- encontre o estilo de ioga que combina com você
- se estiver nervoso, apreensivo, transtornado ou tenso, tire um momento para seguir sua respiração
- o que você vê depende de como você vê
- abra seus sentidos ao meio em que se encontra
- leve flores frescas para o trabalho
- beba um copo de água enquanto espera seu café ficar pronto
- diminua ou desligue o som do telefone
- incentive uma sociedade na qual nenhuma criança é maltratada
- use a imagem de um lago em sua meditação; a calma sob a superfície, qualquer sujeira ou sedimento mergulhando para o fundo
- se não usa, jogue fora
- antes de sair da cama, pense em por quê você está aqui
- leve uma mulher grávida para tomar um *milkshake*
- faça uma lista com os valores que você quer passar a seus filhos
- fale sobre a felicidade

- mantenha a posse de seus momentos
- saboreie um biscoito de chocolate com um copo de leite
- leve mapas ou um atlas quando sair de viagem
- faça Comunhão
- evite usar produtos que prejudiquem qualquer ser vivo, seja em sua fabricação ou em sua aplicação
- siga o Buda e siga a sua própria prática; aprenda as Quatro Verdades Nobres e entre no Caminho das Oito Vias
- passe um dia em um parque de diversões
- pule de alegria interiormente
- leve uma criança para a hora de contar histórias de sua biblioteca
- encontre bons amigos
- dê a seção literária de seu jornal a um amigo que gosta de livros mas não compra o jornal
- divida a responsabilidade
- reveze-se na tarefa de trocar as fraldas
- **desenvolva uma rotina doméstica**
- use comidas da estação sempre que possível
- quanto mais coisas você deixa pra lá, mais leve a sua mente se torna
- dê sua opinião sobre como seus filhos podem usar seu tempo livre
- encare um problema como um teste
- opte por não beber álcool
- medite por um minuto em cada hora do dia
- leia sobre os avanços na ciência e na tecnologia
- assista ao programa de TV favorito de alguém — mesmo se não gostar
- cultive algo da sua própria comida
- dependa menos de receitas

- uma atitude positiva afetará o resultado positivamente
- ofereça uma bebida a seu bombeiro ou eletricista
- não deixe que o comportamento de alguém determine suas reações
- deixe que vá embora até mesmo a mais sutil das expectativas
- dê a você mesmo um buquê de flores
- a percepção do *chi* é o primeiro passo no processo de aprender a administrar o que o fortalece
- traga para a sua casa apenas coisas que você sabe serem interessantes, educacionais ou divertidas
- desapegue-se das coisas para se fundir com elas
- retoque os móveis você mesmo
- faça coisas que criem e reforcem a felicidade
- celebre a primeira semana escolar
- curta a pessoa que você é agora mesmo
- para a preguiça ou o torpor, respire profundamente algumas vezes ou vá caminhar
- **compartilhe aquilo que você ama**
- seja um defensor da programação televisiva de qualidade
- seja suave para com a terra
- seja ainda mais cuidadoso nas coisas que você faz e cria
- inspecione sua vida periodicamente e veja quais as áreas que precisam de mais atenção
- moldure e pendure sua certidão e casamento
- antes de fazer qualquer coisa, pergunte-se o por quê de estar fazendo
- desacelere sua prática de ioga
- escreva seu testamento em vida
- não tente resolver todos os seus problemas de uma vez só
- convide você mesmo a ser feliz neste momento

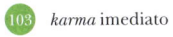

- aplauda crianças inteligentes
- **acredite na Regra de Ouro** ('não faça aos outros aquilo que não quer que lhe façam' N.T.)
- mesmo amando muito alguém, perceba que você não pode controlar a sua vida
- escreva ao ar livre
- todo problema vem de uma mente egoísta
- em tempos de estresse ouça sua música favorita
- escolha as opções regionais do menu
- patrocine a estadia de alguém em um albergue para idosos
- tenha domínio sobre seu passado no presente, ou seu passado dominará seu futuro
- salve alguém do embaraço rindo com ele
- peça a alguém da sua família para escolher um número de 1 a 10 e então lhe dê esse número de beijos
- viva simplesmente e com pureza no de coração
- escute os problemas de um amigo
- faça melhores opções na sua dieta
- **apoie eventos sazonais**
- dance sempre que estiver no espírito
- maturidade espiritual traz gentileza ao coração
- aprenda a ser feliz em qualquer ambiente
- para ter sorte e prosperidade, ponha qualquer dessas coisas na sua escrivaninha: uma vaca, um veado, um dragão, uma tartaruga, um unicórnio, uma fonte, um peso de papel de cristal ou um pote de balas
- saboreie uma xícara de chá ao sol na porta de casa
- dê mais do que lhe é pedido
- permaneça próximo de professores
- **seja capaz de rir de si mesmo**
- não procure vingança

- monitore sua pressão sanguínea
- delicie-se com sua comida
- sinta alegria com pequenas coisas
- aprenda a conhecer a mente
- deixe que a vida seja mais uma dança e menos uma batalha
- mova-se na direção que seu coração lhe aponta
- mantenha sua cabeça ereta
- desenvolva seus músculos espirituais
- surpreenda alguém com uma torta caseira
- alimente a alma
- pense duas vezes antes de sobrecarregar alguém com um segredo
- observe a grama crescer
- compre brinquedos educativos para seus filhos
- permaneça ativo por meio do trabalho, do lazer e da comunidade
- seja honesto, amoroso e compassivo consigo mesmo
- lembre-se do bem que está dentro de você
- no momento em que você passa a prestar atenção às emoções, elas deixam de ter poder sobre você
- vá dar uma caminhada e aprecie a paisagem
- trabalhe durante uma hora antes que todos acordem
- esvazie as latas de lixo da sua casa todos os dias
- encontre alegria no que quer que precise ser feito
- a felicidade não pode ser encontrada através de grande esforço ou força de vontade; ela já está presente
- **dê aquilo que você mais quer receber**
- tenha orgulho da sua casa
- abrace o mundo como a dádiva que ele é: uma maçã é uma dádiva, o cor-de-rosa é uma dádiva, o aroma de uma flor é uma dádiva

- não assista ao noticiário logo antes de ir dormir
- dê de presente algo que você ama a alguém que você ama
- faça de uma faxina de sábado algo divertido
- ouça antes de agir
- cultive os talentos ímpares das crianças
- expresse apenas os sentimentos que poderão trazer felicidade a você mesmo e a outros
- estimule crianças a experimentarem coisas novas
- identifique e dê o próximo passo
- tenha tato
- escolha cuidadosamente o seu ambiente
- diga uma prece matinal
- faça uma lista com todas as coisas que você quer fazer com a sua vida
- saiba o que pode e o que não pode controlar
- tudo conta, todos contam
- permita que sentimentos venham e vão
- absorva o que de melhor cada dia tem a oferecer
- não são as nossa preferências que causam problemas, mas nosso apego a elas
- viva sem necessidades e sem ciúme
- visite seu vizinho
- tenha e mantenha um programa semanal com seu cônjuge
- não se agarre à ideia de que algo vai acontecer de uma determinada maneira
- ouça música clássica durante sua pausa para o almoço
- Deixe que a comida torne-se o seu remédio e o remédio a sua comida. (Hipócrates)
- dê de coração
- faça exercícios de levantamento de pernas para aliviar uma dor nas costas

- aprenda a mudar seu estado de espírito
- não compre equipamentos de ginástica nem contrate um *personal trainer* — vá fazer uma caminhada
- **comece a viver a vida que você gostaria de viver**
- tenha tempo para rir
- leve um cozido para um casal que acabou de ter um filho
- verifique a intenção da fonte quando quiser decidir no que acreditar
- Gentileza é mais importante do que sabedoria, e reconhecer isso é o início da sabedoria. (Theodore I. Rubin)
- alargue seus pontos de vista
- resolva não comer em pé ou andando
- evite usar palavras que causem dor
- **descubra o que o faz se sentir vivo**
- compareça em eventos cívicos e comunitários
- recorte e compartilhe as histórias em quadrinhos de revistas e jornais
- cumprimente o carteiro
- olhe tudo como se fosse a primeira vez
- aceite os outros como eles são
- ame a terra
- compre em liquidações de lojas que estão prestes a fechar
- estabeleça para seus filhos 'regras para assistir à televisão'
- Temos de ser capazes de deixar que as coisas aconteçam. (Carl Jung)
- respeite seu corpo e sua mente
- exercite-se por uma hora antes do café da manhã
- reconhecer os sentimentos de 'gosto disso e não gosto daquilo' — sem reagir a eles — quebra a corrente do *karma*
- use bicarbonato de sódio como um detergente não abrasivo para a sua casa

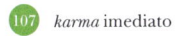

- deixe recados alegres no correio de voz de outras pessoas
- pense menos sobre as pessoas e as coisas que o incomodam
- atinja seu potencial como pessoa, como cônjuge e como pai
- planeje seu trabalho
- leve o cachorro para nadar
- avalie os riscos e os benefícios
- pare o carro quando vir um pedestre prestes a atravessar a rua
- evite comer comidas muito quentes ou muito frias
- seja obstinado e zeloso quanto ao que pratica
- dê de presente a si mesmo uma massagem terapêutica
- planeje uma reunião de família para o próximo verão
- plante um arbusto de frutinhas silvestres para alimentar os pássaros
- faça a delícia de alguém
- torne-se o que você é capaz de se tornar
- defina progresso como a capacidade de dar dois passos para a frente depois de dar um para trás
- continue a ser útil, em qualquer idade
- não afaste nada de sua vida
- ofereça-se para trabalhar na cantina da escola
- **evite ficar com fome demais, zangado demais, sozinho demais ou cansado demais**
- faça uma coisa realmente bem
- inscreva-se numa academia amigável onde não se força a barra
- certifique-se de que seus fatos estejam corretos
- aproveite o tempo encontrado
- diga 'sim' quando o puder fazer sinceramente
- escreva um bilhete que diga 'preciso de você'
- uma boa postura pode melhorar seu bem-estar

karma imediato

- seja um tutor
- tente transformar inimigos em aliados
- preste atenção aos detalhes
- tente usar o mantra do *Prajnaparamita Sutra: gatte gatte parasamgatte bodhi svaha* (o Sutra do Coração: O Coração da Perfeição da Sabedoria Transcendente, uma das mais populares escrituras budistas, N.T.)
- se puder inspirar e reter sete respirações, seu oxigênio terá circulado por todo o sistema circulatório, e você não precisará ter o que quer que estivesse desejando ou ansiando ter
- viva com encantamento
- **diga as coisas sentimentais e gratas que todo nós sentimos mas que frequentemente temos medo de dizer em voz alta**
- trate com carinho o lugar onde vive
- seja mais gentil, mais cortês, mais tolerante com as pessoas à sua volta
- permita-se a reflexão e o raciocínio
- receba bem o aluno novo na escola
- recuse-se a pôr um rótulo em tudo o que faz
- pratique fazer nada
- deixe uma luz acesa para alguém que saiu à noite
- vá com uma criança catar gravetos para a lareira numa tarde fria de outono
- use bem uma boa mente
- **conheça maneiras agradáveis de fazer companhia a si mesmo**
- convide um vizinho para um jantar improvisado
- dê a seu filho oportunidades de ser autossuficiente
- desafie seu jeito básico de pensar
- faça ensaios mentais dos passos necessários a seu objetivo

- encontre tempo
- faça algo bom
- relaxe tensões contraindo os músculos e então soltando-os
- fique contente com a vida como ela é
- lembre-se das virtudes dos outros
- cante junto com seu cantor predileto
- saiba como fazer a mala com eficiência
- saboreie o tempo que você passa com as pessoas que importam
- curta ser um bobo
- tenha prazer em servir aos outros
- **nunca mais grite**
- demonstre amor a seu próximo e estará demonstrando amor a Deus
- resolva-se a esperar por alguma coisa quando acordar de manhã
- tome conta da casa de seu vizinho quando ele precisar
- vá além do pensamento comum
- faça as comidas prediletas da família para um piquenique
- ótimos aromas para despertar são tangerina, laranja, bergamota, alecrim, eucalipto, limão, lima, jasmim, rosa, pinho e lavanda
- limpe sua mente de falhas pouco a pouco
- apoie uma cura segura para a obesidade
- fale com gentileza
- deixe que os outros almejem àquilo que lhes será de maior benefício
- provoque sentimentos calorosos e amigáveis numa manhã fria
- seja fácil de satisfazer
- faça para pelos outros aquilo que gostaria que outros fizessem por você

- **dê apelidos que tenham conotação de elogio**
- mantenha suas expectativas realistas
- pratique *savasana* (Postura do Defunto) para dar miniférias a sua mente
- você já possui toda a matéria-prima de que precisa para construir seu eu ideal
- transforme situações dolorosas
- erga-se como uma montanha
- Comer é humano, digerir é divino. (Charles T. Copeland)
- aceite suas limitações
- agarre-se a seus ideais
- descubra que bom já é bom o suficiente
- direcione suas energias positivamente
- estabeleça uma prioridade para seus objetivos de vida — a curto e a longo prazo
- **saiba o que deixar passar**
- não se deixe atrapalhar por posses desnecessárias
- encontre o bem em tudo
- dê atenção à ortografia
- a prática deve fluir como um rio — silenciosamente, suavemente, continuamente
- quando não tiver nada a dizer, não diga nada
- coma num ritmo moderado
- fale gentilmente
- ouça o coração do seu coração
- dê um pontapé no traseiro das suas calças/no seu próprio traseiro
- colha suas próprias frutas e seus próprios legumes em uma fazenda orgânica
- na hora do jantar, pense em três ou quatro coisas pelas quais você é grato

- faça uma tarefa de casa devagar e pacientemente
- deixe que outros falem
- doe uma criação de formigas a um jardim de infância
- deixe o medo ir
- dê um pirulito enorme e listrado a uma criança
- aprenda a distinguir o que é necessário e o que não é
- enxergue do alto
- deixe revistas no trabalho para que outros as desfrutem
- opte por beber água
- a felicidade não vem de almejar algo fora mas de deixar fluir
- não considere nada como seu
- faça pequenos gestos de bondade
- escolha produtos bem feitos
- tenha uma bate-papo agradável com seu vizinho
- utilize todos os seus recursos
- diga "eu te amo" primeiro — e frequentemente
- faça só uma coisa de cada vez
- dê a si mesmo todo o crédito que você merece
- **livre-se de seu passado como se ele fosse a pele de uma cobra**
- não critique
- encontre-se em outra pessoa
- aprenda a usar exercícios para desenvolver níveis mais elevados de consciência
- leia a sabedoria do ursinho Pooh para crianças
- enxergue com seu coração
- saiba onde seus filhos estão
- faça a meditação Soto Zen sentado, de frente para uma parede completamente branca a uma distância de aproximadamente 30 centímetros

- **passe quinze minutos de cada dia fazendo algo que você realmente gosta**
- aconchegue-se com seus filhos e um bom livro
- respeite os ciclos naturais da vida
- fique ereto, com sua cabeça como que suspensa por uma linha no espaço
- escreva para um ativista que você admira
- dê a você mesmo um discurso construtivo
- coma simplesmente
- sempre tenha algo de reserva
- trabalhe com uma disciplina alerta para proteger seu bem-estar físico e mental
- descubra o presente
- seja apaixonado por algo em que você pode contar — não outra pessoa, mas um interesse
- visite alguém que você não tenha visto há muito tempo
- desfrute do prazer da descoberta
- relaxe, curta, ria, brinque
- ajude alguém a encontrar seu bichinho de estimação perdido
- veja o humor da vida todos os dias
- **ponha ordem em sua casa**
- fale apenas quando suas palavras forem melhores que seu silêncio
- desenvolva passatempos
- olhe para tudo e para todos como se os visse pela primeira vez
- leia um dos livros de Alan Watt sobre o Zen
- deixe que a flor do seu jardim seja colhida
- permaneça no caminho
- rejuvenesça seus olhos focando em algo que esteja perto e depois em algo que esteja longe

- **trate a causa, não o sintoma**
- faça alguém rir
- ajude alguém que necessita da sua ajuda
- seja sua própria luz e seu próprio refúgio
- doe para o Hábitat da Humanidade
- expulse pensamentos negativos sobre você mesmo
- cure uma ferida
- passe 20 a 30 minutos por dia preparando a comida
- faça com que a pessoa que está com você se sinta confortável
- a felicidade é estar livre de desejos
- repita seus exercícios espirituais muitas vezes
- liberte-se de suas tensões concentrando-se na sua respiração
- tente cultivar uma consciência sem julgamento, um 'simples saber'
- dê a si mesmo o luxo de fazer frequentemente aquilo que você faz bem
- leve a esperança
- diga uma prece antes de terminar uma sessão de meditação
- desacelere seu relógio interno
- seja caloroso e afetuoso de acordo com as necessidades alheias
- fale de sua casa de uma forma positiva
- viva o melhor que puder
- use um método de 'limpeza rápida' para a sua casa
- dê a você mesmo o que você espera receber dos outros
- a felicidade não depende de quanto você tem
- acalme sua mente e transcenda o seu ego
- Aqueles que levam a luz do sol às vidas de outras pessoas não poderão deixar de tê-la; iluminando as suas. (James M. Barrie)

- diga adeus ao mau humor
- saiba quando liderar e quando seguir
- saiba o que fazer num blecaute
- beba chá de hortelã para acalmar o estômago
- pare de comprar coisas das quais não precisa
- assista a TV pública
- participe de um grupo de leitura da biblioteca
- faça uma contribuição
- mostre a crianças que não é com indulgência que se obtém felicidade
- **use as posturas de flexão para a frente da ioga para internalizar e tranquilizar a mente**
- valorize músicos de rua
- tenha uma lista de palavras para procurar no dicionário
- faça uma lista com dez livros que você gostaria de ler por puro prazer
- faça o exercício de deixar fluir a consciência
- pratique visualizações à noite quando estiver adormecendo
- organize e convoque uma conferência em família numa data especial
- A cada minuto que passamos com raiva, perdemos sessenta segundos felizes. (Ralph Waldo Emerson)
- desenvolva a consciência do que está realmente acontecendo em seu corpo
- coma comidas que se dão bem com a sua constituição
- ouse cometer erros
- para o fígado e o baço: sentado de pernas cruzadas, faça vinte e seis torções da coluna com as mãos e os cotovelos levantados
- seja realmente bom em algo
- continue a aprender

- não tente ser um tipo específico de pessoa
- elogie seu parceiro na frente de seus filhos, de seus pais e de seus amigos
- **assuma a responsabilidade pelo que diz**
- lembre-se que aquilo que você sabe por você mesmo é totalmente seu
- faça seu trabalho, e então afaste-se um pouco
- doe velocípedes que não são mais usados
- arranje um aposento que seja realmente relaxante
- exercite-se para livrar-se de tensões
- esforce-se para conhecer seus empregados, estudantes ou colaboradores
- associe-se a pessoas que pensam como você
- ponha um chapéu de sol em um bebê
- se tiver coisas demais a fazer, tire um cochilo
- crie regras da casa que sejam fáceis de seguir
- faça *sundaes* para crianças que ajudam nas tarefas
- quando uma criança falar, realmente escute
- vença o medo fazendo coisas que você realmente teme fazer
- borrife água-de-colônia num tênis fedorento
- depois de ler o jornal, mantenha-o arrumado e em ordem
- mande dinheiro anonimamente a alguém que precise
- sorria para as pessoas — isso irá destravar seus dentes e relaxar o seu rosto
- cultive a criatividade
- caminhe em silêncio, promovendo a integração de músculos, mente e espírito
- **compartilhe a sua sobremesa**
- faça a pior tarefa primeiro
- coma comidas que reavivem boas memórias de infância

- tire vantagem de uma vantagem
- cerque-se de coisas que o fazem feliz
- ponha uma dedicatória no livro que você presenteia
- sirva como ajudante no altar
- aponte todos os seus objetivos para a mesma direção
- traga para casa a revista favorita de alguém
- faça pausas desfrutando realmente delas
- ensine seus filhos a gostar de organização
- passe um dia hibernando
- **seja um envolvente contador de histórias**
- não desaponte aqueles que contam com você
- faça um favor a alguém e depois esqueça
- contemple o universo
- deixe um bilhete de amor ou carinho em um carro
- seja amigável, educado e flexível
- diga "eu posso fazer isso"
- seja um amigo com quem sempre se pode contar
- admita com bom humor que outra pessoa estava certa
- quando se sentir bem, deixe que seu rosto reflita isso
- saiba como esperar
- curta *hobbies*, jogos e atividades fora de moda
- crie uma visão pessoal
- não contra-ataque
- leia *O Dhammapada* (coleção de escritos do Buda em prosa, N.T.)
- traga um certo toque da natureza para dentro de casa
- tome conta dos netos
- dê uma festa sem motivo especial
- chore quando quiser
- **deixe que os outros assumam a responsabilidade sobre suas próprias vidas**

- Esteja atento ao que faz; jamais considere nada indigno de sua atenção. (Confúcio)
- estabeleça hábitos de vida saudáveis
- pratique um isolamento cheio de reflexão
- tenha a mente de um principiante: esteja disposto a ver tudo como se fosse a primeira vez
- apoie um grupo de proteção aos animais
- **para ser feliz, decida deixar de ser infeliz**
- assuma e use as suas próprias qualidades
- livre-se de sua insegurança autocrítica
- dê um buquê de flores azuis a um amigo doente
- assegure-se de que o aniversariante realmente se sinta homenageado
- converta sua casa para energia solar
- olhe nos olhos, mesmo de estranhos
- deixe que as crianças ouçam quando você as elogia para outros adultos
- seja consciencioso
- filme, fotografe ou grave eventos
- rache sua própria lenha
- compartilhe seu *know-how* profissional
- remende os pequenos rasgos, as descosturas e os botões soltos da vida
- invente novas maneiras de pensar sobre as mesmas coisas de sempre
- dê-se o luxo de banhos prolongados
- **surpreenda sua mãe com flores frescas**
- dê a alguém, de manhã, um roupão gostoso
- o *karma* não tem prazo
- limpe sua casa com água pura, limão e vinagre e aromas frescos — eucalipto, sálvia, lavanda e pinho

- ensine numa escola dominical
- a repetição de *mantras (japa)* pode ser contada usando um colar de 108 contas (segure-o na mão direita e conte usando o polegar e o indicador)
- tente estar ciente do que os outros estão pensando e sentindo
- reexamine suas estratégias para administrar o estresse
- ouça sua música favorita
- viva sua vida de acordo com o ritmo da natureza
- use bibliotecas e livros de referência
- compre apenas óleo, vinagre e sal de alta qualidade
- trate a si mesmo como você trataria um amigo querido
- leia livros que animem o seu espírito
- fique feliz sem motivo
- tente comer uma refeição por dia em silêncio
- A felicidade depende de nós mesmos. (Aristóteles)
- incline-se para frente ao ouvir os outros
- **doe um kit de artes a uma criança carente**
- aprenda a dizer não
- telefone para dizer a alguém que você pensa nele
- pergunte: este objeto é importante para mim? eu gosto disso? se a resposta é não, por que quero guardá-lo?
- ame as perguntas
- faça o exercício de *chi kung* para influenciar o fluxo de energia
- sente num balanço de criança
- o mais alto objetivo do iogue é ajudar a alcançar a sua própria experiência da verdade
- obtenha boas notas
- veja as coisas de uma perspectiva mais elevada
- dê um basta em leitura dinâmica, soluções-relâmpago, hora do *rush,* aceleramento, pressa e burburinho

- convide à aventura
- deixa rolar
- não adie as coisas; amarre as pontas soltas à medida que prossegue
- tente praticar uma aceitação desinteressada
- use as roupas que recebeu de presente de alguém quando for se encontrar com ele
- prepare seu lixo para a reciclagem
- tenha uma conversa íntima com seu pai
- desenvolva pouco a pouco sua força de vontade
- saboreie comidas para saciar sua mente
- pense e fale bem de sua saúde
- viva com menos do que ganha
- empreste um livro favorito
- sinta-se em casa onde quer que esteja
- **aprenda a letra do hino nacional**
- releia *Walden*, de Henry David Thoreau para aprender sua filosofia de viver com simplicidade
- desenvolva completamente a sua concentração para que nada, a não ser uma emergência, possa distraí-lo
- organize a coleção predileta de uma criança
- quando não há expectativa, não há decepção
- agradeça aos seguranças do lugar onde trabalha
- colecione *koans* Kikan (uma das cinco formas de poemas *koan*), que nos ajudam a melhor compreender o mundo diferenciado, assim como é visto através do olhar iluminado
- evite a mesquinhez e a trivialidade
- encontre maneiras de servir ao mundo
- faça experiências com comidas no café da manhã até encontrar o que o mantém alimentado até o almoço

- cante "You'll Never Walk Alone" quando precisar organizar mutirões de limpeza
- faça a Respiração de Fogo: a rápida sucessão de inspirações e expirações pelo nariz que fortalece seu sistema nervoso e o energiza
- sinta a sua raiva completamente mas não fique empacado nela
- ignore a pressão para vencer
- amplie suas perspectivas intelectuais
- ouça os idosos
- dê uma festa-surpresa para alguém
- tenha a coragem de perseguir novas ideias
- **tente todo dia fazer pelo menos uma pessoa sentir-se melhor por conta de algo que você diz**
- ofereça-se para ser um irmão mais velho ou uma irmã mais velha
- refletir sobre a lei do *karma* faz com que apreciemos nossas vidas
- pratique a carona solidária
- seja grato em qualquer circunstância
- dê um presente de noivado
- a prática de ioga tonifica o corpo interior tanto quanto o exterior
- tente praticar ioga seis dias por semana
- use ervas e especiarias para refrescar o ar naturalmente
- continue a crescer
- ponha uma música suave, diminua as luzes, deixe ar fresco entrar, acenda uma vela
- se algo ruim acontecer, tente superar o mais rápido possível
- emule modelos de conduta
- **permita que outros cometam erros**
- busque a verdade nas profundidades do seu coração

- para meditar, sente confortavelmente com a coluna ereta, a cabeça ereta e o queixo levemente para trás
- organize suas tarefas antes de sair de casa
- coma uma fruta ou um legume que você nunca tenha experimentado antes
- faça a Postura da Águia para melhorar o equilíbrio e a concentração, desenvolver os tornozelos e remover a tensão dos ombros
- concentre-se num objeto de meditação
- peça *feedback* de amigos, parentes e colegas
- pratique direcionar as energias curativas
- a sabedoria se revela através de atos, não de palavras
- Uma injustiça sofrida nada significa, a menos que se continue a pensar nela. (Confúcio)
- diga a alguém que ela está linda
- escolha as suas respostas
- faça com que as pessoas se sintam importantes
- faça com que seu amor à verdade seja maior do que sua necessidade de ter razão
- use aromas para criar uma atmosfera de calma e tranquilidade
- melhore a atmosfera do lugar onde vive
- doe cestas básicas para um banco de alimentos local
- descubra o *koan* Zen 'O Mu de Joshu'
- ajude velhos amigos a envelhecer
- cultive a consciência em cada momento de sua vida
- dê uma caminhada em silêncio
- livre-se da impressão de que você é indispensável
- passe 'férias' em um retiro silencioso
- meditar tem pouco a ver com ter tempo e muito a ver com o seu esforço

- dê presentes espontaneamente
- aprenda a desarmar sua energia por meio de relaxamento
- termine negócios inacabados
- deseje a felicidade dos outros
- pratique caminhar com atenção plena e escutar profundamente durante todo o dia, exemplos da prática das Quatro Nobres Verdades
- seja conciso
- concentre-se no que é realmente importante para você
- enfatize a responsabilidade pessoal
- comprometa-se em um projeto
- incentive o aprendizado de uma segunda língua
- as pessoas se tornam o que elas mesmas esperam se tornar
- forme um grupo de meditação
- guarde um lugar para um amigo
- concentre seus esforços no presente
- ensine os outros a tratar você mostrando como você trata a si mesmo
- empregue vinte minutos para pensar ou relaxar
- não interrompa quando alguém estiver assistindo a seu programa de TV predileto
- por que ser feliz com mais se você pode ser feliz com menos?
- acenda uma vela cor-de-rosa para aumentar os sentimentos amorosos e a amizade
- dê uma caminhada no parque no primeiro dia da primavera
- sinta-se contente com a retidão do mundo
- lave a louça quando não é a sua vez
- respeite alguém aprendendo com ele
- exercício que fazem suar ajudam a controlar o apetite
- conserte algo que quebrou

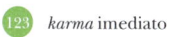

- se um dia tiver essa oportunidade, ande de trenó na neve
- não compre artigos que tenham sido de alguém que morreu, divorciou-se, faliu ou foi despedido
- acalme-se antes de reagir a uma provocação
- Metade de um pão é melhor do que nenhum. (Anônimo)
- torne mais amplo seu mundo
- dê uma festa para um idoso que esteja celebrando um aniversário especial
- deixe alguém ganhar um jogo da velha
- aprecie as pequenas coisas da vida
- leve para passear o cachorro de alguém que está de cama
- a excelência reside na qualidade e não na quantidade
- medite
- elimine toda ansiedade e todo medo em relação ao futuro
- As grandes verdades são as mais simples, e os grandes homens também. (August J.C. Hare)
- trabalhe sem reclamar
- ser frugal significa ter mais alegria do que coisas
- nada é permanente exceto a impermanência
- use seu fogão com eficiência
- tire miniférias
- evite beber grandes quantidade de um único tipo de chá
- abra-se à sua intuição
- planeje seu tempo como se fosse dinheiro
- envolva-se na calma
- deixe guloseimas nas cadeiras de seus colegas de trabalho
- tire a televisão e o rádio da cozinha e da sala de jantar
- quando cometer um erro, admita, corrija e siga em frente
- tudo o que você faz, e como faz, importa
- estabeleça e mantenha uma autoridade sadia em relação aos filhos

- **ame alguém por ser quem é e o que é, incondicionalmente**
- estude história
- faça a melhor escolha possível
- ignore modismos
- aprenda um ritual relaxante
- ponha ordem na sua casa e em seu escritório
- incentive outros a ter êxito além de suas capacidades
- seja senhor de si mesmo em qualquer situação
- treine para tornar-se mais maleável, equilibrado e flexível
- diga a sua verdade sem tentar controlar a dos outros
- mude comportamentos que não dão resultados positivos
- use a meditação do 'túnel do trem' para deixar problemas para trás, para ganhar perspectiva e para focar-se no aqui e agora
- cuide de suas ferramentas
- reveja o seu dia como se estivesse assistindo a um vídeo
- limpe a casa em família
- pergunte, ouça e escute para conhecer as necessidades e os quereres dos outros
- envie postais de viagem a amigos
- seja o assistente de um professor
- vá dar uma nadada matinal
- passe manteiga num pão tostadinho para uma pessoa querida
- considere e reflita
- **viva tudo!**
- vá desgastando a sua agitação
- brinque primeiro, trabalhe depois
- visite uma biblioteca itinerante
- trabalhe até que algum bem seja alcançado
- faça uma lista de tudo o que você quer realizar até o fim do ano

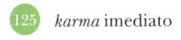

- aprenda a funcionar com menos sono quando necessário
- quando ouvir uma palavra gentil sobre um amigo, conte a ele
- deixe que a energia positiva flua em você
- embarque em atividades de lazer que lhe agradem e lhe deem satisfação
- deixe que as habilidades de outros superem a sua
- inclua seus filhos quando cozinhar
- imagine o que alguém pode estar sentindo e o que ele gostaria de ouvir
- patrocine barraquinhas de vendedores de beira de estrada
- seja pródigo em paciência
- vivencie uma jornada com infinitas surpresas
- tenha como objetivo ser feliz todos os dias
- contrate alguém para fazer uma serenata para seu amado com a 'sua música'
- aconchegar-se com um gato ou passear o cachorro pode criar um estado de natural meditação
- remova um obstáculo do caminho
- aprenda a viver aprendendo a deixar rolar
- ensine uma criança a andar de bicicleta
- amplie seus horizontes com diferentes possibilidades
- surpreenda e delicie as crianças
- dê apoio a seu filho durante seu aprendizado
- ao fim da vida, qual será o significado de ter satisfeito um desejo específico?
- fale com calma em vez de gritar
- envie um cartão a seu filho, mesmo se não tiver viajado
- aja com sabedoria diante de situações difíceis
- crie um mural com crianças, feito de papel numa parede
- coma um jantar de puritano: salada, fruta, cereal com leite ou batata assada

- tenha uma vida verdadeira
- eleve o nível de sua consciência ecológica
- leve crianças para ver fogos de artifício
- marque uma data para acabar com um mau hábito e cumpra-a
- caminhe até dissipar a raiva
- não critique familiares ou amigos
- ande com dinheiro sem gastá-lo
- ame a parte mais difícil de você mesmo
- fortaleça-se com as dificuldades
- considere o curto alcance e o longo alcance
- **dê a alguém um presente aconchegante, como uma bolsa de água quente ou algo de cashmere**
- Nunca adie para amanhã o que você pode fazer hoje. (Lord Chesterfield)
- tome uma ducha com os olhos fechados
- pratique *uddiyana*: depois de expirar completamente, puxe o abdômen para cima e para trás na direção das costas
- contraia os músculos do abdômen inferior e o ponto do umbigo em direção à coluna para criar 'a fechadura da raiz' (*mulabandha* em sânscrito, N.T.) — um pequeno exercício interno
- **ajude a prevenir incêndios**
- dê consolo a outras pessoas
- concentre-se em preencher cada dia com momentos que tragam satisfação
- proteja sua mente e sua razão
- deixe passar o que na realidade você quer agarrar
- abra uma caderneta de poupança ou uma carteira de ações em nome de seu filho
- experimente praticar ioga para aliviar a dor da síndrome do túnel do carpo

- valorize você mesmo
- torne-se mais sagaz na percepção de formas e texturas, sons, cores e aromas
- compartilhe o que sobrar
- faça bolinhos e chá para a sua irmã
- peça a alguém que conte uma história de sua juventude
- sentado de pernas cruzadas, flexione sua coluna para a frente (com o peito para cima) e para trás (arredondando para trás), o que estimula o primeiro *chakra*
- construa algo com aquilo que aparecer em seu caminho
- equilibrar *yin* e *yang* traz paz de espírito
- dê a seu parceiro um tempo para se abstrair de tudo
- a vida não é uma corrida nem uma competição
- compartilhe um pôr de sol com alguém
- planeje formas de combinar duas ou três tarefas parecidas
- faça a coisa certa na hora certa
- compre um buquê de narcisos a caminho de casa
- **nunca pare de cortejar seu amado ou sua amada**
- todo dia faça algo somente para você
- fale com crianças com os olhos na mesma altura que os delas
- respire completamente para dentro e para fora
- pratique a Posição do Camelo, uma flexão para trás, ajoelhado
- faça uma caça ao tesouro com uma criança favorita
- faça uma varredura em jornais e revistas
- lembre-se que uma palavra é um ato
- mande beijos para o outro lado do aposento
- Torna-se leve o peso carregado com prazer. (Ovídio)
- respeite a vontade dos outros quando eles dizem não
- assuma a responsabilidade por todos os seus atos

- conscientize-se das exigências que você tem com você mesmo e com outros
- preste atenção na vida diária
- priorize o que realmente importa
- acorde alguém com o aroma de café fresco
- escute um audiolivro no caminho para o trabalho
- Nada além de você mesmo pode lhe trazer paz. (Ralph Waldo Emerson)
- não seja sério demais
- estimule crianças a enviar artigos e desenhos à página infantil do jornal
- alegre-se com a prosperidade e a felicidade de outros
- leia um livro sobre administração de tempo e ponha as sugestões em prática
- desligue a propaganda política
- **exagere na gorjeta**
- desacelere o suficiente para examinar seus hábitos
- pare de falar por falar e de fofocar
- enfrente grandes desafios
- relaxe numa sauna a vapor
- aprenda a trocar o pneu
- à medida que o *dharma* nos preenche, ele transforma nosso ponto de vista e acaba por nos trazer a compreensão correta
- ache o Cruzeiro do Sul e outras constelações
- guarde os classificados para alguém que procura um emprego
- seja apreciativo
- mantenha um registro das lições aprendidas
- traga algo gostoso para alguém que não pôde ir jantar com você
- esteja presente e consciente

- nunca perca uma oportunidade de enviar flores
- dirija com paciência
- aprecie o que há de bom nos outros
- viva a sua vida feliz, mesmo quando as pessoas a sua volta vivem vidas não saudáveis
- corra uma maratona
- trabalhe com cuidado e atenção
- estabeleça prazos para todos os projetos que você faz
- defina se um dia foi bom baseado em quanta atenção você deu à sua vida interior
- mostre seus presente de casamento
- fique no limite de uma fronteira (artística, literária, científica)
- imagine que estar em uma multidão é como ser parte de um zoológico
- vá ver filmes engraçados
- demore o que precisar
- **não se preocupe com o que você não realizou ontem**
- dê o que você mais quer (amor, dinheiro, gratidão)
- quando vir alguém que você ama, diga *Namaste,* que quer dizer 'eu vejo o divino em ti'
- esconda todos os relógios da casa por um dia
- cultive uma mente aberta
- escute sua reação inicial, intuitiva
- ame o mundo como a si mesmo
- coma num nível mais baixo da corrente alimentar
- cozinheiros felizes fazem comidas felizes
- doe brinquedos de pelúcia e brinquedos novos a um asilo
- quando se sentir enclausurado, vá a algum outro lugar para mudar de ares
- construa a sua moralidade

- surpreenda uma criança com um brinquedo barato
- vote para que haja mais verba para escolas
- refaça a sua visão do mundo através da visualização
- não siga as multidões, mas não reclame dos que seguem
- forre as prateleiras do armário com papel perfumado
- não fique chateado, ansioso ou zangado com coisas sobre as quais você não exerce nenhum poder
- estoure pipoca na lareira
- examine as lojas em liquidação
- limpe sua mesa
- faça um álbum com lembranças de infância de seu filho
- faça o que disser e diga o que está querendo dizer
- fique de cócoras (também chamada *Malasana*, ou Posição da Guirlanda), estendendo seus braços para a frente, as mãos postas; de um a três minutos
- no momento em que você deixar de desejar poder, você terá mais poder do que jamais sonhou ser possível
- supere cada insegurança
- diga a verdade e espere ouvir a verdade
- elimine o preconceito racial
- O conhecimento nem sempre pode substituir a simples observação. (Arnold Lobel)
- observe o efeito que diferentes comidas têm em seu corpo
- tenha um diário para guardar seus *insights* e suas questões
- ponha seus sentimentos para fora a fim de livrar-se da dor
- faça cedo as compras de Natal
- ajude a preservar a natureza do país
- tome uma multivitamina
- limpe as chaminés, lave os tapetes, pinte a cozinha
- anote suas resoluções
- **compre comida saudável, não comida de dieta**

- saiba quando trabalhar e quando brincar
- tente colocar-se em situações que proporcionem uma abundância de boas opções
- aja com consideração
- não tenha medo de envelhecer
- faça um lanchinho com frutas secas
- acorde de manhã com um pensamento agradável
- não é que nada importe, mas sim que tudo importa na mesma medida
- envie pacotes feitos com carinho com comida para os filhos em um acampamento ou na faculdade
- compre um par de chinelos para alguém
- toque música clássica enquanto limpa ou cozinha
- apoie políticos que trabalham por assistência pré-natal para todos
- expresse sua gratidão frequentemente
- ajude a melhorar a biblioteca pública local
- mantenha seu gramado limpo e sem lixo
- escolha uma forma de ganhar seu sustento que reflita a sua ética
- alongue suas costas diariamente
- aproxime-se de seu Poder Maior
- **saia para um passeio de bicicleta em família**
- resolva-se a não aumentar problemas pequenos
- persevere em seus sonhos
- não se agarre às coisas
- quando comprar um casaco novo, leve o velho para um abrigo de sem-tetos
- apoie a televisão pública
- sempre mantenha suas prioridades em perspectiva
- contemple as virtudes do Buda

- todo dia é um bom dia
- familiarize-se com o funcionamento do estado e do governo local
- saiba quando e como estar satisfeito
- arranje tempo todo dia para sentar calmamente e ouvir
- vá comer em um lugar novo: ao ar livre, na varanda, no chão
- nada dá muito certo se você não acredita que pode dar
- não se deixe levar por cada impulso comum
- aprecie a turbulência
- aprenda a cozinhar o básico para conseguir manter um peso saudável
- subvencione uma bolsa de estudos
- sempre tente ser aberto com os outros para que eles sejam abertos com você
- **caminhe suavemente, viva gentilmente**
- pare, sente-se e preste atenção à sua respiração várias vezes durante o dia
- expanda-se
- libere a tensão com rolamentos suaves da cabeça e dos ombros
- seja digno
- todo mundo começa com 168 horas por semana
- coma pelo menos uma salada crua por dia
- aprenda mais sobre sua língua materna
- coma frutas, pães integrais e bolinhos leves ao invés de pães, doces e massas
- nunca deixe de ter o que fazer
- pense em abundância e não em escassez
- sempre que você for verdadeiro consigo mesmo, será também com os outros

- ache o lado bom de novas ideias
- comemore sua idade, não a lamente
- pense pensamentos saudáveis, positivos e nobres
- seja corajoso o suficiente para expressar um ponto de vista que seja único
- não faça com que outros tenham de esperar por uma resposta importante
- plante um jardim comunitário
- faça o que você achar necessário
- patrocine a pequena lojinha da esquina
- tente uma nova variedade de chá
- pratique a arte do relaxamento
- compre ingressos de cinema para a pessoa que está atrás de você na fila
- participe de atividades que desenvolvam sua confiança
- Viver significa estar alerta, alegremente, embriagadamente, serenamente, divinamente alerta. (Henry Miller)
- contribua para sua escola primária
- lembre-se de que a sua vida vale mais do que o tamanho que você tem
- tente fazer amigos onde quer que vá
- receba um convidado calorosamente
- jogue bingo num centro para idosos
- escreva um poema como parte de um presente de casamento
- evite comer com pressa
- use uma manta quentinha em vez de aumentar a calefação
- aprecie o valor do tempo
- coma só um pouquinho menos
- perdoe os seus pais
- **retribua afagos sem que isso lhe seja pedido**

- adicione um item à coleção de alguém
- faça uma confissão enquanto ainda tem essa oportunidade
- incentive restaurantes a doar restos de comida a quem tem fome
- permaneça centrado ou volte ao seu centro
- quando estiver zangado, tente falar consigo mesmo como falaria com um amigo chateado
- expresse gratidão com veemência e generosidade
- desenvolva *savoir faire*
- não olhe muito à frente
- cultive melancias e abóboras
- respeite a tradição dos outros
- não use vídeos, televisão ou computador como babás para seus filhos
- não se torne o seu estado de espírito
- considere o efeito a longo prazo de suas palavras e atos
- seja gentil com todos os seres vivos
- não tenha pressa, e não diga coisas impulsivamente
- dê uma festa de fim de ano
- recuse-se a ser negativo
- faça algumas de suas roupas
- deixe que tudo siga seu curso
- ame o que você faz para ganhar a vida ou mude o que você faz
- aprecie um pouco de vinho no jantar
- veja o sofrimento dos outros como sendo seu
- esteja consciente dos cinco obstáculos: desejo, repulsa, sonolência, agitação, dúvida
- espere pelo menos dez minutos para um desejo passar
- enxergue o infinito, o universal
- sempre conte com seus recursos interiores

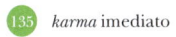

- saiba qual é o propósito da sua vida
- não confunda seus pensamentos com quem você é
- lembre-se de que princípios são melhores que regras
- se treinarmos nossa respiração, poderemos controlar nossas emoções
- aproveite feliz o seu lazer
- pinte seu quarto de uma cor na qual você parece estar bem e se sente bem
- aprenda primeiros socorros
- contrate um cozinheiro para preparar um jantar romântico para você e seu parceiro
- em vez de perguntar o que está errado, pergunte o que não está
- se você tem dependência de açúcar, evite totalmente o açúcar
- fale baixo
- curta conscientemente o processo de mudança
- siga o caminho da menor resistência
- **bata palmas bem alto**
- use um raspador de língua para remover as impurezas acumuladas durante a noite
- melhore o ambiente a seu redor
- tome sopas mais frequentemente
- coma quando estiver relaxado
- **busque o extraordinário no ordinário**
- deixe que certos problemas se resolvam naturalmente
- limpe sua cabeça
- tenha tempo para brincar
- guarde bilhetes e recordações em uma 'cápsula do tempo' familiar
- examine a situação em que se encontra e veja como pode equilibrá-la

- encare livros didáticos como conhecimento cumulativo
- mantenha uma ordem meticulosa
- em cada momento há opções
- encaminhe um fã de algum esporte para assistir a um treinamento
- conecte-se com uma grande causa
- dê uma dúzia de abraços por dia
- são as nossas intenções que criam *karma*
- ofereça remunerações iguais para trabalhos iguais
- distribua as tralhas do sótão a pessoas que podem usá-las
- abra-se ao Tao, e então confie nas suas reações naturais e tudo irá para o seu lugar adequado
- identifique as alegrias e as vicissitudes
- faça o exercício da bola de *chi*: fique em pé, ereto mas confortável, com as mãos na altura da cintura; pratique imaginando segurar uma bola de energia
- pare de desejar, de grudar-se e agarrar-se às coisas para que o nirvana se manifeste
- dê a alguém uma inscrição para alguma promoção do mês
- administre bem seu talão de cheques
- escute seus filhos
- **participe num *brainstorm***
- deixe passar
- experimente
- ofereça-se para empurrar uma criança no balanço
- faça planos que você queira realizar
- faça a delícia de crianças com sobras de estoque
- sempre que tiver a oportunidade de fazer algo que possa trazer paz ou gentileza ao mundo, faça-o!
- observe e ouça as necessidades de crianças

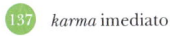

- desafie seus torso com movimentos de pernas circulares de pilates
- comemore os aniversários de maneira simples
- honre os seus próprios e melhores impulsos
- viva em detalhe
- pare de dar energia a coisas nas quais não acredita
- aprenda a focar-se
- Sempre sonhe e atire mais alto do que você pensa ser capaz. (William Faulkner)
- crie um relacionamento de compromisso e mantenha-o excitante
- aceite as coisas como elas são
- faça um limpador de vidros caseiro com vinagre e água com uma gota de sabão líquido
- adicione espinafre fresco a saladas e sanduíches
- adote formas positivas de praticar negócios
- segure um guarda-chuva para cobrir alguém se estiver chovendo
- observe seus pensamentos; eles se tornam palavras
- use seu tempo com sabedoria
- tenha sempre à mão caneta e papel
- não se agarre demasiadamente a nada
- **não confunda prazer com felicidade**
- faça compras num mercado orgânico
- ofereça consolo
- relaxe com o dinheiro
- jogue com entusiasmo
- leia as instruções com atenção
- dê cada passo à medida que caminha
- seja ecologicamente consciente
- nunca gaste seu dinheiro antes de dispor dele

- acredite que todo problema tem uma solução
- qualquer que seja o seu desejo, abra mão dele deliberadamente, sabendo que você não precisa realmente dele
- nada pode apagar as suas boas ações
- compartilhe/dê/receba
- guarde água da chuva para molhar as suas plantas
- se quiser enxergar a verdade, não tenha opiniões a favor ou contra nada
- retorne ligações prontamente
- doe um pouco de dinheiro, de tempo ou ambos regularmente
- pague seus empréstimos
- comece seu dia reafirmando sua intenção de sempre falar com compaixão e amor
- não inicie algo que poderia causar danos somente para ter lucro
- viva numa boa em vez de tentar provar que tem razão
- ouça os discursos do presidente
- aproveite a oportunidade de uma criança viajar
- tenha respeito por detalhes
- ter força é saber quando ceder
- faça um biscoito enorme para seu filho no dia dos namorados
- tenha estratégias para lidar com situações estressantes
- **aja como se fosse impossível falhar**
- abra mão do seu docinho da tarde
- associe-se a pessoas que também seguem pelo seu caminho
- mostre a outro campista como fazer colares trançados
- **não ria de uma ideia nova**
- quando você come bem, a recompensa é sentir-se melhor

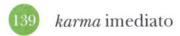

- visite pessoas de culturas diferentes
- desligue a tevê por hoje
- pare — e esteja presente
- diga a um amigo, "você foi demais!"
- visite uma comunidade religiosa
- faça um lanche para a turma do futebol de segunda-feira
- o Silêncio Nobre do budismo é praticado sem rádio, sem telefone, sem televisão, sem escrever, sem ler e sem internet
- envie ajuda às vítimas de um desastre internacional
- devolva o carrinho de compras ao seu devido lugar
- explore o que significa criar um espaço sagrado
- comece de novo se for necessário
- ajude alguém a encontrar uma solução em vez de dar conselhos
- Siga a sua felicidade. (Joseph Campbell)
- deixe que seus sentimentos atravessem você, então deixe-os terem um fim
- não gaste sua energia ficando zangado e assoberbado
- enxergue a beleza que existe em toda cerimônia religiosa
- dê alguma coisa ainda hoje
- continue tentando depois que outros desistem
- elimine qualquer tom negativo de sua fala
- experimente o vegetarianismo um dia de cada vez e observe como se sente
- veja tudo o que você faz como uma experiência de aprendizado
- **plante flores num dia festivo**
- trabalhe pela abolição do escravagismo no mundo inteiro
- acenda uma vela marrom para proteger animais de estimação e para resolver problemas domésticos

- pratique a contenção com pequenos desejos para dar a si mesmo força mental quando houver grandes desejos
- escute seus sentimentos
- leia livros de 'faça você mesmo'
- desenhe e rabisque
- pratique ioga na sua cadeira de escritório, à escrivaninha
- **alimente os pássaros no inverno**
- compre ou faça uma decoração de Natal para alguém
- caminhe altaneiro, com integridade
- capture a expectativa que uma criança sente quando acorda na manhã de Natal
- costure ou escreva enquanto uma criança está cochilando
- pense no que você tem e não no que você quer
- estude as ideias de outras culturas sobre viver com simplicidade
- considere todas as coisas como uma ilusão
- sempre que estiver sentado e se levantar, respire e transfira sua atenção para os pés
- celebre cada uma das estações
- adquira uma virtude hoje
- pratique sentir carinho por todos que encontrar
- revista de bronze os sapatos de um bebê, como lembrança
- adote uma atitude positiva frente a uma dificuldade
- compre móveis macios
- use conflito para inspirar criatividade
- relembre bons tempos passados juntos
- **grave as melhores histórias do vovô**
- Depois de examinar e analisar um ensinamento, se você achar que ele é gentil, que conduz ao bem, ao benefício e ao bem-estar de outros, então acredite nele e não o largue. (Buda)

- tenha respeito e faça elogios
- dê atenção àquele pressentimento
- busque a qualidade de acabamento
- sorria só por prazer
- persevere diante de obstáculos
- preencha sua casa com partes iguais de amor, esperança e paz
- ajude uma criança que fica agitada na igreja
- pense no dia a sua frente como uma aventura
- não use isopor
- faça o que é certo mesmo quando ninguém mais o faz
- evite todas as substâncias que intoxicam e viciam por um mês
- ame-se exatamente como você é
- tenha um lado acolhedor
- ajude alguém
- creia em que um governo deve ser um servidor do povo
- use palavras gentis para dissipar a infelicidade de alguém
- **faça uma serenata para alguém**
- como pai, estipule limites
- aqueça uma toalha para alguém que está no chuveiro
- aprenda a apreciar o gosto fresco das comidas menos processadas
- ensine o alfabeto a uma criança
- represente seu papel na vida, mas nunca esqueça que é só um papel
- pergunte-se: beber álcool ajuda os meus esforços para viver com menos ilusão? ou sabota a minha consciência de cada momento?
- faça massagem no pé de alguém
- comece devagar, mantenha-se constante

- suavize seus olhos relaxando os músculos de sua testa, seu rosto e seu maxilar
- leve as crianças a uma corrida de carrinhos de mão
- fale menos
- leve a melhor sobre a negação verbalizando a verdade
- faça compras nas redondezas sempre que possível
- se você procurar sabedoria em vez de oportunidades, oportunidades normalmente aparecem
- assista ao filme *A Sociedade dos Poetas Mortos*
- faça um almoço para viagem para alguém levar
- use transportes alternativos como andar a pé ou ir de bicicleta
- 'adote' um morador de um asilo de idosos e visite-o regularmente
- dê abraços apertados
- interesse-se pela vida dos outros
- **doe um trem de brinquedo para um hospital de crianças**
- pais que consomem com consciência ensinarão seus filhos a exercitar o autocontrole
- seja corajoso o suficiente para ser comum
- encontre sua voz para pedir o que quer
- acalme seu corpo enquanto inspira; sorria enquanto expira
- tome a resolução de nunca ir dormir com raiva
- consciência plena é transformar responsabilidades em um trabalho de amor
- acumule méritos
- cultive uma mente expansiva e aberta
- **faça uma coisa de cada vez**
- passe o sábado num parque público ou num museu
- faça manutenção preventiva

- ostente as suas falhas
- fique dentro do limite de velocidade
- respire profundamente e sinta o músculo do diafragma mover-se para baixo na inalação e para cima na expiração
- dê a cada pessoa que você ama aquilo que ela mais quer
- aprenda a meditar para relaxar
- aceite a si mesmo e o mundo todo o aceitará
- **deixe ir embora o que quer que o entrave**
- acenda uma vela branca para promover a paz e a espiritualidade
- coma uma grande variedade de frutas
- ajude em um evento da igreja
- de manhã, coma muitas frutas e beba muitos líquidos
- quando aceitamos as situações como elas são, conseguimos influenciá-las com mais eficiência
- pratique deixar fluir uma camada de cada vez
- Você não pode mudar o corpo sem mudar a mente, e não pode mudar a mente sem mudar o corpo. (Moshe Feldenkrais)
- livre-se de um orgulho bobo
- ame seus cabelos grisalhos
- experimente exercícios de respiração holotrópica (técnica proveniente da Psicologia Transpessoal para liberar emoções, N.T.)
- coma fora uma vez por semana
- passe um tempo com aqueles com quem você se importa
- envie uma pizza grátis a um amigo ou vizinho
- aprenda a amar e honrar o seu corpo
- no sábado faça um piquenique em vez de compras no *shopping center*
- solte uma pipa com crianças

- abra um livro em qualquer página e deixe que aquele parágrafo ou linha o inspire
- faça seu próprio pão
- recompense você mesmo com um pequeno presente sempre que completar uma tarefa desagradável
- siga a correnteza e deixe que ela o liberte
- **pratique o mantra** *sempre há o suficiente*
- dando muito e falando pouco você conseguirá aquilo de que precisa
- traga a correspondência para seus vizinhos idosos
- inscreva você e seu cão numa escola de obediência
- não há necessidade de se obter coisa alguma
- aprenda a reconhecer o que vai trazer e o que não vai trazer harmonia a sua vida
- **sempre que sua mente se distrair, simplesmente recomece**
- seja corajoso
- quando o sol nascer, pense que sua vida está só começando
- seja uma luminária, ou um bote salva vidas, ou uma escada
- use a sua boa prataria
- ame alguém
- comece a fazer 'anotações mentais' em sua vida diária
- saiba como receber e dar dicas
- pratique a Postura da Árvore para melhorar o equilíbrio, a concentração e a atenção plena
- torça por alguém
- encontre uma 'canção da vida', um tipo de mantra feito de três ou quatro sílabas arranjadas em um padrão único para você
- junte-se aos otimistas
- faça doações para igrejas, sinagogas, mesquitas, mosteiros e conventos

- torne-se a pessoa mais positiva que você conhece
- **siga os *niyamas*** (orientações para o trabalho ético sobre nós mesmos, N.T.) **da prática de ioga: seja puro, pratique o contentamento, seja disciplinado, seja estudioso, seja devoto**
- diga pouca coisa
- leve uma torta de maçã a uma delegacia de polícia
- na pausa para o café somente tome café — não tente fazer outra coisa ao mesmo tempo
- dê toda a sua atenção a um mantra
- ame aqueles que ninguém mais ama
- insira uma moeda numa máquina automática de chicletes
- respeite os costumes de outras culturas
- dê um descanso à obstinação
- ignore o que os outros dizem e fazem
- não há nada para se gostar ou desgostar
- use a metade do que tem usado até agora
- diga coisas agradáveis às pessoas
- coma dos quatro grupos básicos de comida
- faça o melhor que puder com o que você tem
- uma vez por dia, deite-se no chão e alongue-se com toda a atenção, mantendo contato com a sua respiração
- comece a pintar
- pratique a posição invertida de ioga, apoiando-se sobre a cabeça
- cultive seu interesse pela vida a sua volta, pelas pessoas, pelas coisas, por literatura, por música
- prefira satisfação duradoura à gratificação imediata
- conserte coisas quebradas
- coma uma ceia leve
- aceite as bênçãos que são dadas e não peça por mais

- faça uma pintura Zen, expressando a essência da aveia e a essência da árvore
- descubra o que realmente importa para você e use isso como base para a sua espiritualidade
- seja paciente na fila do caixa
- tenha tempo para pequenos e sagrados rituais em sua vida
- se você perdeu seu senso de humor — encontre-o o mais rápido possível!
- a sua expressão fisionômica é a coisa mais importante que você veste
- contribua para um jornal que focaliza em boas notícias
- **não tente mudar outras pessoas**
- evite fazer sem atenção tarefas supostamente obrigatórias
- imagine estar em uma bolha protetora que reflete os sentimentos negativos de volta a quem os gerou
- leve suco de laranja ou de tomate a alguém que esteja doente
- curta o tempo que passa sozinho
- leve comidas saudáveis para comer no cinema
- mergulhe no processo
- envie flores sem motivo a seu amigo mais querido
- mime um idoso e dê de presente uma massagem, uma sessão de manicure, um tratamento facial, uma ida ao cabeleireiro
- Você é o arquiteto da sua vida e determina seu próprio destino. (Swami Rama)
- passe algum tempo ouvindo a si mesmo
- perdoe aqueles que o magoaram
- desacelere o suficiente para caminhar ao lado de outras pessoas
- durante uma semana, transforme em ação todo pensamento de generosidade que aparecer espontaneamente em seu coração

- permita que as pessoas sejam como são em vez de ter ideias fixas de como elas deveriam ser
- cresçam e entendam uns aos outros
- dê passos delicados
- doe anonimamente para a caridade
- esvazie sua mente de emoções sem propósitos
- divida em etapas uma missão difícil
- viva a sua prática de ioga
- dê um nome a sua casa
- posicione sua cabeça sobre a sua coluna e você aliviará uma constante fonte de tensão muscular
- acabe com a procrastinação
- **pergunte, o que eu adorava fazer e não faço mais? e volte a fazê-lo**
- acabe com o desperdício ao cozinhar
- cumpra seus compromissos mesmo quando isso o incomoda ou molesta
- seja um tutor voluntário de leituras
- comprometa-se a crescer
- faça aquilo que faz seus fluidos correrem mais rápido
- acorde e comece a trabalhar antes de seu patrão
- vá em busca de boas compras
- **dê a si mesmo a liberdade de falhar**
- confie no que é oferecido
- acene para os vizinhos quando passar por eles
- tome banho com produtos feitos com óleos essenciais
- faça intercâmbio de interesses edificantes
- dê as mãos com aqueles que você ama
- melhore seu humor com chocolate
- apaixone-se loucamente
- pratique caminhar em círculos para atingir o Tao

- seja criativo com o tempo que você tem
- banhe-se concentrando-se no banho
- ignore os seus pensamentos negativos
- livre-se das coisas que você tem guardado 'para o caso de'
- mantenha seus assuntos pessoais e financeiros em ordem
- dê a alguém uma cesta cheia de caixinhas em miniatura de sabonetes, xampus, perfumes
- convide um amigo para assistir a uma aula com você
- respire profundamente
- quando temos paz interior ficamos menos distraídos por nossas vontades, nossas necessidades, nossos desejos e nossas preocupações
- depois de as crianças irem dormir, curta o silêncio da noite
- faça um *spray* e borrife seus lençóis com seus aromas favoritos na hora de dormir
- antes de ligar o carro, saiba para onde está indo
- sente-se de joelhos, ponha as palmas das mãos no chão e curve-se até tocar o ponto do seu terceiro olho (o sexto *chakra*) no chão para aliviar a depressão e aguçar a intuição
- convide um membro da família para um ir a um lugar onde ainda não tenha estado
- deixe sua marca no mundo
- elogie o cozinheiro
- enxergue as soluções que estão bem diante de você
- apoie negócios de família
- crie um clima de esperança
- satisfaça seu desejo por doce com uma fruta
- aprenda sobre a Limpeza do Espaço (*feng shui*)
- ensine a alguém algo que ele não sabia
- diga a alguém "não tem problema!" com sinceridade
- ouça a gravação de uma comédia

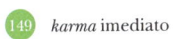

- deixe a natureza intacta
- desenvolva um modo de agir silencioso
- alivie a dor crônica com técnicas de hipnose e relaxamento, como a prática de ioga
- encontre maneiras de diminuir o tempo que passa dirigindo
- ignore o que é trivial
- ajude outros a aprenderem como cuidar melhor de si mesmos
- faça cursos de atualização
- coma uma salada grande antes de ir ao restaurante
- cultive um modo flexível de pensar
- permaneça calmo em épocas agitadas
- seja especialmente cortês e paciente com pessoas mais velhas
- convide alguém para um chá gelado
- redesperte sua curiosidade sobre a natureza
- quanto mais obcecado você for na busca por satisfações materiais e sensoriais, mais elusivas elas serão
- ouça sem julgar e com uma mente aberta
- trabalhe pela preservação de um animal em ameaça de extinção
- **seja um iniciante**
- desenvolva uma visão realista sobre o seu corpo
- coma bastante proteína
- mergulhe biscoitos em pipoca e envie para um irmão ou irmã
- sua autoconfiança e paz de espírito devem vir de dentro
- compartilhe seu sorvete
- o pássaro madrugador é o que pega a minhoca
- agradeça pela beleza e pela bondade presentes neste mundo
- deixe que amigos ajudem

- saia para um fim de semana no campo
- arranje tempo todo dia para a meditação
- aprenda a usar a pressão, e não a lutar contra ela
- pare de beliscar comida durante a noite
- demonstre seu amor por seu parceiro mesmo quando estiver sem vontade
- dê um presente de Natal a seu cabeleireiro ou estilista
- transformar a mente é um processo longo e gradual
- dê a sua mãe um vale-presente para um dia em um *spa*
- nunca procure a vingança
- **seja grande bastante para fazer uma tarefa insignificante**
- sirva jantares casuais de sexta feira
- conheça todos os detalhes relevantes
- descanse a sua língua mais frequentemente do que descansa as suas mãos
- determine horários de dormir razoáveis para si mesmo e para seus filhos
- esteja aberto a sentimentos em vez de empurrá-los para debaixo do tapete
- tenha sucesso consigo mesmo
- estude a vida e a obra de seus músicos favoritos
- observe o professor com atenção
- tenha para tudo um lugar
- faça listas básicas
- crie um porto seguro para dormir, descansar e ficar na intimidade
- nunca conte com riquezas provenientes de outras fontes que não o trabalho
- deixe rolar o que você não pode mudar
- faça pedidos por outros em uma fonte de desejos
- termine o curso

- complemente seus vegetais frescos com um estoque de vegetais congelados ou em lata
- leve flores para quem você for buscar no aeroporto
- abrace as mudanças e abandone o medo
- dê crédito a todos que o apoiam
- faça uma lista com dez coisas positivas que aconteceram com você hoje
- nada substitui a persistência
- corra o seu primeiro quilômetro
- vença sem se gabar e perca sem se desculpar
- use a sua mente
- tenha alguma profundidade
- busque a beleza em lugares inesperados
- crie um espaço sagrado
- aprenda a lidar com o desconforto
- compre materiais de desenho para um aspirante a arquiteto
- pare de gastar dinheiro com frivolidades
- ria de si mesmo
- elogie alguém
- aceite uma pastilha de hortelã se alguém lhe oferecer uma
- Hoje não é nenhum outro dia, você sabe. (Lewis Carroll)
- economize dinheiro com integridade
- veja a disciplina como um bem
- perceba algo que esteja florescendo hoje
- evite a repetição
- ajude crianças a desenvolver um talento ou uma habilidade especial
- coma biscoitinhos de arroz em vez de um *cheeseburger*
- aumente a energia *yang* com cereais em grão, arroz, trigo, legumes, vegetais de raiz, queijo de cabra, sementes e castanhas, carne, ovos, peixes salgados

- **aqueça as mãos frias de alguém**
- aprenda a trabalhar consigo mesmo
- tenha boas maneiras
- adote um bom hábito
- espalhe milho partido para os pássaros durante os meses de inverno
- leve aperitivos quando for convidado para um drinque
- trate a si mesmo da mesma forma como trataria um amigo especial
- festeje as alegrias dos outros
- emoldure as fotos de escola das crianças
- faça um ótimo trabalho!
- participe de um desfile comemorativo
- coma um prato de sopa bem quente
- compre um *zafu* (travesseiro de meditação redondo) de um mosteiro que se beneficiará com esta venda
- saboreie cada momento
- não se ressinta daquilo que você não pode usufruir
- obedeça à lei
- adore as suas gordurinhas
- faça uma caderneta de poupança compulsória
- substitua hábitos velhos e cansados por outros que sejam novos e excitantes
- sempre tenha dez minutos extras para fazer algo bem-feito
- ofereça um chá a quem lhe vier pedir uma contribuição para um programa de assistência social
- limpe a sua escola
- disciplina interna significa fazer algo simplesmente porque você se comprometeu a fazê-lo
- trabalhe pelo bem-estar de outros

- planeje algo agradável para a sua manhã: *muffins* caseiros, um vaso de flores frescas para a mesinha de cabeceira, os Concertos de Brandenburgo de Bach
- caminhe por uma floresta no inverno e ouça as pinhas estalarem
- reduza sem baixar o nível
- faça algo simpático por alguém sem deixar que se saiba que foi você quem fez
- **ignore o que é irrelevante**
- dê um tempo para que a poeira em sua mente assente
- num dia comemorativo, faça um jantar para seus familiares
- deixe que o silêncio o fortaleça
- simplesmente pare de falar
- cultive uma consciência de seu entorno
- aprenda com o sofrimento
- na ausência de alguém, não diga dele algo que você não diria na sua presença
- evite os extremos da vida; o caminho do meio promove a clareza mental
- *hatha* ioga cria uma ponte entre os sábios e a prática moderna
- abra portas a outros
- irradie autoconfiança sem ser convencido
- encontre respostas para dilemas não resolvidos
- desenhe com a manteiga um rosto feliz em sua torrada
- ofereça fones de ouvido a alguém para que ele possa ver TV ou ouvir música sem atrapalhar outras pessoas
- dê um tempo a si mesmo
- use bandeides coloridos
- procure se dar bem com outros
- **tome a decisão de ser feliz**

- em silêncio, comece a escutar a sua verdadeira voz
- tente colocar-se por algum tempo no lugar de alguém
- estude psicologia
- cuide de seu sono
- preserve ou conserte decorações de Natal antigas
- escreva uma carta de admiração
- não expresse insatisfação com nada que estiver fazendo em um dado momento
- ouça todos os sons como se fossem uma bela música
- escreva uma carta de amor a cada membro da família
- entregue-se ao amor com uma imprudente entrega
- limpe e esvazie seu armário sazonalmente
- leve um café da manhã de aniversário na cama
- console-se com o otimismo das crianças
- ensine sua língua natal a um estrangeiro
- nós só temos poder sobre nossas próprias vidas
- fique sereno em todas as circunstâncias
- deixe outros irem na sua frente
- busque diferentes perspectivas quando estiver diante de uma decisão importante
- alimente o seu cérebro
- valorize sua humanidade acima de todas as coisas materiais
- escreva dez minutos por dia sobre o que você aprendeu com uma experiência negativa
- saiba quando você precisa de mais ajuda
- a possibilidade de nos transformarmos reside em nossas intenções de despertar do que hoje somos
- deixe que empregados ou estudantes comam e façam sua pausa ao ar livre quando o tempo estiver bom
- encontre um trabalho que você ame
- defina claramente a pessoa que você quer ser

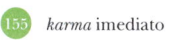

- preste atenção especial à estética de sua comida
- a arte do arqueiro Zen é uma maneira de se sair da mente e de imergir completamente no movimento envolvido
- abrace seu parceiro com frequência
- confie em seu bom senso e sua intuição
- não permita que aqueles que o molestam consigam afetar seu humor ou espírito
- respeite os hóspedes
- busque respostas que se originam na sabedoria
- introduza uma nova era de cavalheirismo
- uma simplicidade voluntária o manterá atento ao que realmente é importante
- seja uma inspiração
- não fale até precisar falar
- leia todos os dias
- cultive o vazio
- apoie organizações religiosas e de assistência social
- dê cartões que 'digam' algo
- vá até a biblioteca num dia nublado
- encontre prazer em coisas mais profundas do que o lucro
- participe de um programa de doação de brinquedos
- aprenda tudo que puder das tentativas que fracassaram
- faça para seu parceiro coisas que ele ou ela não esperam
- ajude alguém a ancorar seu barco
- construa um armário simples, básico
- compartilhar a felicidade pode se tornar uma maneira de viver
- trabalhe para ser amável
- desenvolva um apetite impressionante para livros
- desenvolva um senso de equanimidade para com todos os seres

- lave o carro de alguém
- **faça o melhor que puder com o que você tem**
- ame o seu lado que está se tornando mais atento e o lado que não quer ser atento
- esforce-se para gostar das pessoas e você acabará gostando delas
- uma única voz pode compartilhar sabedoria
- viva com tanto tempero quanto puder
- compre sapatos nos quais seus pés realmente cabem
- retorne ao Tao
- doe a sua biblioteca a uma biblioteca
- pense bem
- aja com compostura e atenção plena
- dê um trato no pé de seu parceiro
- tenha a coragem de prestar atenção a suas necessidades
- pense bem se você o seu motivo para fofocar não é evitar uma real intimidade
- **seja afirmativo em vez de reativo**
- limpe e ajuste as bicicletas das crianças na primavera
- tenha como resolução de Ano-Novo aceitar a si mesmo
- crie e mantenha um sistema de apoio pessoal a amigos
- em momentos difíceis, visualize um lugar favorito e transporte-se para lá
- limpe as gavetas de tudo quanto é entulho
- foque sua mente com paciência
- aprenda a dizer não a pedidos não razoáveis
- compreenda a si mesmo e você compreenderá tudo
- compre sanduíches para a turma que assiste ao futebol com você
- ajude a eliminar uma causa de pobreza em sua cidade
- desligue o telefone, desligue o rádio e entre por uma hora em um banho de banheira aromatizado

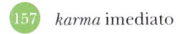

- ouça atentamente a si mesmo
- seja grato por uma refeição, não importa quão simples ela for
- curta fazer perguntas
- mantenha o criticismo em um nível mínimo
- vá de aposento em aposento, fazendo uma lista de áreas cheias de entulho a serem limpas
- alugue um barco a remo em um lago
- quando o estudante estiver pronto, o professor aparecerá
- pratique a arte de se lembrar de nomes
- saia e olhe as estrelas para pôr as coisas em perspectiva
- acorde mais cedo do que os outros
- ofereça-se como voluntário na base de um candidato político
- simplesmente veja, simplesmente faça
- mantenha-se curioso, explore, descubra
- resolva seu *karma* do passado
- remova o sofrimento e você terá a felicidade
- use panos macios e detergentes cheirosos
- se você estiver completamente presente no momento, o tempo ficará como que suspenso
- eleve-se acima das preocupações individualistas
- regue as plantas de casa
- esteja consciente de seus impulsos gananciosos
- trabalhe continuamente nos seus assuntos inacabados
- se parecer divertido e não violar os Dez Mandamentos, faça-o
- livre-se de coisas regularmente
- repita, 'Onde estou? Aqui. Que horas são? Agora.'
- fique conversando até tarde da noite quando alguém precisar

- faça um piquenique à beira de um lago
- coma comidas que satisfaçam todos os sentidos
- dê um computador a um aluno de universidade
- **este momento é o momento perfeito para deixar as coisas fluírem**
- aumente sua consciência de como você está no próprio corpo
- incentive mulheres que trabalham
- relaxe e seja você mesmo
- aja com sensatez
- reconheça a verdade da sua insatisfação
- o verdadeiro poder vem com a calma total
- vá até o fim em tudo que empreender
- faça palavras cruzadas
- faça realmente uma pausa para o almoço
- seja estimado pelos outros por não ficar se gabando
- medite ao final da tarde para permitir que coisas inconscientes venham à tona
- assegure-se de que crianças tenham muitas tintas para suas pinturas
- seja o lugar onde os bons tempos estão
- antes de sair da cama, relaxe conscientemente e respire dez vezes
- **faça um catálogo com os talentos que você adquiriu ao longo da vida, desde sabedorias de infância até desafios de adultos**
- aumente a energia *yang* fazendo exercícios de musculação e aeróbicos, meditando no meio do dia, acordando cedo, passando bastante tempo ao ar livre
- a verdade do Zen pode transformar nossa vida em arte
- marque uma massagem com um massagista certificado

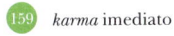

- viva a vida espontaneamente
- leve água consigo aonde você for
- espalhe alegria para os outros
- mantenha a integridade
- comente quando alguém mudar sua aparência ou cabelo
- quando você parar de culpar os outros, você reconquistará o seu poder pessoal
- deixe que obstáculos fortaleçam sua resolução
- certifique-se de que o caminho até a sua porta de entrada esteja bem iluminado
- seja grato por poder apreciar o que o dia traz, seja lá o que for
- use uma consciência meditativa, sem julgamento, para ajudar a ampliar a sua mente
- Da bagunça, encontre a simplicidade. Da discórdia, encontre a harmonia. Em meio às dificuldades estão as oportunidades. (Albert Einstein)
- nunca espere perder
- reorganize um aposento para que a energia flua melhor
- relaxe centenas de músculos da face sorrindo
- saiba que este é um momento maravilhoso
- não faça segredo da sua apreciação dos detalhes
- conheça os sinais de abuso num treinamento esportivo
- enxergue a sua vida como um processo criativo
- **leve alguém para dançar**
- aprenda a se conhecer melhor
- se as circunstâncias forem ruins, não deixe que elas se tornem parte de você
- quando perceber que está forçando a barra para completar uma tarefa, suavize-se e seja misericordioso consigo mesmo
- diga, "eu estou equilibrado, calmo e sereno"

- confronte a calamidade
- respeite o direito dos outros de serem diferentes
- faça perguntas
- lave a roupa para a pessoa que sempre faz isso
- abandone a mania de sempre ter de dizer tudo o que pensa
- é tudo a mesma coisa; nada está errado, nada está certo
- evite comer entre as refeições
- depois de chegar ao fundo do poço, encontre coisas que lhe tragam alegria
- compre perus para um banco de alimentos
- eduque crianças sobre a importância de preservar a terra e o meio ambiente
- coma o suficiente para encher o vazio e manter a energia
- ponha um sorriso enorme na abóbora de Halloween
- reduza o entulho — ele diminui o fluxo de energia
- inicie toda comunicação de forma amigável
- viva a vida como um hoje, em vez de um ontem ou um amanhã
- acorde feliz
- **não tenha medo de alguém ou de algo; o que há de mais precioso em você não pode ser danificado por nada nem por ninguém**
- sinos de vento numa janela mantêm a energia dentro de casa
- curta os seus filhos
- reconheça a mera aparência como aquilo que ela é
- divirta-se muito
- deixe um bilhete de apreço a alguém que tem um lindo jardim
- programe os exercícios em sua agenda com caneta vermelha

- planeje com antecedência
- tenha tempo para sonhar
- seja aquele vizinho que vem ajudar ao menor sinal de problemas
- olhe para frente quando entrar em um aposento
- leia um livro de piadas
- renda-se ao agora
- compre coisas que exigem pouca manutenção
- compre para uma criança o seu primeiro aquário
- não aceite abusos, raiva ou ameaças
- faça um livro de citações encorajadoras para alguém
- a não violência exige muito mais coragem do que a violência
- compre o que as crianças da vizinhança estiverem vendendo para arrecadar fundos
- imagine ser um artista quando cozinhar
- investigue as profundezas da experiência
- leia coisas que exijam esforço, pensamento e concentração
- faça do seu aniversário de casamento um evento que dure o dia todo
- **pratique o patriotismo**
- seja consciente da qualidade e da quantidade de comida que você come
- ajude alguém com as palavras cruzadas
- toque um rosto com os olhos fechados
- quando a vida for muito dura, permaneça muito calmo e o caminho se tornará claro
- faça serão porque quer
- saiba que cada momento é irrepetível e sagrado
- simplicidade significa ter espaço para o inesperado
- acenda pequenas luzes pela casa para que ninguém dê uma topada durante a noite

- aumente seu quociente de divertimento
- o método é a atenção plena; a expressão é a compaixão e a essência é a sabedoria
- tenha tempo para conversar com o filho de um amigo que está pensando em seguir carreira no seu campo de atividade
- escreva um livro que melhore a vida de alguém
- pratique um relaxamento intencional
- encontre uma maneira de trabalhar com dificuldades
- veja seu trabalho como uma prática espiritual
- pague a parte que lhe cabe
- faça uso de tudo que a vida puser em seu caminho
- não apoquente os outros para que eles mudem
- seja humilde
- perceba o mistério divino das coisas
- faça por merecer a aprovação de críticos honestos
- não desista de alguém, mesmo se a pessoa o decepcionar
- faça uma refeição simples, uma caminhada simples, uma tarefa simples, sem se apressar
- aceite o clima do dia
- trate de você mesmo como se fosse um cavalo de corrida
- autocontenção, consideração pelos outros, educação, justiça, generosidade e tato enriquecem e enobrecem a vida humana
- alegre o coração de uma criança
- aprenda várias técnicas de relaxamento e pratique ao menos uma regularmente
- acenda velas vermelhas, azuis ou roxas para estimular a fama, a fortuna, a reputação, a felicidade e a celebração
- seja um *baby sitter* sem cobrar nada
- respire profundamente e diga a verdade

- vá a uma aula de ginástica
- dê de presente o seu enxoval que não chegou a usar para uma noiva prestes a casar
- vivencie o Zen: abandone a sua percepção de necessidade
- cultive o amor à vida doméstica
- escolha seus pensamentos com cuidado
- sente-se para refletir com um grupo budista na sua vizinhança, ou num encontro silencioso de um grupo de meditação
- ao rever o seu dia e encontrar uma memória que traga à tona uma emoção, faça uma pausa, examine-a e retifique-a se necessário
- **ponha uma plantinha na janela de um amigo**
- permita a si mesmo e a outros permanecer em silêncio
- saiba o que quer
- doe um ursinho de pelúcia a um hospital de crianças
- a aceitação é um ato de pura graça; a aceitação é o oposto do julgamento
- veja a si mesmo como um sobrevivente
- vá para fora e clareie sua mente
- apoie uma campanha para a proibição do fumo em lugares públicos
- respire devagar e profundamente quando estiver no telefone, no carro ou enquanto espera
- abandone a ilusão de que está sempre no controle da situação
- abrace alguém bem apertado e sussurre 'eu te amo'
- peste atenção no que está dizendo
- tenha uma estátua do Buda por perto
- pare de planejar tudo
- onde houver raiva, ofereça amor e gentileza

- cante no chuveiro e entoe cânticos na rua se é isso que você tem vontade de fazer
- **aprecie um médico que se importa**
- trabalhe na direção de objetivos
- seja amigo de pessoas de boa índole
- durante dez minutos, anote seus pensamentos e associações à medida que vão acontecendo
- **discuta menos e perdoe mais**
- divida uma pipoca no cinema
- alivie a tensão nas costas e melhore seu equilíbrio com o exercício Rolando Como Uma Bola (curve-se e segure as pernas)
- passe pelo menos uma hora por semana com cada filho, fazendo uma atividade predileta
- prefira ter menos
- pergunte a si mesmo o que é que está ensinando a seus filhos que eles terão, em algum momento, que desaprender
- concentre-se na criação de um centro forte
- reserve um tempo para cozinhar e comer sem pressa
- os seus problemas não são causados por outra pessoa ou por uma situação difícil, mas pelo modo como você as percebe
- reduza seus gastos para que você possa sustentar seu estilo de vida com um trabalho do qual gosta
- não seja invejoso, enganador ou ganancioso
- faça um *milk-shake* para alguém que está se sentindo por baixo
- tipos *vata* (um dos três tipos de constituição física de acordo com o Ayurveda, N.T.) precisam introduzir e manter uma regularidade em suas vidas
- não demore para lidar com erros e desentendimentos

- **ensine uma criança a consertar e fazer manutenção em um carro**
- curve-se para trás
- explore todo caminho sinuoso
- use menos e compartilhe mais
- beije sua mãe, abrace seu pai
- pague suas multas de estacionamento
- foque na esperança do mundo em vez de nas tragédias do mundo
- ouça críticas com atenção
- pense em ajudar crianças adotadas
- olhe para cima em vez de para baixo
- tire umas férias no seu próprio quintal
- elogie os outros
- pregue um bilhete de amor no volante
- A prática é o professor. A sua prática é o seu professor. (Maurine Stuart)
- não tenha nada como garantido
- fuja da complacência
- remova suas próprias impurezas pouco a pouco
- deixe uma cesta cheia de coisas boas no apartamento de alguém que não pode sair
- os sábios não precisam provar que estão certos
- tenha um bom coração
- desenvolva um senso de responsabilidade baseado no altruísmo
- participe de uma escavação arqueológica
- tenha espírito de equipe
- **nunca falem alto uns com os outros, a não ser que a casa esteja pegando fogo**
- deixe uma mensagem simples e direta na sua secretária eletrônica

- dê a alguém a chance de dormir até mais tarde
- seja um acompanhante numa viagem de estudos de uma escola
- quando comer, sente-se
- dê a alguém um livro novinho em folha, recém-publicado
- aprenda a estar no mundo com uma mente calma
- ofereça a alguém sua cadeira ou assento
- viva em gratidão
- concorra a um cargo político
- pratique a conservação ecológica
- nunca é tarde demais
- esteja consciente da passagem do tempo e também da atemporalidade de cada momento
- feche a brecha entre as gerações
- valorize o lazer
- o seu professor pode abrir a porta, mas você deve entrar por si mesmo
- deite com as pernas para cima apoiadas numa parede, para desanuviar a mente e o corpo
- pense pensamentos nobres
- plante bulbos de narcisos para naturalizá-los em seu jardim
- **mantenha promessas em sigilo**
- beba suco de *cranberry* regularmente
- dê um beijo de boa noite naqueles que você ama
- para compreender a sua mente, você precisa observá-la enquanto ela está com raiva, enquanto ela sente desejos, enquanto está em conflito
- aprecie uma tranquilidade idílica
- tenha um diário das coisas ridículas que acontecem com você
- viva uma vida humilde

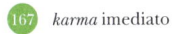

- coincidências não existem
- confie na sua própria e inerente bondade
- aprenda a profissão, não os truques da profissão
- deixe que haja tempo no seu dia para algo espontâneo
- forneça diretriz e visão a outros
- resista à tendência de reacumular o entulho que você jogou fora
- tenha valores verdadeiros e duradouros
- ajude, se puder
- ajude a regular o seu metabolismo com alongamentos frequentes e exercícios suaves pela manhã
- prontifique-se a ajudar a limpar a praia
- fique algumas horas com o filho de um amigo para que ele tenha uma tarde livre
- treine com total dedicação
- quebre um ossinho da sorte com alguém que você ama e deseje que o desejo da outra pessoa se realize
- livre-se de coisas
- trabalhe por um mundo pacífico e civilizado
- faça algo divertido
- respire uma vez profundamente para clarear o corpo e a mente após um momento temporário de cupidez
- trate seus ouvintes com cortesia e respeito
- dê de presente a seus sogros fotos emolduradas da família
- faça saladas com muitos legumes de várias cores
- pratique fazer escolhas mais saudáveis
- saiba como operar o disjuntor
- diga a si mesmo, "eu tenho a capacidade, eu tenho a determinação, eu conseguirei"
- ponha datas nas comidas que vão ao *freezer*
- chateie-se menos com os atos dos outros

- encontre satisfação em atividades diárias
- aprenda tanto com seus filhos quanto eles aprendem com você
- tenha menos
- comece a perceber como você se torna presa da cupidez
- demonstre que tem um compromisso com a compaixão
- sorria para alguém que nunca sorri para você
- acenda um pouco de cipreste ou cedro no seu queimador de incenso
- fique longe de bebidas alcoólicas
- faça aquilo que lhe traz realização, mesmo se não for pago para fazê-lo
- devolva algo que lhe foi emprestado de um amigo
- escreva poesia como um exercício de autodescoberta
- alongue-se
- limpe o jardim para que as plantas possam crescer
- faça da qualidade seu objetivo
- perceba quão importante é ser criança
- esforce-se, persista — e então relaxe
- junte-se ao Corpo da Paz e ensine noções básicas de negócios ou tarefas domésticas
- a liberdade interior vem da percepção do que é verdadeiro
- dê a alguém um vidro de azeitonas como símbolo de um acordo de paz
- coma para manter sua força e prolongar a sua vida, não apenas para matar a fome
- respeite as diferenças
- siga o seu coração
- resolva ser feliz
- compre a colônia Chanel Nº. 5 para a sua mãe
- Faça o que puder, com o que tem, onde estiver. (Theodore Roosevelt)

- se for consumir felicidade, produza felicidade
- encontre alternativas para o uso de casacos de pele
- leve os outros a sério
- arranje um tempo de calma para deixar que emoções negativas se acalmem
- envie pequenos presentes para alegrar um longo dia
- saia do seu mundinho
- faça a felicidade ser obrigatória e o sofrimento, opcional
- limite suas exigências
- cuide de seus próprios problemas
- **compartilhe seu tempo e suas posses**
- aprecie a energia e a excitação contagiantes das crianças
- o pior pode acontecer ou o melhor pode acontecer, mas normalmente acontece algo entre os dois
- dê a si mesmo permissão para abandonar no meio qualquer atividade, se for necessário
- riquezas espirituais são mais importantes que riquezas materiais
- mantenha pureza mental e limpeza física
- deixe que seus músculos faciais relaxem
- ofereça-se para participar do comitê da faxina
- ache o bem que existe em cada pessoa
- **ensine a seus filhos uma boa ética de trabalho**
- deixe que a pessoa que normalmente prepara o café da manhã fique na cama
- mude uma coisa de cada vez
- ofereça a dádiva da comunicação
- duas vezes por dia, pare o mundo
- aprenda a usar a terapia chinesa da massagem com bolas *cloisonnés* (bolinhas de chinesas esmaltadas usadas para massagem das mãos, N.T.)

- ame todos os dias igualmente
- comunique suas necessidades, ideias e opiniões de uma forma positiva
- conheça o poder de um coração generoso
- evite fazer o inventário de outras pessoas
- invente estratégias incomuns
- ouça o que os seus sonhos lhe dizem
- pratique navegar por todos os altos e baixos que encontrar
- reconheça a conexão entre todos os seres
- mude algo — comece imediatamente, de forma ostensiva e não faça exceções
- preserve a natureza
- Desligue-se de todo conteúdo e você ficará contente. (Bernard Gunther)
- doe dez litros de salada de frutas ao um asilo de idosos
- mantenha legumes frescos, lavados e fatiados na geladeira
- deixe que alguém saiba que você está pensando nele ou nela
- use os ingredientes mais frescos, da mais alta qualidade
- viva para os outros
- personalize uma xícara para uma criança
- seja um leitor voraz
- proteja a sua privacidade
- deixe tudo limpo
- abra mão de algo que não lhe faz bem
- explore o que você gosta de fazer
- a sua religião deve ser a gentileza
- passe algum tempo perseguindo os seus *hobbies*: cozinhar, jardinar, escrever
- permaneça ereto, mesmo diante de obstáculos
- faça concessões

- não se entregue à paixão ou à tristeza
- encare todos os problemas como oportunidades para aprender e crescer
- compartilhe comida com outros
- Um homem sábio cria mais oportunidades do que encontra. (Francis Bacon)
- assista a desenhos animados em família na manhã de sábado
- você economiza tempo quando não se apressa
- esteja preparado
- estude versículos animadores da Bíblia
- crie seu próprio livro pessoal de orações
- na próxima vez que sentir que algo está faltando ou não está certo, volte-se para dentro de você mesmo e simplesmente sente-se
- mereça o respeito de seus colegas
- a honestidade faz bem à sua saúde
- a melhor comida é a comida que você prepara
- peça a seu amigo que seja seu parceiro de exercícios
- quando estiver ouvindo alguém, livre-se de todas as suas opiniões subjetivas
- organize um dia para passar em família: vendo filmes antigos, colaborando na solução de palavras cruzadas, trocando histórias, encomendando uma pizza
- **cuide das pequenas coisas — elas podem gerar grandes melhoras**
- tenha seus próprios livros didáticos
- conheça seus limites
- faça de todos os dias o Dia dos Namorados
- organize um passeio de balão
- dê uma festa de final de temporada para um time

- dê uma pausa ao seu cérebro por dez minutos a cada hora
- pendure seu casaco ou jaqueta quando entrar
- deixe que tudo desapareça no pano de fundo da sua mente
- planeje tempo suficiente para chegar nos lugares sem pressa
- cuide do que você tem
- abstenha-se de falar de alguém que está ausente
- seja parceiro de alguém
- pare de analisar os outros ou de tentar saber como eles são
- reivindique o seu tempo
- planos e ideias são OK — é o apego irrestrito a essas ideias que causa problemas
- quando ouvir ou ler uma palavra ou frase novas, procure seu significado e anote-o
- o riso faz bem à alma
- aprecie o momento da chegada
- **experimente roupas mentalmente para saber se elas cabem**
- você conseguirá mais com mel do que com vinagre
- um aperto de mão pode elevar uma alma
- saiba os nomes dos astronautas
- medite sobre como o centro da roda mantém o resto da roda como um todo e influi em sua direção e velocidade
- dê uma caminhada silenciosa quando sentir que está com muita raiva
- pendure boletins escolares e menções honrosas na porta da geladeira
- descanse por dez minutos, enrolado num roupão de banho
- descubra as opiniões de seu filho e goste delas
- pratique a respiração *ujai* para refrescar a cabeça: respire com seus lábios fechados, fazendo um som como o Darth Vader

- irradie uma confiança tranquila
- diga, "tenha um bom dia" para a pessoa que está no caixa
- quando perder a calma, desculpe-se imediatamente
- use seu entusiasmo para engatar sua própria marcha
- tente perceber os pequenos problemas como benéficos
- deixe que aqueles que falam terminem suas frases
- aprenda o segredo de se dar com as pessoas
- mastigue bem para fortalecer seus dentes, as raízes dos dentes e suas gengivas
- compre meias de lã para um montanhista ou um mochileiro
- compre pizza para um grupo de adolescentes
- esteja ciente das possibilidades da vida
- coma hoje de forma especialmente saudável
- experimente novas formas de pensar
- deixe que seus empregados tirem folga quando precisarem
- tenha uma conversa íntima com sua mãe
- imagine você mesmo assoprando um desejo para longe, como se fosse fumaça
- erradique incondicionalmente a mentira dos seus relacionamentos
- tenha paciência com tudo, principalmente com você mesmo
- trabalhe com diligência
- reconheça que você pode controlar seus pensamentos
- **estenda suas asas**
- reconheça que o que você pensa é o que você é
- mime você mesmo e uma amiga com pedicuras
- o seu jardim é um microcosmo do mundo
- invente tarefas para crianças
- faça um inventário moral de sua vida

- **agradeça a todos os seus professores prediletos**
- tenha como objetivo perder apenas meio quilo ou um quilo por semana
- preste bem atenção
- tenha algo amarelo brilhante no seu escritório
- participe de um programa comunitário para arrecadar fundos para uma boa causa
- apoie estabelecimentos que estão fora dos circuitos mais frequentados
- de que servem todas as palavras sagradas que você lê, todas as que você diz, se você não as transforma em ações?
- eleve a sua consciência
- diga obrigado tão frequentemente quanto puder
- comemore meios-aniversários
- dê graças
- pare de azucrinar seus filhos à mesa do jantar
- viva, não exista simplesmente
- coma uma refeição com protetores de ouvido e escute o som de um banquete
- ofereça-se para ajudar a treinar um time júnior de esporte
- demonstre o espírito dos tempos de escola
- dê um pequeno jantar para celebrar seus amigos
- procure um conselheiro ou líder espiritual se estiver em grandes dificuldades
- **comece a acreditar no que você quer**
- sirva o bem comum
- faça da solitude uma celebração
- dê a si mesmo a liberdade de escrever, de caminhar, de divagar
- pelo menos uma vez por dia, tente ouvir outros sem julgá-los
- aproveite aqueles momentos nos quais você se sente naturalmente meditativo

- faça *muffins* de mirtilos na manhã de um sábado
- faça almoços criativos e bem preparados
- participe de um programa para crianças carentes
- compre uma enorme banana *split* para uma criança que a mereceu
- opte pelo conforto e não pela moda
- busque as lições que outros têm para lhe dar
- aprenda a encontrar alegria em tudo que faz
- seja um exemplo para alguém mais jovem
- seja persistente
- use alguns minutos no fim do seu dia de trabalho para fechar os olhos e encontrar a sua paz interior
- envolva-se em projetos de caridade
- toque música que seja inspiradora
- tire pensamentos preocupantes da sua cabeça
- transforme tarefas em meditação, prestando e mantendo a atenção enquanto as cumpre
- escreva uma carta para seu filho ou sua filha que estão na faculdade
- anote as boas coisas que acontecem com você durante o dia
- compre várias roupas de inverno para doar a pessoas carentes
- converse com seu Poder Maior
- aceite e ajude seu corpo, com todas as suas falhas
- avalie o que funciona, mas não se culpe pelo que não funcionar
- use uma roupa completamente escandalosa
- compartilhe a crosta do pão do sanduíche com animais
- console um bebê que esteja chorando
- lute contra as doenças — por meio de educação, serviço, arrecadação de fundos

- saia em busca de uma visão: aventure-se sozinho na natureza por alguns dias, jejuando e meditando
- ouse fazer experimentos com sua própria vida
- use os recursos à mão para criar algo novo
- **todo dia, faça uma ação altruísta sem que ninguém saiba**
- emoldure a pintura de uma criança
- aja com gentileza quando as pessoas à sua volta estão em dificuldades
- agradeça ao amigo que a apresentou ao cara certo
- mantenha-se ao centro
- reconheça e honre o seu eu feliz e o seu espírito interior
- observe as pessoas numa calçada cheia de gente ou num *shopping center*
- leve uma caixa com brinquedos usados a um abrigo de sem-tetos
- mude com as estações
- encontre um refúgio tranquilo ao ar livre onde você pode possa organizar seus pensamentos
- abandone pensamentos de cobiça ou de ódio
- diminua seus compromissos quando precisar de um tempo
- desenhe com o seu dedo as letras de E-U-T-E-A-M-O nas costas ou no braço de alguém
- delegue, mas não jogue todas as tarefas para os outros
- não seja um escravo do telefone
- não conte com o ovo dentro da galinha
- dê simplesmente porque você quer emocionar alguém
- diga a si mesmo apenas coisas agradáveis
- Às vezes, a forma mais elevada de agir é não agir. (Jerry Brown)
- faça seu próprio paisagismo com a ajuda de livros da biblioteca

- escute as sugestões e os conselhos de um professor
- inscreva-se num programa de esportes para adultos
- garanta a si mesmo um alívio das pressões da vida
- testemunhe passivamente as sensações associadas à inspiração
- **medite enquanto caminha**
- resolva que não vai comer de pé ou andando
- reconheça que existe espaço para o crescimento
- deixe que um bicho de estimação absorva o seu calor
- deixe comidas desembrulhadas na geladeira para preservar o *chi* da comida
- reserve uma mesa à janela para uma ocasião especial
- vivencie a importância do ritual de certas refeições: Dia de Ação de Graças, *Pessach* (festa judaica, N.T.), Páscoa, Natal
- a raiva cria um sulco na mente, o que permite que mais raiva venha à tona com facilidade
- participe de uma atividade nova pelo menos uma vez por semana
- esforce-se por aquilo que você considera difícil e faça com que seja possível
- leve fatias de laranja para o time de futebol
- passe adiante um livro de receitas de duas gerações
- dê-se tempo para vivenciar algo doce no momento em que está bem ali na sua frente
- faça entre três e dez minutos de levantamento de pernas, alternando-as, deitado de costas, para desenvolver a força
- Um coração alegre vos proporciona tanto bem quanto um remédio. (Provérbios)
- demonstre paciência ao lidar com problemas
- Livre-se do eu, e aja a partir do eu. (dito Zen)
- pendure sinos de vento onde você os possa ouvir

- dê pausas ao seu cérebro
- conserte um banheiro ou uma torneira que estejam vazando
- **use seu maior talento**
- compre uma câmera descartável para uma criança que está saindo de férias
- **deixe que tudo seja como é**
- tenha um minuto a mais para perceber algo
- distinga-se ajudando os outros a se distinguirem
- passe um dia inteiro sem se zangar
- plante uma árvore
- faça este relaxamento antes de dormir: deite de costas e respire pelo nariz, fazendo a exalação ser duas vezes mais longa que a inalação
- participe de atividades ecléticas
- limpe o que seus animais de estimação sujarem
- ocupe-se com *hobbies* e atividades gratificantes e relaxantes
- ponha uma moeda no compartimento de troco de uma máquina automática de vendas
- use sua biblioteca para enriquecer atividades culturais — música, meditação, arte ou leitura
- sente-se ereto em cinemas, em cadeiras, carros e aviões
- encomende e dê de presente produtos vendidos com fins beneficentes
- dê a um adolescente ingressos para um evento esportivo importante
- ajude pessoas atingidas por desastres naturais
- tome conta daqueles que você ama
- valorize o tempo como se fosse ouro
- lembre-se de que a consciência plena é portátil e invisível
- explore com a sua avó as relíquias esquecidas num sótão

- trabalhe em casa um ou mais dias por semana, se possível
- faça uma decoração especial nos bolos de aniversário da família
- promova a criação de uma ciclovia na vizinhança
- arranje tempo e espaço para um salto intuitivo
- curta um bom bocejo
- leve o jornal para alguém que está precisando descansar
- ofereça a dádiva do seu tempo, da sua energia ou da sua criatividade
- na luz da consciência, o hábito se desfaz
- envie flores para quem trabalha na creche de seu filho
- **tenha mais interesse em compreender os outros do que em ser compreendido**
- dê expressão a seu deleite
- tome a resolução de, durante uma semana, não falar de alguém que não esteja presente
- **para poder ficar com tudo, você precisa estar disposto a abrir mão de tudo**
- se isso puder alegrar o dia de alguém, diga-o
- dê de presente a um idoso um vale-faxina
- seja feliz com a sua aparência
- jure que não vai se envolver em má conduta sexual
- responda a palavras negativas com palavras gentis sempre que possível
- substitua pensamentos não saudáveis por pensamentos saudáveis
- A estrada é melhor do que a estalagem. (Miguel de Cervantes)
- termine de lavar a roupa para alguém
- tente atingir o equilíbrio perfeito no *tai chi*
- viva de acordo com sua renda

- lembre-se do quanto as pessoas são mais importantes para você do que o problema que o está incomodando
- A vida é um mistério a ser vivido, não um problema a ser resolvido. (dito Zen)
- aprenda a relaxar o corpo e a mente rapidamente, completamente e voluntariamente, para aprofundar os efeitos das *asanas* (posturas de ioga)
- livre-se da cobiça e de desejos que o aprisionam, raízes de todo sofrimento
- esteja disposto a aprender a partir de diferentes perspectivas
- saia com uma criança para um dia de diversão
- aceite a autoridade que seja legal e ética
- pratique mostrar o melhor aspecto de seu ser
- participe do programa de bem-estar da sua companhia
- celebre as conquistas de outros
- ponha seus documentos importantes em um cofre
- traga rosquinhas ou sanduíches de queijo para todos no escritório
- veja seus erros como oportunidades de crescimento
- faça as pazes com o fato de que algumas das melhores pessoas na sua vida são falíveis, insensatas e às vezes realmente irritantes
- tudo está se movendo na velocidade certa
- mantenha a centelha de aventura acesa
- incentive uma criança a ficar na escola
- use uma *mandala* para se concentrar quando começar a praticar meditação
- passe a semana antes do Natal arrecadando fundos para uma instituição de caridade
- quando em conflito, seja justo e generoso

- alegre-se com mudanças
- use capacete quando for andar de bicicleta
- **coma chocolate meio-amargo**
- embrulhe seu próprio almoço
- cultive em uma criança a consciência de que felicidade e satisfação vêm de dentro
- faça as coisas devagar e não com pressa
- tenha pensamentos ensolarados em dias nublados
- lide com uma má-vontade avassaladora gerando pensamentos amorosos
- jogue os lençóis para o lado e pule fora da cama
- aprecie o brilho de um pássaro colorido na neve
- beba profusamente do poço da vida
- se alguém tiver uma sensação de contentamento e um senso de simplicidade, isso será suficiente
- dê aulas em um acampamento de férias religioso
- **ponha seu rancor de lado**
- sirva a si mesmo sem sentir-se culpado
- deixe passar o que é frívolo e abrace o que é realmente importante
- releia passagens e capítulos específicos quando estiver em busca de inspiração
- ensine a uma criança algo sobre o seu *hobby* favorito
- crie um cantinho tranquilo para alguém estudar
- enxergue além do óbvio
- nada pode lhe trazer a paz a não ser você mesmo
- seja frugal
- seja uma expressão viva da gentileza
- ame com toda a força
- pense em algo de que você possa gostar na pessoa de quem você menos gosta

- ajude a conseguir harmonia racial
- você cria sua própria realidade com seus pensamentos e intenções
- acredite que a vida nos foi dada para sermos felizes
- ceda para outra pessoa uma conveniente vaga de carro
- pense como Leonardo da Vinci
- viva como uma criança
- **só se você começar de onde está agora poderá algum dia chegar a algum lugar**
- de vez em quando, deixe que aquele que você ama leve a melhor
- a ideia da meditação é aprender a diferença entre pensar e estar perdido em pensamentos
- quando fizer uma meditação geral de *chakras*, note o esplendor de cada cor; se qualquer uma parecer embaçada, pode ser que haja um problema com aquele centro de energia
- permaneça centrado durante um momento estressante
- celebre uma lua cheia de outono dando uma longa caminhada com alguém especial depois do jantar
- torne-se consciente de sua energia interior por meio da técnica Zen de respiração circular
- use sua melhor porcelana
- ande na roda-gigante mais próxima
- ache um médico que seja um bom ouvinte
- escreva um bilhete de apreciação para a professora de seu filho
- há uma razão para tudo
- apoie medidas destinadas a limpar o mundo de seus lixões
- tenha mais ou menos trinta minutos de tempo livre todo dia para fazer algo novo

- sente-se durante as suas refeições
- sinta por outros o que sente por si mesmo
- tire as teias de aranha da sua cabeça
- pare de correr, sente-se calmamente, desligue o mundo e volte à terra
- toque música matutina
- desenvolva relacionamentos que estejam além de cor, raça, religião e política
- ofereça balas ou jujubas a alguém que esteja se sentindo para baixo
- crie rotinas que acalmam a alma
- diga algo agradável a alguém
- sente nos degraus e espere seu filho chegar em casa
- busque remédios homeopáticos para uma doença
- beba com responsabilidade
- **vote em todas as eleições**
- certifique-se de que seus filhos têm um lugar seguro para se divertir
- ponha um altar na parte noroeste de sua casa ou de seu quarto, ou em um aposento em frente à porta de entrada
- respire sempre pelo nariz, a não ser que você tenha alergia, um resfriado ou um problema de sinusite
- elogie todos com quem você lida
- deixe de tentar agarrar o que está sempre mudando, livre-se de confrontos e livre-se do sofrimento
- compre livros para crianças como uma surpresa
- **faça algum progresso a cada dia**
- redefina riqueza como 'ter o suficiente'
- use um caleidoscópio
- realize pequenas tarefas como se fossem grandiosas e nobres

- purifique-se de seus vícios
- compreenda como a sua comida e estilo de vida afetam a sua saúde física e mental
- transforme decepções em descobertas
- fixe os mais altos objetivos para si mesmo
- compre telefones sem fio para idosos
- pense em si mesmo como um computador programável
- deixe passar qualquer raiva ou ressentimento que possa ter com alguém que ajudou a plantar as sementes de um mau hábito seu
- tenha a gentileza de tolerar os erros alheios
- use detergentes feitos de plantas, sem petroquímicos, na sua casa e em seu corpo
- coma até ficar satisfeito — nem um pouco mais
- instale detectores de monóxido de carbono e de fumaça na casa de seus avós
- fique com seu carro atual todo o tempo que puder
- vá até o sótão e tente jogar fora dez coisas maiores do que uma caixa de sapatos
- devolva livros da biblioteca no prazo
- deixe um cartão engraçado debaixo de um limpador de para-brisa
- divida seu colo com um gato
- não compare ou inveje
- honre seus colegas
- quando estiver começando algo novo e desafiante, não tenha medo de ter medo
- **vá a algum lugar aonde nunca tenha ido**
- faça um piquenique e curta o pôr do sol
- seja bem-humorado
- tenha um respeito saudável pelo que é desconhecido

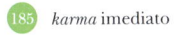

karma imediato

- tente lidar habilmente com os problemas à medida que eles surgem
- leve um amigo para fazer compras
- ande de bicicleta com uma criança
- em vez de supor, pergunte
- extraia você mesmo seu xarope de seu bordo [árvore]
- leve uma tia para almoçar
- seja como uma ilha que nenhuma enchente pode levar
- experimente o alívio de não estar mais à mercê de um desejo
- não coma quando estiver zangado
- pensar nos seus objetivos pode trazê-los para mais perto
- lembre-se de que religião é algo pessoal
- celebre os quinze minutos de fama de um amigo
- amenize sua rotina de trabalho com pausas
- aceite suas falhas com a mesma graciosidade e humildade com que você aceita as suas melhores qualidades
- **lembre-se de aniversários**
- não acredite em algo somente porque alguém lhe contou
- veja, ouça, prove, sinta, cheire
- não desista de um sonho somente por conta do tempo que levará para realizá-lo
- faça algo a respeito de seus hábitos irritantes
- **construa uma casa de bonecas para uma garotinha**
- se você não se agarra a nada, você pode lidar com tudo
- desenvolva compaixão por todos os seres vivos
- use produtivamente a sua hora de almoço
- acene para o guarda de trânsito
- pratique colocar de lado os seus próprios sentimentos e julgamentos quando estiver ouvindo os dos outros
- do que você verdadeiramente necessita para ser feliz?

- toque em alguém com amor e carinho
- lembre-se de que não existe isso de 'meu'
- pratique reflexologia para restaurar a energia
- tenha a coragem de engolir o seu orgulho
- tente olhar nos olhos e no coração de cada pessoa que você encontra
- termine projetos antes do prazo
- compre um grande buquê e dê uma flor a cada pessoa que parece estar precisando de uma
- compartilhe o silêncio
- dê um pouco de amor a um animal de estimação
- faça um alongamento logo ao acordar
- espere de si mesmo mais do que os outros esperam de você
- compartilhe com outros toda experiência de beleza e prazer que você tiver
- manipule e controle menos; aprecie mais
- **hoje diga sim a algo ao qual você normalmente diz não**
- certifique-se de que seu currículo ponha em destaque os seus talentos naturais
- mesmo quando estiver a nenhum, empreste dinheiro a um amigo querido que esteja passando por dificuldades
- dê vales-presentes a meninas adolescentes para que elas possam escolher os próprios presentes
- diga "bom dia", mesmo se o dia não for tão bom
- trabalhe como voluntário num asilo de idosos
- eleve-se acima dos objetos de desejo
- ajude alguém a fazer um jardim
- faça biscoitos para alguém que não pode fazê-los
- lembre-se de que você tem a capacidade de recomeçar
- leia um livro perto de um riacho
- ensine seus filhos a usar eletrodomésticos corretamente

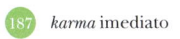

- corrija o comportamento de seus filhos na privacidade
- sempre que possível, prepare sua comida desde o começo
- tenha sempre cheiro de limpo
- fale docemente consigo mesmo para se acalmar
- surpreenda seu parceiro e vá apanhá-lo no trabalho
- escolha viver a vida que você tem agora
- **fique quieto e deixe que suas ações falem por você**
- devolva ao rio a pesca do dia
- compre em grandes quantidades e use cupons
- deixe que outra pessoa vá primeiro
- emoldure para alguém um documento que lhe é importante
- tenha novamente a coragem de uma criança
- abra uma janela perto de você para deixar entrar os sons e os cheiros da estação
- pegue bastante sol todo dia
- faça cópias dos filmes de família para enviar a parentes
- deixe que as pessoas saibam em que pé as coisas estão com você
- renove o seu amor
- deixe que a realidade seja sua professora
- dê a outros amplas oportunidades de falar
- recuse-se a se sentir humilhado
- observe a relação entre pensamento e ação
- faça o Natal ser agradável fazendo-o simples
- não espere por gratidão
- reconheça que o outro é você
- Não há nada que não revele seus segredos se você o amar o bastante. (George Washington Carver)
- observe a sua respiração quando se colocar numa posição confortável para dormir

- não se esforce desnecessariamente para fazer com que as coisas aconteçam do jeito que você quer
- fazer com que algo seja difícil nunca faz com que seja melhor — só difícil
- pratique estar mentalmente alerta
- defina com detalhes o que você almeja alcançar
- apoie uma festa da vizinhança onde cada um contribui com alguma coisa
- aprecie a criatividade na solução de problemas e a capacidade de usar bem os recursos dos quais se dispõe
- compre um papagaio e ensine-o a falar palavras e frases alegres
- faça as pazes depois de uma briga
- adote um acre de floresta tropical
- inicie um fundo para uma bolsa de estudos
- seja autêntico
- seja amigo de todos os seres vivos
- quando fizer um ponto, não fique desejando que fossem dois
- curta a comédia da sua vida sem se deixar esmagar pelos momentos melodramáticos
- envie um telegrama a alguém que você ama
- tire um dia de folga se estiver doente
- evite fazer dietas
- aceite o que aparece no seu caminho sem dúvidas e sem medos
- seja benéfico para os outros
- treine para ser um bom ouvinte
- aceite os problemas como uma parte inevitável da vida
- faça um café da manhã na cama de surpresa para alguém
- melhore primeiro o que for mais fácil de melhorar

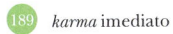

- inicie um programa de aconselhamento
- **saiba ganhar e perder com graciosidade**
- descubra o que você realmente nasceu para fazer
- dê a sua avó umas férias num *spa*
- faça a coisa certa, independentemente do que os outros pensam
- passe horas felizes organizando as coisas no sótão
- Se você realmente amar a si mesmo, jamais fará mal a outra pessoa. (Buda)
- apresente-se a um vizinho que você nunca conheceu
- elogie seu empregado
- se você ronca, encontre um jeito de parar
- afague a barriga de um cão
- você não vai encontrar o que procura no *shopping center*
- veja as coisas como elas realmente são
- dirija bem
- livre-se de dívidas
- limpe sua visão interior até enxergar a luz
- **assuma um compromisso**
- descubra o poder de perdoar a si mesmo
- reconheça que palavras são imperfeitas, e dê a elas importância limitada
- faça com que o momento presente valha por tudo; o agora é a sua única vida
- esteja preparado para a morte vivendo uma boa vida
- exponha as coisas que você ama
- **indague/ouça/aprenda**
- convide alguém para um baile
- ponha um tapete vermelho no quarto de dormir para trazer boa sorte e felicidade
- preste atenção às coisas que estão indo bem na sua vida

- curta momentos especiais com seu filho
- experimente respirar alternando as narinas para acalmar, equilibrar e regularizar a energia
- planeje um chá de bebê ou de panela para uma grande amiga
- jogue fora sapatos velhos que você não usa mais
- evite venenos brancos como açúcar, sal e farinha branca
- reconheça as realizações de outra pessoa
- encontre um mentor
- reconheça a sua capacidade de aprender intuitivamente
- vá velejar e sinta o vento em sua face
- traga ar puro para dentro de casa sempre que puder
- lide com erros aberta e imparcialmente
- peça ajuda se precisar
- use as suas palavras para expressar paciência
- ajude a curar a alma de alguém
- desfaça pilhas de coisas
- abra os olhos de crianças para as necessidades e os direitos de outros
- o que realmente importa é o que você faz com o que você tem
- veja cada tampo de mesa como uma natureza morta
- envie fotos recentes da escola e dos esportes para os avós
- toque a terra
- aceite-se como é, agora mesmo
- observe como as opiniões se formam e derretem como flocos de neve
- **defenda um amigo**
- opte por dar valor às coisas que estão ao seu alcance
- estude na parte nordeste de sua casa
- foque no que você usa para alimentar a sua mente

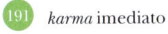

- saiba que uma fuga e troca de lugar geográfico não leva a nada
- aprecie momentos felizes e não planejados
- **dê crédito à sua fonte de inspiração**
- tire seus sapatos discretamente quando estiver num avião ou num trem
- aprenda a responder calmamente
- lidere como você gostaria de ser liderado
- deixe que alguém faça você rir
- lembre que, na maioria das vezes, o pior não acontece
- fortaleça seu sistema imunológico rindo
- prefira estar sozinho em vez de estar na companhia de pessoas que atrapalham o seu progresso
- apoie o direito de todos de usufruir da democracia
- pratique *qi gong* para estimular a circulação de *chi* pelo corpo e para promover a autocura
- estimule crianças a cooperar entre si
- olhe as pessoas nos olhos
- perceba que quando você está feliz, você está em contato com seu maior potencial humano
- transforme montanhas em montículos
- confie na sua intuição para guiar suas decisões
- evite coisas que causam dano
- vote a favor de maiores verbas para a educação
- alivie seus pés passando-os sobre uma bolsa de plástico fechada, contendo cubos de gelo e água
- divirta-se de forma boa e honesta
- ame atos de caridade por levarem felicidade a outros
- um bom viajante não tem planos fixos e não está preocupado em chegar
- sejam, você e a inteligência criativa do universo, uma coisa só

- conte aos outros sobre a gentileza com que foi tratado
- veja a si mesmo como um obra em andamento
- aprenda com as experiências, os exemplos e os escritos de outros
- divida as tarefas em tarefas menores
- acredite que as pessoas dizem a verdade
- acene para o patrulheiro de estrada que está usando o radar
- leia enquanto espera
- toque no peito, sobre o coração, ou em sua testa, para demonstrar respeito ou admiração
- quando acordar, respire três vezes profundamente e com atenção
- respeite a individualidade de outra pessoa e sua capacidade de crescimento
- perceba que erros podem ser corrigidos
- emoldure um mapa antigo para um aficionado em história
- **dê de presente narcisos, flores de ameixa, jacintos e orquídeas no Ano-Novo Chinês**
- evite comidas *tamásicas** (carne, álcool, cebola, alho; comidas fermentadas, mofadas ou muito maduras), que promovem letargia, preguiça e inatividade (* termo da Ayurveda, N.T.)
- planeje dias sem falação, apenas com contemplação
- pense a verdade, diga a verdade, viva a verdade
- faça bem o seu trabalho
- ignore mensagens da mídia
- delegue trabalhos que sejam manejáveis
- seja grato pelas futuras possibilidade que esperam por você
- ande de bicicleta
- coma a comida mais saudável, viva no ambiente mais saudável, tenha a atitude e o estilo de vida mais saudáveis

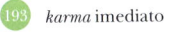

- faça todo dia algo para alguém que jamais será capaz de lhe retribuir
- faça algo para sacudir você mesmo de uma marasmo improdutivo
- aja
- limpe o armário de remédios
- evite ações que criem confusão
- dê boas-vindas a tudo que acontecer com você
- doe livros a uma biblioteca de escola
- ajude crianças a resolverem seus próprios problemas
- veja a vida como uma aventura
- desvincule-se da sua mente
- agradeça aos que lhe deram algo
- supere suas dúvidas e medos
- pergunte a si mesmo, 'essa tarefa ou esse comportamento é realmente importante ou apenas uma forma de ficar ocupado?'
- estabeleça parâmetros razoáveis para você mesmo
- trabalhe pela paz do todas as formas possíveis
- sente-se num aposento escuro com apenas uma vela acesa
- pratique fazer menos e curtir mais
- **se sua mente estiver falando não tome isso como algo pessoal**
- tome consciência do medo que o está influenciando
- siga a ética de resistência passiva de Gandhi
- escute com atenção o conselho de pessoas queridas
- aprenda a administrar seu próprio estresse
- compre produtos biodegradáveis de empresas que não fazem testes de laboratório em animais
- faça pinturas com seus filhos usando tintas ou esponjas
- não roube seu filho da oportunidade de fazer algo por si mesmo fazendo por ele

- faça refeições quentinhas no inverno
- saboreie a experiência sensual de comer
- mantenha-se ativo socialmente
- a melhor motivação para a meditação é viver o seu potencial máximo e beneficiar os outros (o ideal do *bodhisattva*) (termo budista, N.T.)
- comece cada dia com sua música favorita
- o problema é você achar que tem tempo
- dê o melhor de si, e então deixe que o resto seja dado a você
- mantenha limpo e saudável aquilo que você vai comer
- dê o exemplo
- equilibre seu trabalho com diversão
- compre um terreno ou um espaço para salvá-lo de ser usado para construção
- faça com que a sua vida seja uma história que vale a pena ser contada agora mesmo
- limpe seu armário de roupas
- imagine toda a informação útil que poderíamos acumular durante nossas vidas se mantivéssemos uma mente aberta
- livre-se do *chi* do seu dia corrido tomando um banho de chuveiro ou de banheira
- use sua criatividade para a adaptação e a negociação
- deixe de lado as suas opiniões
- faça uma faixa gigante para o aniversário de alguém
- nunca será exigido de você que lide com mais do que aquilo de que pode dar conta
- é melhor fazer nada do que fazer mal
- acorde dez minutos antes do resto da família para fazer ioga
- estimule o trabalho de outros
- aprenda com a história

- pratique a autoaceitação
- chegue primeiro no escritório e prepare um bule de café
- acredite naquilo que está prestes a fazer
- ponha uma planta no peitoril da janela pela paz
- colher a comida e comê-la é uma celebração da interconexão entre todas as formas de vida
- **deixe que outra pessoa fique com a última palavra**
- preste uma atenção respeitosa a si mesmo
- compartilhe seus sentimentos com aqueles que você ama
- trate todas as pessoas com dignidade e elegância
- use comidas bem preparadas e bem apresentadas; elas nos alimentam de diferentes maneiras
- compre alimentos frescos, cultivados por perto e de forma orgânica
- não deixe que a preocupação com o que os outros irão dizer defina a sua vida
- desacelere — comece uma atividade com uma inspiração suave e uma expiração tranquila
- de noite, coma o menos que puder
- leia tudo que estiver na lista dos livros recomendados para o verão
- escreva uma carta de agradecimento aos policiais de sua área
- acredite que as coisas irão correr bem
- aja com cortesia e justiça independentemente de como os outros o tratam
- procure várias soluções
- varie sua rotina de ioga
- limpe a sua casa regularmente para revitalizar o seu *chi*
- transpire
- participe de conversas informativas
- ame cada pessoa porque Deus ama cada pessoa

- aprecie os sons suaves de um domingo de verão
- leve uma criança para visitar um estúdio de TV
- pensamentos não violentos são tão importantes quanto palavras não violentas; deixe que passem seus pensamentos negativos
- pense em silêncio
- desenvolva um interesse genuíno pelo trabalho e pelos *hobbies* de outros
- seja alguém com quem é fácil conversar
- pare de fazer algo assim que perceber que está errado
- respeite as normas de etiqueta
- a verdadeira autoestima só pode ser obtida quando se vive em equilíbrio
- deixe bilhetes de amor escondidos por toda a parte
- note quando o seu filho fizer algo bem
- **viva como se estivesse de férias — saboreando cada minuto e colecionando memórias como se fossem fotos**
- crie aposentos maravilhosos para crianças
- afaste memórias tristes para longe de você
- sinta gratidão por tudo o que você vivenciou
- sonhe com as coisas que você precisa resolver
- livre-se da raiva e da agitação simplesmente por admitir que as sente
- confie na sua habilidade de inventar novas maneiras de enxergar
- cure uma mágoa antiga, perdoe uma velha ofensa
- ofereça a um garoto um emprego de verão
- planeje atividades alternativas à TV e ao computador
- plante uma semente e acompanhe seu crescimento
- não podemos ter tudo, mas podemos conduzir a nós mesmos na direção certa

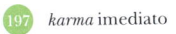

- seja um bombeiro voluntário quando for preciso
- deixe que a natureza seja a sua professora
- faça do almoço a sua maior refeição e você aumentará a sua energia durante o dia
- termine o projeto que você deixou suspenso
- continue a aprender
- dê plantas floridas de presente a um asilo de idosos
- lembre-se de que desejos deixam de ir aonde não são alimentados
- escreva um poema ou uma carta de amor com todo o coração
- somente uma mente calma pode aprender
- feche as portas em vez de batê-las
- leia os livros de Mary Engelbreit
- cresça na medida em que seu amor cresce
- veja que existe uma maneira de se voltar para dentro
- perceba como uma nuvem que passa cobrindo o sol pode refrescar o seu humor
- siga com suas tarefas até completá-las
- faça campanha por uma maior educação, universal e subsidiada
- **encontre a coragem de mudar as suas convicções quando estas não mais se encaixarem na pessoa que você é**
- esteja consciente do seu próprio comportamento
- leve aos outros boas notícias
- alterne seus alimentos para diminuir o seu efeito cumulativo
- traga beleza e sentido à vida
- viva a vida como uma brincadeira
- organize um piquenique na vizinhança
- decida fazer a diferença

- pule corda
- limpe as energias de uma pessoa percorrendo com um sino todo o seu corpo, da cabeça aos pés
- tenha à mão um livro de primeiros socorros
- o caminho para ser feliz é fazer outros serem
- desvic sua mente de seu ego
- aprenda a ser grato e ao mesmo tempo a não esperar demais dos outros
- a vida e a felicidade são pilotadas de dentro
- diga, "cachorro bonzinho!"
- aprenda as origens das palavras
- pense em si mesmo como um estudante
- observe uma flor abrindo suas pétalas lentamente
- dê caldo de galinha a um amigo que está resfriado
- seja um com a *sangha* (comunidade de devotos)
- curta a sua própria criatividade
- trate de um ferimento logo e com competência
- baseie as suas aquisições e seus investimentos financeiros na responsabilidade corporativa social
- É melhor acender uma pequena vela do que amaldiçoar a escuridão. (Confúcio)
- jogue um jogo de cartas com idosos num centro para idosos
- acorde alguém com um beijo
- faça as coisas que você sabe fazer bem
- nunca se canse de ajudar os outros
- medite na banheira
- beba limonada em noites quentes de verão
- agradeça a alguém por um ótimo conselho
- apoie pesquisas médicas
- faça coisas comuns de um jeito extraordinário

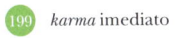

- aja como um amigo de quem você realmente é
- leia a obra dos grandes filósofos do mundo
- resolva as suas diferenças
- **aceite um elogio**
- maximize a harmonia da sua vida com a natureza
- ouça o nada; é muito mais intrigante do que tentar ouvir alguma coisa
- vá dormir cedo, acorde cedo
- receba mudanças com elegância e humor
- corrija pensamentos, palavras e ações que você reconhece serem errados
- ligue para um amigo num impulso e o convide para tomar um sorvete
- envie uma pequena surpresa para alguém que está hospedado num hotel
- peça desculpas quando magoar alguém
- ponha um cristal na janela se esta der para uma vista desagradável
- aplauda muito pequenos sucessos
- tipos *kapha* (termo ayurvédico, N.T.) devem fazer mudanças conscientes em sua rotina para evitar cair na monotonia
- celebre os silenciosos atos de amor de uma mãe
- comece seu dia com aceitação e gratidão
- **comemore o nascimento de novos bebês**
- aquilo que você der, você receberá de volta, mas você não pode ter aquilo que você toma
- deixe que uma criança ponha a mesa
- faça uma colcha de retalhos como presente de graduação, feita das camisetas velhas de uma criança
- dê um bom exemplo

- se você não souber pronunciar os nomes dos ingredientes listados na embalagem de um alimento, não o coma
- curta o crepitar de uma lareira e música suave
- dê a si mesmo um tratamento facial
- esteja pronto para praticar meditação o resto da vida
- adote um time formado por crianças carentes
- pratique o autocontrole
- melhore seu vocabulário
- A melhor forma de escapar é atravessar. (Robert Frost)
- invista você mesmo num bom trabalho
- conheça os seus limites: de quanto sono você necessita, de quanto descanso você precisa, de quantas mudanças você é capaz num determinado período de tempo
- aprenda a viver uma vida intencional, em vez de uma vida 'acidental'
- escolha o que você vai fazer, sentir e pensar
- seja sempre verdadeiro, especialmente com uma criança
- planeje momentos especiais como se fossem os melhores que terá
- sirva café da manhã ou *brunch* a alguém que você ama
- **jogue jogos de tabuleiro em vez de videogames**
- descubra harmonia em tudo
- um antídoto para a agitação é a concentração — conte suas respirações até dez, e então comece novamente
- se você vive num lugar de clima frio, no inverno cheque bem as janelas, a calefação e assegure-se de que o tanque de óleo esteja cheio
- ajude uma criança necessitada
- entre no espírito e no ambiente de longas caminhadas
- abrace cada minuto
- aprenda com os erros

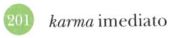

karma imediato

- torne as coisas mais leves para aqueles que estão mais próximos de você
- faça campanha contra o uso de celulares em automóveis e outros lugares inadequados
- imagine que tem permissão para ser feliz e realmente curtir a sua vida
- mastigue bem e devagar para trazer um ritmo completamente diferente à sua vida e à sua percepção
- retroceda para descobrir de onde veio um pensamento
- evite artifícios para perder peso
- deixe a natureza o guiar
- **seja capaz de esquecer**
- compre de fazendeiros que trabalham em família
- envie um telegrama com uma opinião pessoal construtiva a um senador
- convide amigos para a sua casa regularmente
- expresse seus sentimentos concisa e claramente
- desembarace algo que estava embaraçado
- deixe que seu cabelo seque ao sol
- vença a tentação
- faça um inventario da sua vida diária
- exercite a capacidade de enxergar mais estando energicamente preparado para enxergar alguma coisa
- para poder ver, ouça; para poder ouvir, olhe
- cheque a lista de leitura de aulas de uma boa universidade
- reflita sobre o fato de que toda experiência, incluindo a própria vida, não surge do nada mas sim da junção de todas as causas e condições necessárias
- doe porcelanas boas e usadas para um asilo de idosos
- lembre-se de que um fim é um início disfarçado
- ligue para seus amigos, mesmo se não for a sua 'vez'

- mesmo quando uma situação não está sob seu controle, a sua reação a ela está
- seja gentil com a criança que existe em você
- não se permita agir a partir de seus impulsos de raiva
- faça campanha contra a poluição do espaço exterior
- encare as coisas de frente e saiba o que elas são
- faça cosquinhas nas costas de alguém
- faça uma prece antes de dormir
- não se exauste tentando evitar todas as doenças
- faça vários sanduíches de requeijão e geleia para doar ao abrigo mais próximo
- assuma a responsabilidade pelas suas ações
- no Dia dos Namorados, deixe uma cesta na porta do seu amor
- acene para os idosos
- se você mora com outra pessoa, faça um acordo de parar qualquer discussão toda vez que um começar a culpar o outro
- mantenha a sua cozinha limpa e bem organizada, use ingredientes bem lavados e ponha a sua mesa com orgulho
- saiba contextualizar tudo que você aprende
- as palavras do Buda apontam na direção certa, mas você precisa transformar seu coração e sua mente
- pense no que você pode fazer de diferente para iniciar um ciclo positivo e melhorar um relacionamento
- deixe que a gentileza, a generosidade, o amor e a sabedoria motivem as suas intenções e a felicidade virá
- cerque-se de aromas agradáveis
- peça pela graça de compreender quem você é e pela coragem necessária para fazê-lo
- Tudo que eu vi me ensina a confiar no Criador por tudo aquilo que não vi. (Ralph Waldo Emerson)

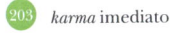

- aceite responsabilidades
- quando sentir que está ficando sem paciência, lembre-se de que a situação presente se transformará
- envie flores para a sua sogra no aniversário de seu cônjuge
- perdoe a si mesmo por todas as coisas erradas que você fez e/ou disse
- milagres acontecem depois de muito trabalho duro
- aprenda Braille
- cultive um ambiente doméstico relaxante
- escreva E-U-T-E-A-M-O com letrinhas de cereal numa torrada ou em um prato
- acene para um pedestre na calçada
- componha um *haiku* (tipo de poema japonês, N.T.) num lugar tranquilo, de preferência ao ar livre
- mergulhe completamente em tudo o que fizer
- faça uma lista das suas comidas vegetarianas favoritas e tenha-a sempre à mão
- comece a fazer uma colcha de retalhos para alguém
- aprenda a reconhecer os principais tipos e subtipos de música
- deixe que pessoas sonolentas fiquem na sua
- pague pelo estacionamento de outra pessoa
- escreva uma lista com todas as coisas boas que aconteceram em sua vida
- seja um pastor — lidere de trás
- plante uma árvore de Natal viva todos os anos
- perceba como o desejo vem à tona e afeta a sua vida
- areje as colchas
- faça com que um longo fim de semana de inverno seja especial para as crianças
- faça um jantar de Páscoa para seus sogros

- aproveite totalmente as maravilhosas oportunidades para o crescimento e a compreensão
- aumente o *yin* com frutas (especialmente cítricas), vegetais macios ou aguados, laticínios, comidas congeladas, óleos refinados
- seja consciente de suas próprias ações, não das ações dos outros
- aprecie pequenas alegrias: banhos, dirigir, cantar, caminhar, liberdade
- sempre que tirar algo, tente dar também
- identifique uma coisa que você pode mudar na sua vida hoje — não importa quão pequena for — e faça-a
- levante a questão que provocou uma desavença, sem hostilidade
- coloque-se num estado de 'estar' em vez de 'fazer'
- compre um poste-coçadouro para o seu gato
- **faça exercícios de respiração profunda para repor seu *prana* (energia)**
- concentre-se em saúde e em luz
- pare de buscar a felicidade em outra pessoa
- coma frutas frescas da estação, complementando com frutas secas
- se não estiver sujo, não lave
- o amor só pode existir no momento presente
- tire de sua vida os amigos sonsos
- pratique autossuficiência, autorrespeito, e a disciplina do trabalho árduo
- anote suas ideias
- cheque a sua motivação
- apare a grama de um vizinho idoso
- certifique-se de que um fogo esteja completamente apagado
- digite o primeiro currículo de seu filho

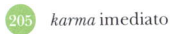

- leia para alguém que está cozinhando
- faça seu trabalho interior todos os dias
- encare a raiva e o desejo como ilusões que traçam um retrato distorcido da realidade
- **evite adotar os pontos de vista negativos de outras pessoas**
- planeje menos
- prepare a sua lista de cartões de Natal e de presentes com muita antecedência
- compartilhe as férias com seus melhores amigos
- desacelere a sua maneira de abordar a vida para que tenha um ritmo mais humano
- deixe passar o ressentimento
- a vida é curta; não há tempo a perder
- espere sem ficar batendo com o pé
- organize uma sessão para limpar a garagem em família
- da próxima vez que você desejar algo material, espere ao menos vinte e quatro horas antes de ceder ao desejo
- o primeiro *chakra* é seu centro de raiz, localizado na base da coluna vertebral e associado com a cor amarela; quando ele está equilibrado, você se sente seguro e corajoso
- leia para uma criança toda noite antes de dormir
- cerque você mesmo de inspiração
- escute os seus sonhos
- adicione pétalas de rosas ao seu banho de banheira
- leia sobre descobridores, criadores e inventores famosos
- pense nos outros quando estiver em busca da sua própria felicidade
- ponha um bilhete legal na lancheira de seu filho
- seja um exemplo do valor do trabalho duro
- Seja a mudança que você deseja ver no mundo. (Mahatma Gandhi)

- desaprenda medo, culpa, raiva, ciúme, insegurança e negatividade
- vá sem álcool
- no inverno, ofereça maçãs e legumes a pássaros e animais
- Ame a verdade, mas perdoe a falha. (Voltaire)
- compre um cortador de grama do último modelo para quem, em sua família, costuma fazer esse trabalho
- vá à igreja e acenda uma vela
- faça o seu dever de casa cármico
- faça uma escultura na areia com um rosto feliz
- faça campanha para salvar a floresta tropical
- seja um líder eficiente, buscando boas ideias em todos os níveis
- encontre e respeite o seu próprio ritmo
- leve um protetor solar para cada criança
- use a respiração como uma forma de primeiros socorros psíquicos quando as coisas estiverem muito intensas
- **não há nada a ser, nada a fazer e nada a ter**
- viva por outros motivos que não o de possuir 'coisas'
- ponha em sua cama lençóis coloridos
- pense antes de agir
- reconheça que mesmo a pessoa mais irritante tem a natureza de Buda dentro de si
- entregue-se ao que quer que o momento traga
- desenvolva seus próprios rituais de cura e de conserto do mundo
- se você não se apegar às coisas que lhe causam estresse, elas não poderão lhe causar estresse
- cante a sua música favorita
- pratique a Postura da Cobra para abrir seu *chakra* do coração e fortalecer as suas costas

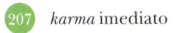

- tenha em mente que você está conectado com cada uma das pessoas neste planeta
- aguce a sua visão
- ponha a mão sobre seu coração quando fizer um juramento em confiança
- desacelere e curta aquilo que você trabalhou tão duro para conseguir
- seja um herói para alguém
- somente quando você se esvazia pode ser preenchido por algo maior
- preencha a sua lista de tarefas, não a sua mente
- toste *marshmallows*
- ponha comida num alimentador para pássaros
- lembre-se de que, independentemente do que acontecer, este dia terá terminado em menos de vinte e quatro horas
- **decida não desperdiçar a sua vida com culpa pelo passado ou preocupação com o futuro**
- tenha tempo para dar uma ajeitada na cama de seu cachorro
- agradeça a alguém por guardar o seu segredo
- tente não fazer compras como forma de entretenimento
- aprenda a ser em vez de fazer
- a vida é sobre amar e ser amado
- recuse-se a ser rotulado
- ofereça-se para tomar conta do cachorro de seu amigo quando este for viajar
- transforme a sua casa em um lugar de paz e simplicidade
- saboreie os preparativos para o jantar
- visualize seus objetivos
- ao melhorar a educação de crianças, você está melhorando o futuro da humanidade

- tenha confiança bastante para se imaginar atingindo seus objetivos
- aprenda a reconhecer o seu próprio estresse
- tenha sempre caneta e papel por perto
- quando estiver de mau humor, tire um cochilo à tarde
- leia para o motorista em viagens longas
- compartilhe uma dessas guloseimas de máquina
- use tomilho para energizar o *dosha kapha* (um tipo específico de energia de acordo com a medicina Ayurveda, N.T.)
- não é o que você faz mas por quê o faz
- compre um ingresso para a ópera
- cante cantigas de Natal com amigos
- ilumine um aposento
- faça com que seu aprendizado seja sob medida para a sua vida e os seus talentos
- retire-se por algum tempo do mundo exterior
- escolha aleatoriamente uma pessoa e envie para ela um cartão
- preocupe-se somente com você mesmo e com seus próprios atos
- abrace alguém mesmo se ele for maluco
- exija de si mesmo mais do que o normal
- mesas redondas representam harmonia familiar e igualdade
- grave uma fita ou um CD para alguém que tenha o mesmo gosto musical que você
- tire um tempo suficiente para a contemplação e a reflexão
- deitado de costas, faça a Posição do Alongamento — levante a sua cabeça, as suas mãos e os seus calcanhares uns quinze centímetros do chão e comece a respiração de fogo; faça isso de um a três minutos para o terceiro *chakra*

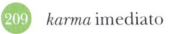

- abrace a virtude
- você será como aqueles de quem você se cerca
- perceba como a sua avidez por possuir coisas diminui quando você assiste menos TV e lê menos revistas
- prepare a embalagem do almoço de antemão para amenizar a correria da manhã
- diga a você mesmo o quanto se sente quentinho, em vez de ficar pensando em quanto frio está sentindo
- reutilize as embalagens
- **não tenha dúvidas**
- há paz em não ser ninguém e não ter nada
- programe um tempo para seu trabalho interior
- abrace as pessoas com aceitação e abertura
- coexista airosamente com o que não está resolvido
- **livre-se de sua fixação por resultados**
- para melhorar a comunicação, esclareça o que você ouve parafraseando-o
- quando estiver com crianças, respeite o que elas dizem e fazem
- aceite seus sentimentos, mesmo aqueles que você desejaria não ter
- envie cartões em aniversários e dias festivos
- use cores vivas em dias escuros
- permaneça centrado no hoje, pois a semana que vem pode cuidar de si mesma
- visualize seu adversário a fazer um gesto inesperado de gentileza
- curta estar livre de seus desejos e vontades
- salve a Grande Barreira de Corais
- observe a sua própria mente e você entenderá o sofrimento, e você entenderá o *dharma*

- desfrute de um momento de silêncio agradecido antes de comer
- faça um banquete de folhas verdes frescas
- vivencie e aprecie conscientemente a vida no lar
- encontre a melhor babá para seus filhos
- não subestime o poder da gentileza
- encontre metáforas ilustrativas na natureza
- seja parte de uma equipe formada por marido e mulher
- saia das malas diretas
- use amaciador de tecidos para os lençóis de algodão
- ligue para a sua mãe todos os domingos
- pense bons pensamentos
- tenha um computador à prova de *crash*
- observe as borboletas brincando de pique
- Siga todos os seus impulsos generosos. (Epiteto)
- caminhe em uma praia deserta e cate conchinhas
- qual é a mudança que mais deseja ver no mundo — você está contribuindo para que ela aconteça?
- recuse-se a se afligir com algo se não há nada que você possa fazer
- associe-se bem e comunique-se bem com os outros
- valorize o silêncio e a sua eloquência
- agradeça
- pare de racionalizar
- escove seu gato ou cachorro regularmente
- se você não pode consertar algo, chame alguém que possa
- erradique o criticismo não construtivo
- fique animado com a ideia de outra pessoa
- sinta o seu coração quando sorrir
- medite sobre uma bela pintura
- **economize primeiro, gaste depois**

- nunca ponha a roupa suja para arejar
- é tudo um jogo — então jogue bem com os outros
- comprometa-se com o que você pode fazer
- siga em frente e recomece continuamente
- abra as linhas de comunicação
- leve um saquinho com doces para um colega de trabalho
- quando algo o estiver preocupando, pergunte a si mesmo se é algo que você pode controlar; se não puder, deixe de lado
- leve um morador de um asilo para idosos para caminhar
- leve café para alguém que ainda está na cama
- borrife o seu rosto com água de rosas para dar uma refrescada após o almoço
- não preste atenção às coisas que não são da sua conta
- vá a comemorações públicas
- **esteja disposto a dizer "eu não sei"**
- não esqueça de piscar
- termine cada dia deixando-o para trás
- fale com seus filhos com respeito
- pratique sua rotina de ioga enquanto o resto da família está assistindo televisão
- seja grato por tempos tranquilos
- pratique a renúncia, um componente fundamental do despertar
- **estenda a sua mente e o seu corpo em novas direções**
- aprenda a esperar; quando você pode espera, você pode fazer quase tudo
- passe um dia em uma floresta com nada além do seu diário
- experimente o mantra: eu sou paz
- Para fazer brilhar o seu 'eu' seja verdadeiro. (Shakespeare)
- segure bebês e filhotinhos de gatos e de cachorros sempre que puder

- livre-se de sua necessidade de ficar transmitindo notícias
- sussurre quando necessário
- respire profundamente e suavize a sua resposta
- uma vida de sucesso é aquela vivida em amizade e amor
- tenha controle sobre o que entra na sua mente
- vá dar uma caminhada quando o mundo for demais para você
- limpe seu jardim no final do verão
- leia *Um Conto de Natal*, a história sobre *karma*, de Charles Dickens
- incentive o interesse de uma criança em palavras cruzadas
- Você se torna aquilo em que pensa o dia inteiro. (Ralph Waldo Emerson)
- **três coisas essenciais para a felicidade: algo para fazer, algo que esperamos que aconteça, alguém para amar**
- perca alguns quilos
- aprenda a digitar sem olhar para o teclado
- mude o que precisa ser mudado
- passe exemplares de revistas para quem está doente ou fechado em casa
- viva com sensatez e com elegância, e sem remorso
- por meio de uma constante contemplação você pode chegar à verdade
- certifique-se de que todas as pessoas que você conhece vão votar
- compartilhe estratégias para procurar emprego com aqueles que precisam de ajuda
- dançar é uma ótima maneira de se exercitar e de se divertir
- consuma menos açúcar refinado
- quando viajar, note as semelhanças entre as pessoas
- aceite a beleza que lhe é oferecida tal como ela é

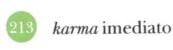

- seja uma influência encorajadora
- acredite ser uma criança novamente
- vivencie a sua dor em vez de tentar se distrair dela
- respire enquanto se concentra no terceiro olho
- às vezes, a melhor maneira de usar a sua mente é não fazer qualquer uso dela
- aprecie o seu estado de um contínuo 'se tornar'
- faça molecagens (amorosamente) com uma criança
- diminua sua velocidade para diminuir seu estresse
- aquele que mais ouve é quem, normalmente, controla a situação
- compreenda que as outras pessoas estão atravessando dificuldades também
- compre diferentes tipos de sucrilhos quando seus filhos tiverem uma festa de pijama
- leve seus sogros para almoçar depois da igreja
- honre a memória de alguém nos dias e cerimônias dedicados a isso
- busque o que é positivo
- esquente um pouco uma xícara de leite desnatado e acrescente uma colher de chá de mel ou uma pitada de gengibre em pó para fazer uma bebida relaxante
- nunca replique, nunca explique
- fique extasiado e cheio de uma intoxicação divina
- **faça doações a um asilo para animais (cobertores, areia de gato, alimentos, toalhas)**
- pratique respirar profundamente enquanto enche a banheira ou seca seu cabelo
- assistir ao nascer do sol todos os dias já é um toque de despertar
- assuma o controle sobre sua vida
- leia para seus filhos

- caminhe no campo numa manhã fria
- inclua crianças nas suas conversas
- acrescente um aspecto positivo à sua vida toda semana
- diga orações de agradecimento
- escolha sabiamente
- respeite a necessidade de privacidade dos outros
- na sua vida espiritual, as maiores mudanças são feitas devagar e gradualmente
- a honestidade traz a paz
- mude a sua cabeça!
- dizer a verdade começa com se conscientizar do que você diz a si mesmo
- nunca se esqueça de quem você é ou de onde você veio
- expresse seus sentimentos positivos, não importa quão triviais eles pareçam
- arranje tempo para ser muito bobo
- visite a biblioteca de uma igreja para uma leitura edificante
- resplandeça o dia todo
- responda às cartas de crianças para o Papai Noel
- mesmo quando estiver com raiva, trate a outra pessoa com respeito
- concentre-se nos aspectos positivos da sua vida, pois aquilo em que você se concentra, cresce
- cuide das plantas de um amigo
- aprenda as três Posições do Guerreiro do ioga para obter paz interior
- explique a alguém os macetes do trabalho
- sentado com as pernas cruzadas (Posição Fácil), estique seus braços para cima e mova-os para frente e para trás uns 20 centímetros durante quatro minutos, para equilibrar os hemisférios do cérebro (o sétimo *chakra*)

- além de dar um beijo de boa-noite, diga a seu filho que você aprecia todas as boas coisas que ele fez nesse dia
- **visite todos os museus que puder**
- quando fizer frio, esteja completamente frio; quando fizer calor, esteja completamente quente — torne-se um só com seu meio ambiente
- peça aos avós que gravem histórias para a hora de dormir de seus netos
- tenha boa índole
- mantenha seus álbuns de fotografia em dia
- a paz depende da existência do amor
- nada pode fazer a sua vida tão bela quanto uma perpétua gentileza
- escolha uma resposta em vez de se deixar levar por uma reação
- faça o inesperado
- tire o ar de suas torneiras para usar menos água
- trabalhe até ficar cansado, mas não até ficar exausto
- se sua irritação persistir, dê um passo atrás e ganhe alguma perspectiva
- escute as pérolas de sabedoria que saem dos lábios de outras pessoas
- não abarrote o compartimento para bagagens de mão do avião
- deixe que seus filhos o vejam fazendo algo para seu cônjuge que demonstra o quanto você o/a valoriza
- aceite e reconheça estar magoado
- faça algo que traga satisfação mental ou física
- desligue a TV e retorne a si mesmo
- alongue-se antes de ir dormir
- lembre-se do que aprendeu

- diminua seu consumo de comida para prolongar a sua vida
- ofereça a dádiva da ternura
- esteja aberto à crítica construtiva, e aprenda até mesmo com as opiniões hostis
- sorria para bebês
- use pensamentos e palavras de força e amor
- O homem que quer controlar as suas paixões animais fará isso facilmente se controlar seu apetite. (Mahatma Gandhi)
- leve uma criança a uma loja do exército ou da marinha
- tenha uma conversa verdadeira e honesta com seus pais
- afaste o mal
- ao final do seu dia, pense em cinco coisas que você fez para outros e cinco coisas que você fez para si mesmo
- participe de uma marcha por uma boa causa
- admire as virtudes dos outros
- curta o tempo que você passa sozinho
- visite alguém num asilo
- Nós não recebemos sabedoria; nós precisamos descobri-la sozinhos ao final de uma jornada que pode acabar conosco ou nos salvar. (Marcel Proust)
- quando você perde o medo da morte, você realmente começa a viver
- leve para o trabalho alguém cujo carro está na oficina
- limpe o entulho de cada dia
- leve seu cachorro para passear no campo
- leia os clássicos
- olhe nos olhos daqueles que você ama quando estiver falando com eles
- chegue ao trabalho na hora
- valorize o saudável em sua alimentação
- participe em doações que têm um bom propósito

- use o bom senso
- seja hospitaleiro
- procure algo luminoso e belo na natureza
- ajude a respeitar as leis sobre o lixo em sua cidade
- pendure um bilhete de amor na geladeira
- tenha sentimentos profundos e tranquilos
- descubra a origem de uma dor antes de tomar qualquer coisa para aliviá-la
- use a cor violeta em seu quarto ou na sua área de meditação
- A iluminação é a intimidade com todas as coisas. (Jack Kornfield)
- patrocine um estudante do primário à universidade
- adote a atitude de que a resposta ou a solução para uma *koan* virá com o tempo
- faça campanha contra a mineração de carvão na superfície
- conduza as suas atividades conscientemente
- **aprenda a dizer obrigado na língua de cada país que você visitar**
- dê uma boa gorjeta a um motorista de táxi pontual ou que seja de alguma forma especial
- seja o primeiro a perdoar
- continue o que você começou
- participe da cerimônia do chá, que simboliza respeito ao próximo, harmonia, sinceridade e tranquilidade da alma
- estude o *dharma* hindu e o budista
- ajude a preservar as dunas de areia
- observe as crianças brincando na praia
- todo dia você tem oportunidades para aprender
- seja aquela pessoa que diz coisas positivas sobre os outros
- aprenda a arte do desapego às coisas
- nunca corte o que pode ser desamarrado

- as pequenas coisas da vida são tão interessantes quanto as grandes
- tenha uma capacidade tão vasta quanto o oceano e uma mente tão aberta quanto o espaço
- trabalhe em equipe com seu parceiro e com sua família
- não resista a um cochilo se o dia for penoso
- escreva um cartão de 'De Nada' em resposta a um cartão de 'Obrigado'
- jogue um jogo de cartas que estimule a mente, como bridge, para fortalecer seu sistema imunológico
- se você achar que deve desculpas, ou uma explicação, ou dinheiro, você provavelmente deve
- o Tao flui, exatamente como um rio
- todos os dias, faça uma pausa para ouvir em camadas — os sons mais altos e mais óbvios primeiro e depois as próximas camadas
- vá com calma
- experimente uma meditação para quebrar hábitos: sente-se de pernas cruzadas com os polegares firmemente pressionados contra as têmporas, trinque os molares e solte-os (como se estivesse mordendo) durante 5 a 7 minutos
- considere quanto tempo nós desperdiçamos por causa de desejos
- pergunte, "No fim da minha vida, quanto realmente terá significado para mim a realização deste desejo?"
- colecione *koans* Hosshin, que lhe darão *insights* sobre o vazio, a essência de todas as coisas
- organize a mente, reabasteça o coração
- decida conscientemente pensar nas pessoas que você ama
- conserte portas que rangem, que podem vir a acordar alguém

- faça algumas pausas enquanto come, para checar quão satisfeito você já está
- desligue a TV, ligue a vida
- Não faça o mal, aja pelo bem, purifique a mente. (Buda)
- aprenda a língua do país que você está visitando
- sente-se e pense de verdade numa atitude sua sobre a qual você tem dúvidas
- siga com o fluxo das coisas
- liberte aqueles que você ama — eles serão então livres para amar você
- combine cordialidade com compreensão
- tome um chá aromático no seu desjejum
- **seja específico e direto sobre aquilo que você deseja expressar**
- busque pechinchas num mercado de segunda mão
- embrulhe uma peça de roupa que alguém sempre pega emprestado e ofereça de presente
- abandone as suposições
- considere dar a um adolescente um meio de comunicação — um bipe, um celular etc.
- colecione *koans* Nanto, que apontam para um lugar sutil além de todos os opostos e que levam à tranquilidade
- pare de usar copos descartáveis
- seja gentil consigo mesmo quando falhar, decepcionar ou não corresponder a sua própria expectativa
- saboreie a liberdade
- anote as coisas; a sua mente só pode conter mais ou menos sete porções de informação ao mesmo tempo
- faça vinte e seis rolamentos de pescoço em forma de oito para o seu quinto *chakra*
- comece o dia com chá de hortelã

- **preencha metade do seu estômago com comida, um quarto com líquidos e deixe o resto vazio**
- compartilhe a sua força
- suba numa árvore para um construtivo sonhar acordado
- encontre um ótimo entretenimento que não seja a TV
- use uma colônia favorita todos os dias
- pense no tempo que você gasta esperando como sendo um tempo livre
- onde houver enganação ofereça a verdade
- aproveite aqueles momentos em que você pode respirar profundamente e se recompor antes de prosseguir
- conheça o seu esporte: suas exigências, seus riscos, seus benefícios, suas preparações
- em noites frias na serra, use sua lareira
- **ofereça-se para trabalhar em uma campanha política**
- leve uma vida irrepreensível
- seja como a montanha diante de um vento forte: firme e inabalável
- prepare alimentos especialmente reconfortantes para alguém que está doente
- não desperdice nenhuma oportunidade de brincar e de rir
- vá logo para casa na véspera de Natal ou de outras festas religiosas
- reconheça seus erros
- dê a seu pai uma fita com *shows* de rádio de antigamente
- aja como o personagem e você se tornará o personagem
- caminhe com desenvoltura
- pare, sente, respire, ouça, olhe, sinta, cheire
- pergunte o que você pode fazer para chegar ao seu objetivo
- apoie as culturas orgânicas
- convide amigos para participar de uma celebração

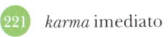

karma imediato

- deixe de lado as coisas rotineiras da sua vida enquanto estiver cozinhando
- descubra *Marma* puntura, o equivalente ayurvédico da acupuntura
- encontre pelo menos uma coisa da qual você possa abrir mão todo dia
- não apenas se afaste de pessoas negativas: fuja delas!
- sirva xícaras de chá quente para alguém que fez uma caminhada no frio
- cultive a virtude utilizando aquilo que você lê, ouve e observa
- conduza cada transação com integridade e honra
- **esteja aqui agora**
- mergulhe num assunto que lhe interessa
- doe um computador a uma escola
- aprenda a ficar sozinho
- deixe-se motivar pela compaixão e pelo Caminho
- experimente *biofeedback*
- siga com confiança na direção de seus sonhos
- pergunte a si mesmo diariamente como você pode diminuir seu consumo de produtos de papel
- envie um cartão postal a seus avós
- tente se divertir com coisas que você costumava levar a sério — por exemplo, quando alguém lhe dá uma cortada no trânsito ou cruza repentinamente à sua frente na calçada
- alegre-se com os encantos de seu cônjuge
- salve a você mesmo em vez de tentar salvar a humanidade
- assuma a responsabilidade pela sua parte dos relacionamentos
- organize, mas somente depois de simplificar
- nade em mais rios

- seja um exemplo de caráter
- pratique ioga enquanto espera a roupa secar
- tenha tempo para percorrer velhos álbuns de fotografia
- esqueça o ontem e esqueça o amanhã; você não pode ter o ontem de volta e o amanhã na verdade nunca chega
- faça um curso num centro de trabalhos manuais
- acredite que você irá se refazer depois de um revés
- esteja aberto à vida
- deixe moedas no jardim de alguém
- passe o tempo que puder em atividades prazerosas
- remova palavras como 'não posso' do seu vocabulário mental
- comece seu dia lendo os quadrinhos
- fique debaixo de uma cachoeira
- compartilhe
- dê beijos extras
- seja o cobertor elétrico de seu parceiro
- leia livros sobre o Zen e o Tao
- a Compreensão Correta do Budismo significa reconhecer a unidade de todos os seres
- concentre-se na rotina diária
- pare de fingir na frente dos outros
- supere o medo
- use o verde, a cor da sorte no *feng shui*, para acalmar a energia de sua casa
- perceba que uma coisa especial é frequentemente muito simples
- envie flores frescas regularmente a um asilo de idosos local
- seja tão educado com seus filhos quanto você quer que eles sejam com você
- certifique-se de que haja toalhas limpas e secas no banheiro

- resista à tentação de julgar os outros e falar deles
- ajude uma criança a criar um livro 'Sobre Mim' com fotos, amigos, *hobbies* etc.
- dê de presente ingressos que você não pode usar
- **tenha olhos somente para seu parceiro**
- os espaços entre nossas palavras são normalmente mais profundos que a tagarelice
- mantenha sua boca doce e limpa
- abandone as superstições
- faça a sua própria comida de bebê
- sente na biblioteca e sinta o cheiro dos livros
- mantenha seu animal de estimação na coleira
- lembre-se de ser paciente
- faça um retiro espiritual
- ponha o dinheiro em seu lugar
- compre aquilo de que você precisa e compre aquilo que você ama
- planeje suas refeições como se cada uma fosse uma natureza morta
- cuide dos animais e da casa de seus vizinhos quando eles viajarem, e peça que eles façam o mesmo quando você viajar
- escreva poesia para você mesmo ou para outros
- visualize o seu futuro
- **tenha plantas em abundância para que elas absorvam dióxido de carbono**
- deixe estar
- coma em intervalos regulares
- vá à estreia de uma peça
- explore lugares novos, seja sempre curioso
- alegre-se antes de oferecer um presente, e ofereça-o graciosamente

- evite alimentos quentes e gordurosos no verão
- quando meditar, concentre-se em um dos *chakras*, como o que fica entre as sobrancelhas, ou o do coração
- coma em casa mais frequentemente
- desafie suas presunções
- leve seu cachorro para nadar numa tarde quente de verão
- saiba o que fazer quando seu corpo fica mal
- dê uma festa de aniversário de casamento para seus pais
- comece a eliminar sua necessidade de perfeição
- encontre uma outra utilidade para algo que não está sendo usado
- doe seus livros para igrejas, hospitais, centros de reabilitação ou prisões
- espere com paciência a perda de peso
- quando comer, só coma
- busque oportunidades de conferir validade aos outros
- seja grato a alguém que demonstrou generosidade de espírito
- O trabalho é o amor tornado visível. (Khalil Gibran)
- *karma* quer dizer que você não se livra de nada
- dê presentes significativos nos dias de comemorações
- faça tudo o que puder para criar harmonia
- ganhe o respeito de pessoas inteligentes
- esteja consciente do efeito de bola de neve que têm seus pensamentos
- seja gentil, seja amável, seja atencioso, seja afetuoso, seja compassivo, seja justo, seja generoso
- ajude crianças a pensarem por si mesmas
- antes de sair da cama toda manhã, use cinco minutos para ouvir, ver, cheirar, respirar, observar
- celebre cada novo dia com uma boa ação

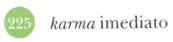

- tenha como certo que as coisas irão dar errado
- **para viver uma vida criativa você precisa perder o medo de estar errado**
- nunca se apresse
- imagine viver a sua vida sem julgar os outros
- esteja sempre disposto a ajudar sua família
- faça uma lista das suas boas qualidades
- fortaleça suas habilidades
- marque um almoço com um amigo que lhe dá força
- cumprimente pessoas da família com um beijo e um abraço
- invista em algumas fitas de áudio engraçadas para um amigo que esteja doente
- leve fotos das pessoas que você ama na sua carteira
- resista às mensagens que só insistem em que você coma, coma, coma
- diga "NÃO" a casacos de pele
- viva a sua vida como se o tempo que lhe sobra fosse uma surpresa agradável
- estabeleça prioridades em vez de ficar sobrecarregado com tudo o que precisa ser feito
- feche portas silenciosamente
- incentive qualquer pessoa que estiver tentando aprimorar-se
- determine objetivos flexíveis para você mesmo
- conte com o fato de que você tomará boas decisões
- pelo menos uma vez por dia, sente-se e faça nada
- quando já for a hora certa, explique a seus filhos como os pássaros e as abelhas fazem aquilo
- aprenda as regras do mapeamento da mente, cuja intenção é ajudar seu julgamento e sua compreensão
- tenha sem possuir
- participe de um programa holístico de cuidados com a saúde

- quando fizer uma boa ação, sinta-se grato por ter tido a oportunidade de fazê-la
- melhore sua flexibilidade
- mergulhe no mundo de uma criança
- **faça um bolo de aniversário**
- para ver as alegrias dos outros como suas próprias, aprenda o caminho do desprendimento
- entre no fluxo da espiritualidade
- aprenda a demonstrar entusiasmo, mesmo quando não sentir
- disponha-se a conhecer os amigos de seu filho
- relaxe e realinhe-se deitando na horizontal, com a sua cabeça levantada alguns centímetros e apoiada
- carregue consigo um talismã portátil
- consulte um especialista quando for o caso
- tomar conta do planeta é tomar conta da sua própria casa
- estude as tradições espirituais do mundo para aprofundar a sua compreensão
- envie um *e-mail* ou deixe um recado no correio de voz de alguém só para dizer "eu te amo"
- encare a sua idade com senso de humor
- saiba que você pode dar conta de qualquer coisa
- respire total e completamente para ganhar clareza mental e resistência física
- deixe que outros expliquem o lado deles da história
- periodicamente, pare e traga você mesmo de volta ao presente
- olhe para sentimentos desagradáveis e perceba que eles passarão
- limpe sua mente de toda confusão, das coisas que não lhe fazem bem

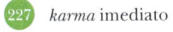

karma imediato

- **resista à tentação de se gabar**
- a absorção total na tarefa é zazen
- um bom pai é aquele que ajuda seu filho a cuidar bem de si mesmo
- deixe que o *dharma* lhe ensine e ele se tornará a sua verdade
- projete e ajude a construir um *playground* para crianças
- proporcione uma sensação de segurança
- leia *1001 maneiras de ser romântico*
- escove o cabelo de alguém
- acalme-se
- diga 'obrigado' conscientemente e de coração
- encontre uma maneira de enxergar algum lado positivo em toda causa de insatisfação
- corrija transgressões, não se deixe ficar nelas
- quando se sentir fora de controle e ressentido com tudo que você precisa fazer, a melhor estratégia é relaxar e respirar
- ofereça de presente uma sessão com um *personal trainer* para uma nova mamãe
- durma uma hora a mais quando precisar
- aprenda sinônimos para palavras que você usa muito
- encontre o seu melhor eu
- apego a 'como a vida deveria ser' é o maior empecilho no caminho espiritual
- planeje proezas físicas para celebrar aniversários importantes
- pare de tentar fazer tudo
- quando tomar um café, vivencie o momento
- venda uma casa que é cara demais para manter
- certifique-se de que seus pés estejam aquecidos antes de ir dormir

- aprecie um pôr do sol em tecnicolor
- pergunte a si mesmo, 'o que esta pessoa está tentando me ensinar?'
- conserte algo sem que alguém peça
- seja a pausa que refresca
- pratique escutar os intervalos entre os sons
- floresça na paz interior
- trabalhe em conjunto
- arranje alguns minutos para ficar sozinho de manhã com seus planos pessoais, seus pensamentos, seus sentimentos
- não force você mesmo além da sua zona de conforto
- recuse-se a deixar de aprender
- seja agradecido às plantas
- esquente as meias de alguém
- dê nova vida a móveis antigos
- seja sincero naquilo que diz
- convide amigos para demonstrar uma nova receita
- ajude a encontrar lares para bichinhos abandonados
- arranje tempo regularmente para avaliar seus objetivos
- procure indícios por dentro das coisas
- escute os sons concentrando neles sua atenção, como forma de meditação
- deixe o medo passar ao largo
- jogue a culpa para o alto e deixe que o vento a carregue
- a meditação e os esforços espirituais verdadeiros trazem um desenvolvimento dinâmico
- identifique-se mais com a parte interior de seu ser — a parte que não envelhece
- conscientemente deixe de lado a tensão e a tendência à compulsão
- reconheça as boas coisas sobre o seu parceiro

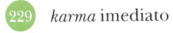

karma imediato

- crie um 'tempo em família' todos os dias
- tire fotos dos 'grandes' acontecimentos na vida de seus filhos
- seja forte e também afetuoso
- desenhe a beleza à sua volta
- use objetos de *feng shui*, como espelhos e cristais, para um harmonioso fluxo de *chi*
- dê atenção aos machucados de uma criança, não importa quão pequenos eles sejam
- aprenda um truque de mágica para crianças
- **leia um manual de escoteiro ou bandeirante**
- ouça com compaixão
- ao fim de cada dia, deixe seus pensamentos vagarem por algum tempo
- use lavanda para ajudar o sono a vir
- cozinhe receitas *gourmet* em vez de gastar dinheiro em um restaurante
- dê a si mesmo permissão para fazer nada
- busque as definições
- tenha um bom coração
- viva de forma que o seu comportamento não cause nenhum embaraço
- nunca odeie, nunca resista, nunca entre em disputa
- surpreenda alguém que você ama com uma caixa de chocolates
- escreva logo um bilhete de agradecimento
- leia um dicionário do seu campo de atividades ou da uma área de seu interesse
- tente suprimir seu crítico interior
- sirva-se de tudo o que você sabe
- liberte-se da amargura

- para um leitor ávido, compre um carimbo que diga 'A Biblioteca de (Nome)'
- massageie o couro cabeludo de alguém
- **seja sensível quanto aos limites dos outros**
- escreva algo ao fim de cada dia
- ajude um vizinho a pendurar as suas decorações de Natal
- trabalhe como voluntário em uma biblioteca
- aceite as situações sem tentar mudá-las
- trabalhe/sirva/contribua
- doe dinheiro para a sua universidade
- relaxe sem usar substâncias químicas
- deixe o trabalho no trabalho e a vida em família em casa
- curta permanecer calmo quando as pessoas a sua volta não estão
- alimente seus convidados mentalmente, fisicamente, espiritualmente
- um mantra pode ajudá-lo a se sentir mais energizado
- uma coisa concluída vale por dez coisas penduradas
- apoie políticos que trabalham por sistemas e seguros de saúde acessíveis
- use sua intuição para saber se o que você quer é baseado em amor ou em medo
- frequente aulas de culinária saudável
- faça do senso de humor o seu melhor recurso
- **dê boas-vindas dignas de um tapete vermelho**
- peça desculpas mesmo se você achar que tem razão
- estimule a curiosidade nos outros
- pare com o trabalho apressado
- quanto mais você pensar nos outros, mais feliz você será
- libere seu marido de uma tarefa tipicamente masculina de vez em quando

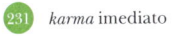

- **pense os pensamentos mais interessantes**
- exercite suas papilas gustativas: coma algo azedo, acre ou picante
- imagine você mesmo livre de incômodos, dores, doenças e tensão
- sirva o jantar com arte
- nunca pare de se adaptar
- tome seu chá devagar
- feche os olhos às falhas alheias
- tenha tempo para respirar, absorver, acessar
- pare de se reaproximar das mesmas pessoas para receber as mesmas rejeições
- pense sempre duas vezes
- viva a sua vida como se mesmo os cantinhos mais secretos da sua alma fossem visíveis para os outros
- colecione *koans* Goi, que são difíceis, mas nos levam a ter discernimento quanto ao que é aparente e o que é real
- a maneira de permanecer jovem é manter a sua fé jovem
- una-se a um grupo político que seja razoável, ponderado e com boas intenções
- nós precisamos é de menos: menos ganância, menos medo, menos ódio, menos preconceito
- goste de ouvir
- faça o inesperado
- periodicamente, examine suas gavetas, armários e estantes, e livre-se daquilo de que você não mais precisa
- inicie um aplauso de pé
- pratique a não violência
- ponha papel de parede em um aposento para a sua mãe
- faça os outros rirem
- aplauda até mesmo o menor dos sucessos

- dê alimentos naturais aos animais
- use o mantra *om shanti shanti shanti* para equilibrar e trazer paz ao corpo, à mente e ao espírito
- seja apaixonado pelo mundo
- pare de pensar em como você gostaria que as coisas fossem e perceba quão boas as coisas já são para você
- jogue fora três quartos dos papéis que estão em seus armários
- use canções que se cantam ao redor da fogueira como mantras
- telefone para o seu parente mais idoso e visite-o regularmente
- Cada vez que um pensamento surgir, jogue-o fora... os pensamentos são como nuvens — quando as nuvens se dissipam, a Lua aparece. (Daito)
- **reconheça as contribuições de seus colegas**
- mostre o caminho a um viajante
- dê o primeiro passo com um bom pensamento, o segundo com uma boa palavra, o terceiro com uma boa ação
- do que você poderia abrir mão para se tornar mais leve?
- saiba que a cada momento você está criando algo para o futuro
- ensine crianças a ficarem um momento sozinhas sempre que precisarem
- viva de forma magnânima
- apoie a si mesmo provando a sua capacidade
- patrocine os desfiles locais
- ouça a alegre e ritmada *Suíte Quebra Nozes* de Tchaikovsky
- pendure um sino de vento com um som agradável em frente à sua casa ou ao seu escritório
- aceite sempre uma mão estendida

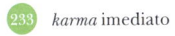

- ofereça ajuda se vir um vizinho em dificuldades
- seja grato pela dádiva de cada dia
- curta a tranquilidade limpa e fresca de uma manhã no campo
- Genialidade é paciência infinita. (Miguel Ângelo)
- **ande com a cabeça erguida**
- esteja determinado a viver uma vida feliz
- estude muito, qualquer que seja o assunto
- pratique a atenção plena na cozinha
- deixe uma guloseima na despensa para que alguém a encontre
- acondicione bem seu lixo em respeito ao gari
- ria com os outros
- use fio dental
- abra as portas de sua casa para alguém que está precisando de ajuda
- confie em que você vai conseguir atravessar tempos difíceis
- para ter paz de espírito, ponha sua cama de frente para a porta
- sente para meditar sem pensar em resultados ou ganhos
- dê uma direção específica ao seu pensamento
- antes de ir para a cama, anote três coisas que podem ajudá--lo a resolver um problema
- seja o 'cavaleiro na armadura brilhante' de alguém
- irradiando bondade, a bondade voltará para você
- valorize toda a ajuda que você recebe ao longo do caminho
- erradique toda a influência da mídia na sua vida (televisão, rádio, jornal) para ajudar a limpar o seu *karma*
- mude a escova de dentes regularmente
- paquere seu parceiro, com toques no pé por baixo da mesa, piscadelas furtivas, sorrisos significativos...

- dirija com cortesia quando se juntar ao tráfego de outra pista
- pare de fazer críticas ou julgamentos
- plante bulbos de tulipas ou de narcisos para doar a um asilo
- ponha uma flor do campo na sua lapela
- apoie as escolas locais
- ofereça uma festa para o elenco de uma peça de escola depois da apresentação
- passe todo dia quinze minutos aprendendo uma língua estrangeira que você sempre quis aprender
- faça poucas promessas
- limite seus pensamentos a um só assunto quando for dormir
- faça alguém sorrir
- use a cor azul em quartos de dormir para uma boa noite de sono
- viva sem televisão
- envie cartas carinhosas
- use o transporte de forma consciente
- **faça a sua vida ser mais do jeito que você quer que ela seja**
- crie um *kit* para emergências
- convide amigos para virem visitá-lo
- tire as ervas daninhas e cuide do seu jardim
- mantenha a entrada da frente e os corredores completamente livres
- acalme a sua mente com três respirações profundas
- agradeça aos seus fregueses
- proteja toda vida que seja mais frágil do que a sua
- dê apertos de mão com entusiasmo
- compre um roupão de banho ou uma camisola para seu parceiro ou sua parceira

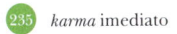

- compartilhe conhecimento livremente
- prepare a refeição favorita de seu amado
- evite usar inseticidas
- desenrole o tapete de boas-vindas
- preste atenção, fique relaxado, curta o que você faz
- diante do medo, esteja disposto a agir
- busque a consciência daquilo que você já sabe
- convide um idoso para um jantar ou um filme
- saiba quão preciosa e doce a vida é
- faça perguntas produtivas
- o Zen significa que se você quer saber o que é uma melancia, tem de pegar a melancia, pegar uma faca, cortar a melancia e pôr uma fatia na boca — é uma experiência sua
- seja uma pessoa fácil de lidar
- seja a diferença na vida de alguém de quem você gosta
- seja famoso por ter brio
- torça por seus filhos em eventos esportivos
- coma aproximadamente no mesmo horário todos os dias
- traga à tona o melhor que há nos outros dando você mesmo o exemplo
- agarre todas as oportunidades
- **comece a sua prática de generosidade doando coisas materiais**
- arrume um café da manhã na bandeja para alguém, completando-o com uma flor em botão e palavras cruzadas
- cuide de enfermos como cuidaria de si mesmo
- **lembre-se de quem você sabia que era quando era criança**
- dê dinheiro à noiva e ao noivo, mesmo se você tiver dado um presente
- Pratique a não ação e tudo encontrará seu lugar próprio. (Lao-tzu)

- sinta o cheiro da grama verde
- a gentileza tranquiliza a mente
- divirta-se
- pelo menos uma vez por dia, diga a seu parceiro o quão incrível ele é e que você o ama
- nosso lar, nossos filhos e nosso corpo nos são dados por pouco tempo — cuide deles com atenção e respeito
- conserte uma luminária com a ajuda de um livro sobre 'faça você mesmo'
- segure a porta para os outros
- encontre consolo em todas as coisas
- peça perdão àqueles que você magoou
- seja alguém com quem é fácil conversar, gentil e sem orgulho
- substitua rigidez por flexibilidade
- monitore o seu consumo de açúcar, sal, cafeína e álcool
- exercite-se de manhã cedo para acelerar seu metabolismo
- quanto mais criativo você for, mais seus filhos irão se divertir
- seja capaz de dizer "eu mesmo fiz"
- estude filosofia
- tenha um jardim dentro de casa se não houver outra opção, mas tenha um jardim!
- abandone a sua necessidade de se envolver demais
- abrace alguém com ternura quando ela estiver chorando
- acorde no primeiro dia do ano sabendo que não passou vexame na noite anterior
- se estiver com congestão nasal, borrife um pouco de óleo essencial de eucaliptos em volta do seu travesseiro
- cultive as sete virtudes: caridade, fé, coragem, esperança, justiça, prudência, temperança

- envie um bilhete de agradecimento à professora de seu filho
- lave suas mãos e seu rosto com água fria para neutralizar ou descarregar o *chi* de natureza *yang*
- ajude a vovó a assoprar as suas velas de aniversário
- dê mais do que você tinha planejado dar
- a abordagem Zen para a preocupação é simples: simplesmente não se preocupe
- seja um bom perdedor e um bom ganhador
- não encha seu corpo com porcaria
- alimente um beija-flor
- empregue babás bem-treinadas
- encontre paz com o que você tem e com quem você é
- use detergentes biodegradáveis
- não leve nada para o lado pessoal
- aprenda com sua tristeza e com a sua dor
- participe de atividades desafiadoras em vez de fáceis
- coma alimentos ricos em ferro, como cereais fortalecidos, tofu, grãos integrais e legumes
- comprometa-se a fazer o que for possível
- A felicidade está em nunca parar para pensar se você está feliz. (Paul Sondreal)
- **não existem erros na vida, só lições**
- preste atenção aos seus impulsos
- desista de tentar estar sempre certo
- tenha amor e lealdade ao seu país
- O que é essencial é invisível aos olhos. (Antoine de St. Exupéry)
- cumpra prazos
- um ambiente arrumado e limpo conduz a um correto viver e um desobstruído pensar
- aja com coragem até realmente se sentir corajoso

- use roupas de ginástica coloridas para um *feng shui* positivo
- esforce-se para confiar nas pessoas
- encha a sua mente com pensamentos saudáveis
- esteja alerta para as interconexões
- limpe os armários periodicamente
- goste de todos os amigos de seu parceiro
- um ato de amor traz frutos de amor
- agir com dignidade pode trazer grandes benefícios
- pratique fazer trabalhos que não trazem nenhuma recompensa
- não dramatize demais os percalços da vida
- faça uma prece para se equilibrar
- não tente convencer outros de nada
- considere o fato de que o seu sofrimento vem da sua atitude e não das experiências em si mesmas
- não se chateie com bobagens ou com acidentes comuns e inevitáveis
- faça uma lista dos lugares aonde quer ir e faça do planejamento das férias um *hobby*
- apoie organizações internacionais de alimentação
- Aprenda a trabalhar e a esperar. (Henry Wadsworth Longfellow)
- doe generosamente a causas que permanecerão muito além da sua vida
- veja o que acontece se você simplesmente observa e escuta
- não critique
- acorde mais cedo e caminhe até o trabalho
- torne-se um eterno otimista
- participe de pelo menos uma organização comunitária
- pratique deixar que passem ao largo as decepções
- dê a algo a sua mais devota atenção

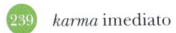

- **incremente o 'estar juntos' em família**
- lembre-se de que mais nem sempre é melhor
- seja um defensor dos direitos humanos
- envie sem assinar um cartão de Dia dos Namorados para a pessoa de quem você está a fim
- leia o manual do seu computador
- dê a crianças presentes que são movidos a imaginação
- caminhe descalço sobre a grama
- celebre novos começos com um churrasco vegetariano
- não se apresse — cada segundo, cada minuto da vida é um milagre
- tenha fé na prática de ioga
- reserve um tempo para exercícios
- livre-se das atitudes que fortaleceram seus aspectos possessivos
- faça uma doação diretamente a um morador de rua
- tente ter horários regulares para ir dormir e para acordar
- convide sua mãe para almoçar
- elogie cada melhora
- limpe debaixo do tapete
- ajude alguém que acabou de fazer uma operação de catarata
- passe muito tempo com seus filhos
- sente-se ao ar livre e olhe para a lua e para as estrelas
- ganhe energia gerando energia
- desenvolva mais o seu maior talento
- ponha um prato cheio de comida diante de um adolescente faminto
- seja o Papai Noel de uma festa de Natal
- faça um passeio oferecido pela Sociedade Protetora dos Animais

- dê a si mesmo tempo para se adaptar às mudanças
- a atividade é contagiosa
- submeta os problemas que você tem com seu peso a um Poder Maior
- **dê a seu filho um *feedback* preciso, que o ajude a entender a realidade**
- use o que está à mão para simplificar a sua vida e a sua casa
- quando estiver diante de uma tarefa difícil, aja como se fosse impossível falhar
- acenda o fogo na lareira numa noite de verão chuvosa
- descarte todo ciúme
- ajude uma criança a escrever e ilustrar o seu próprio livro
- imagine que todos os sons são a voz do Buda — o cachorro latindo, a festa em altíssimo volume do vizinho
- limpe a mesa após uma refeição
- escove seus dentes com toda a atenção
- proteja os seus filhos de estresse quando possível
- tenha a mesma babá durante anos
- use purificadores de ar naturais e não produtos químicos
- ofereça-se para dar um carinho a bebês prematuros
- medite sobre o aspecto que você gostaria de ver crescer na sua vida
- deixe seu filho saber o respeito que você tem pela sua capacidade de aprender
- prepare a refeição especial de alguém em um momento inesperado
- Sejam ilhas em vocês mesmos; sejam refúgios em vocês mesmos; agarrem-se ao *dharma* como se fosse uma ilha; agarrem-se ao *dharma* como se fosse um refúgio; não busquem o refúgio em ninguém mais além de si mesmos. (Buda)

- tudo acontece por um bom motivo
- tenha à sua volta objetos com apelo sentimental ou estético
- peça desculpas com sinceridade
- é OK que você se sinta OK
- espalhe migalhas para os animais no inverno
- retroceda de sua própria mente para compreender todas as coisas
- acredite que a tolerância é uma virtude
- 'fume' cigarros de chocolate
- comova alguém com sua presença e afeto
- aja com integridade
- quando se sentir tentado a usar palavras como se fossem armas, pergunte a si mesmo o que você espera ganhar com isso
- rabisque
- coma alimentos ricos em vitamina C
- certifique-se de que todas as lanternas da casa estejam funcionando
- tente combinar um caminhar consciente com um respirar consciente
- tenha uma aula
- **permita que outros tenham razão; pare de corrigir**
- tome decisões duras com um coração mole
- aprenda os macetes
- curta pensar em reencarnação
- sintonize-se com as mudanças sutis no tom, no volume e na inflexão de voz de quem está falando
- retribua o perdão e a tolerância
- dê uma carona a alguém que tenha deixado o carro na oficina
- quaisquer sementes que você plantar brotarão e se tornarão plantas

- coma algo verde
- chegue mais cedo do trabalho para dar uma mão ao seu cônjuge
- elogie os pais de uma criança bem-comportada
- saia com seus filhos depois do jantar para ir tomar sorvete
- selecione um livro inspirador e tenha-o sempre à mão para dar aos amigos
- escove seus dentes logo após uma refeição
- esteja totalmente disponível para uma criança durante um evento especial ou durante as férias
- reconheça todas as coisas boas
- use o talento dos outros, mas não abuse dele
- ame
- **aja sem esperar nada**
- continue sendo cortês na longa fila do caixa
- descubra para onde está indo — e então tome o caminho mais fácil para chegar lá
- escreva bilhetes agradecendo às pessoas pelo que você aprendeu com elas
- **observe um exército de formigas trabalhando**
- quando cozinhar, faça-o por gostar de cozinhar
- aja com uma mente pura e a felicidade o seguirá
- seja um benfeitor
- facilite o crescimento de outros
- respeite os pensamentos silenciosos de alguém
- devolva as coisas ao seu lugar
- tenha um estoque de adesivos para dar a crianças
- livre-se da necessidade de consertar outra pessoa
- compreenda o aspecto espiritual do simples viver
- enriqueça o seu tempo com amigos sendo atencioso, aberto e carinhoso

- pendure três moedas em uma corda ou fita vermelha do lado de dentro da porta da frente para manter a prosperidade dentro de casa
- dê um presente anonimamente
- converse consigo mesmo quando estiver com raiva
- esteja adequadamente preparado
- se for praticar apenas uma postura de ioga, pratique *savasana* (a Postura do Defunto)
- aprenda a aprender
- exercite a sua alma
- aja com entusiasmo
- julgue os seus atos pelo valor do que eles produzem
- use menos coisas
- ao acalmar a sua mente você começa a acalmar o mundo
- envie a alguém algo que você sabe que despertará um interesse especial
- o Tao está sempre presente dentro de você, e você pode usá-lo do jeito que quiser
- comece a pedalar nos fins de semana
- admire a inteligência de outros
- esteja preparado para as surpresas que estão logo ali
- a única coisa que você leva daqui é a sua conta bancária cármica
- seja senhor dos seus apetites
- dê a previsão do tempo para alguém que estiver viajando no dia seguinte
- deixe que seu estômago lhe diga quando parar de comer
- tenha o coração de uma criança
- use uma capa de chuva de cor viva
- sempre deixe a porta aberta
- tente o relaxamento progressivo, contraindo e depois relaxando vários músculos

- ria — de novo — com a história favorita de alguém
- curta a camaradagem em volta da fogueira
- visualize seus objetivos logo antes de ir dormir
- tenha sempre consigo alguns de reserva
- faça trocas e permutas
- tenha tempo para ser brincalhão hoje
- veja como é o mundo do lado de fora da sua janela
- faça entre 5 e 10 minutos de massagem, do couro cabeludo até os pés, assim que acordar de manhã, usando óleo de jojoba ou de gergelim
- treine a sua mente a ficar de bom humor
- os seus três maiores tesouros são a simplicidade, a paciência e a compaixão
- seja inclusivo e tolerante, e não preconceituoso e crítico
- faça uma prece de reconciliação
- dê um pacote de arroz de presente para quem acabou de se mudar — o arroz representa sobrevivência, prosperidade e sustento
- torne-se um mestre das palavras
- faça grandes quantidades das comidas de que você gosta e congele porções extras para depois
- perdoe e esqueça
- respeite militares
- lute pela liberdade acadêmica
- durma o suficiente
- leia boa literatura diariamente
- a única pessoa que pode fazer você sentir alguma coisa é você mesmo
- vá receber seus avós no aeroporto
- seja grato às pessoas que mais dificultaram a sua vida
- arranje uma hora por dia para ler, refletir, criar

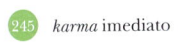

- ajude nos projetos da casa e do jardim
- esteja disposto a receber amor sem contendas
- curve-se enrolando a coluna para baixo e relaxe como uma boneca de pano, estique as pernas, respire, e desenrole voltando à vertical
- fique fora da correria
- tenha um relacionamento amoroso com seus filhos
- não compre algo só porque está barato
- leve seu almoço para viagem a algum lugar com uma bela vista
- divida as suas listas do que fazer em três itens: A = fundamental, B = necessário e C = trivial
- **deixe que outra pessoa seja o centro das atrações**
- pratique a generosidade de espírito
- ame as pessoas e as guie sem impor a sua vontade
- arranje tempo para relaxar
- insista em qualidade
- Não pergunte o que o seu país pode fazer por você, mas o que você pode fazer pelo seu país. (John F. Kennedy)
- diminua as suas exigências para com outros
- toda a sua felicidade e todo o seu sofrimento são criados pela sua própria mente
- dê presentes especiais de graduação
- faça seu trabalho com uma competência silenciosa
- viva com paixão
- dê a um animal de estimação a companhia da qual ele necessita
- **pague a colônia de férias de uma criança carente**
- não espere que outra pessoa tome decisões por você
- areje um quarto ou aposento por uma hora depois de queimar um incenso

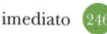

karma imediato

- busque experimentar sabores incomuns
- resista à tentação de dizer para as pessoas como as coisas devem ser feitas
- não deixe que uma única atividade domine o seu dia e você estará cultivando o equilíbrio interior e o contentamento
- seja um monitor de colônia de férias
- experimente *palming*: colocar as suas palmas em forma de concha sobre seus olhos duas ou três vezes ao dia por quinze minutos para melhorar a sua visão
- cuide daqueles que estão enfermos no corpo ou no coração
- leve uma criança para a biblioteca
- saboreie a arte da degustação
- dê de presente livros que incentivam o pensamento
- 'dê adeus e dê a Deus'
- aceite elogios e acredite neles tão facilmente quanto você acredita nas críticas
- arrume a sua escrivaninha antes de terminar o dia e ir para casa
- deixe que a outra pessoa fale a maior parte do tempo
- use os fones de ouvido com o seu aparelho de som
- compreenda os seus ritmos
- encha seu prato com mais legumes e menos carne
- dê uma longa volta de bicicleta
- desenvolva uma mente que não se apega a nada
- pare de lamentar o quanto as coisas estão indo mal
- escreva um diário que você adore
- arraste a si mesmo para fora da preguiça
- **tenha mais cuidado com como você gasta a sua energia do que com como você gasta o seu dinheiro**
- aprecie os momentos tranquilos e faça com que eles durem mais

- ria até suas bochechas doerem
- honre a preciosidade do tempo passando-o junto em família
- pratique o esporte de seus filhos com eles
- viva intencionalmente
- faça seus próprios cartões de Dia dos Namorados
- se alguém estiver dormindo, ande nas pontas dos pés
- viva os seus ideais
- saiba lidar com interrupções
- largue um emprego ruim
- trabalhe para a Anistia Internacional
- sente-se num balanço de varanda
- comece uma coleta de roupas para moradores de rua da sua vizinhança
- a cada erva daninha que você arranca você cria espaço para a grama fresca e verde
- transforme uma refeição em um banquete
- tome a estrada menos percorrida
- sentir raiva não é errado, mas expressar a raiva de forma improdutiva ou ofensiva é
- faça o esforço extra
- ame muitas coisas
- crie uma faixa de 'Bem-vindo de volta' como uma surpresa para depois do primeiro dia de aula
- aproveite ao máximo uma oportunidade de educação
- experimente uma meditação enquanto respira ou caminha, quando cada respiração ou cada passo é 'só' e o próximo é 'isso'
- vivencie o Zen da limpeza de casa
- se você pegar emprestado o carro de alguém, devolva-o com o tanque cheio

- lembre-se de que tudo pode acontecer a qualquer momento
- participe de uma reunião de conselho de cidadãos na prefeitura, do conselho de pais da escola, ou de qualquer outra reunião de qualquer grupo que lhe interesse
- dê à sua mãe e ao seu pai uma sessão com um fotógrafo
- use as técnicas da 'meditação caminhando' nas suas atividade diárias e rotineiras
- não importa quão problemáticas as pessoas da sua vida são, você sempre é a solução
- diminua a gordura da sua dieta
- remova um inseto da sua casa delicadamente
- considere aqueles que apontam as suas falhas como os seus professores mais benevolentes
- nunca pare de tentar melhorar você mesmo
- **compartilhe pensamentos e ideias**
- busque o céu
- leve para casa gatinhos que lhe são oferecidos
- melhore sua atenção e sua memória fazendo anotações
- Você não pode trilhar o caminho antes de se tornar o próprio Caminho. (Buda)
- participe ativamente de uma associação de pais e professores
- **mantenha as tradições da família**
- crie sua própria e singular vida
- explore caminhos diferentes em suas caminhadas e corridas
- de acordo com o *feng shui*, velas azuis, verdes ou turquesa aumentam a inteligência, o sucesso acadêmico, a sabedoria, a experiência e o autodesenvolvimento
- faça sacrifícios pelo bem da família
- compre uma flor exótica para si mesmo

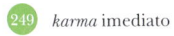

- vá a uma sessão da meia noite quando souber que poderá dormir até mais tarde no próximo dia
- faça e elimine de sua lista de tarefas algo que você estava com medo de fazer
- faça um curso por correspondência ou à distância
- seja o primeiro a dizer oi ou a dar um beijo
- organize uma partida de futebol antes de um jantar em família
- tire a mesa e lave a louça depois de uma refeição maravilhosa que alguém preparou para você
- desenvolva vários interesses além do seu trabalho
- esforce-se para dar uma perfeita assistência
- perceba como diferentes tipos de música o afetam
- medite para pôr a sua mente no modo operacional certo para o dia
- acredite que a vida vale a pena ser vivida
- viva a sua vida para outros — procure e encontre como servir
- compre uma caneca térmica para um amigo que viaja todo dia
- ajude uma criança a dominar a arte de amarrar os cadarços
- tudo importa
- deixe que cada convidado pendure um enfeite na sua árvore de Natal
- termine o trabalho para poder descansar nas férias
- se você não tem tempo para uma longa sessão de ginástica, tente duas mais curtas
- torne-se um motorista menos agressivo
- abrace a solitude
- manifeste sua apreciação ao cozinheiro comendo tudo que é oferecido

- ligue para uma pessoa mais velha regularmente
- aprenda a gostar de feijões e de nozes
- elimine *tenho que, deveria* e *poderia* do seu vocabulário
- em momentos tranquilos, concentre-se em uma forma criativa de resolver problemas
- inicie uma sociedade histórica local
- permaneça imperturbável diante do inevitável
- para os dias frios, deixe um suéter pendurado junto à porta
- **prefira estar feliz a estar certo**
- compre um par de óculos engraçados para cada membro da sua família
- ajude a criar um mundo não violento
- dê atenção a sons alegres
- transmita boas notícias — mas não transmita fofocas
- erradique desejos e abra mão deles
- aprecie a simetria reluzente de uma teia de aranha congelada ao nascer do sol
- *karma* quer dizer observar o seu corpo, observar a sua boca e observar a sua mente
- exponha seus filhos a coisas interessantes
- outorgue responsabilidade a uma criança
- **elogie um estranho**
- se você quer que tudo chegue na sua mão, abra mão de tudo
- faça parte de um clube do livro
- pare de enxergar o tempo como um inimigo
- todos nós podemos fazer muito mais do que pensamos poder, mas primeiro é preciso acreditar
- durma com roupas de dormir apropriadas em vez de com uma camiseta velha
- tente fazer você mesmo rir inclusive quando não vê muito motivo para rir

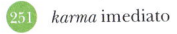

- opte por alegria interior, não poder
- desenvolver a sua própria natureza e abraçar a virtude é incorporar o Tao
- convide alguém para vir passar o fim de semana hospedado na sua casa
- **transforme o mundo transformando uma mente de cada vez**
- faça mais do que a sua parte
- ouça com um sentimento de humildade
- busque maneiras de ajudar a natureza
- ria da vida
- combata a fome
- jogue fora a correspondência de vendedores sem abrir
- escolha para seu filho um apelido que melhore a sua autoimagem
- não há nada que mantém seus sentimentos negativos a não ser o seu próprio pensamento
- é tão importante ter uma sólida prática de meditação diária quanto é importante comer
- participe de testes de degustação e de degustações de vinho
- caminhe três quilômetros depois do almoço
- perceba a impressão que sua vida e seus atos deixam em outras pessoas
- ponha um estojo de primeiros socorros no carro do seu filho
- diga olá sempre que cruzar com um vizinho
- aguente tudo alegremente, faça tudo corajosamente
- dê às crianças algumas tarefas de casa regulares
- Pense apenas naquilo que está logo ali, no que está bem diante do seu nariz para ser feito. É tão simples — e por isso as pessoas não conseguem fazê-lo. (Henry Miller)
- tenha tempo para ver o pôr ou o nascer do sol

- afofe o travesseiro de uma criança antes de ela ir dormir
- dance um pouquinho todos os dias
- reflita sobre como a vida depende de variedade
- ofereça o assento da janela ao outro passageiro
- aceite as suas experiências, mesmo as que você detesta
- reflita sobre a inevitável impermanência de relacionamentos
- aprenda as lições que a vida apresenta
- liberte-se do medo
- ponha as coisas em perspectiva lendo os registros de 'Hoje na História'
- raja ioga é a prática da meditação, de fundir o eu com o universo
- dê a um amigo uma lista com os dez melhores motivos pelos quais ele é maravilhoso
- sente-se no chão na posição de lótus
- ponha uma flor no para-brisa de alguém
- invente novas razões para celebrar
- mantenha seu quarto de dormir livre de entulho e com o mínimo de móveis para que o *chi* possa fluir facilmente pelo quarto
- devolva artigos emprestados sem danos
- faça o exercício de expansão do peito da ioga para esticar os ombros e os braços
- leve seus filhos para desfiles e parques
- marque compromissos com hora para começar e para terminar
- faça uma boquinha com um suco, frutas frescas, iogurte de soja, pipoca, nozes ou legumes frescos
- adote novas maneiras de pensar
- note a textura da sua comida

- tenha conversas animadas durante o jantar, mas não discussões
- tenha sempre à mão um par de tênis sujos
- alugue uma casa de férias, uma casa na praia ou na floresta e convide outras pessoas para virem celebrar com você
- curta as primeiras horas da manhã
- faça lanches criativos para as crianças
- vire-se pelo avesso e descubra o universo dentro de você
- torne-se consciente de sua raiva assim que possível
- diga oi para os animais
- viva para o momento
- participe de comitês de boas-vindas
- **esqueça os símbolos do sucesso**
- faça um curso de apreciação da arte em um museu
- tenha amigos que trabalhem tão duro quanto você
- **ajude alguém a trocar um pneu**
- medite do seu jeito
- pinte um aposento de uma cor da qual você sempre gostou
- faça algo fora do comum esta noite
- dirija com o rádio desligado
- consuma todas as coisas boas com moderação
- deixe que sua mente faça livre associação, usando os sons e os cheiros que você vivencia
- se você sabe que alguém está passando por um momento difícil, faça algo — qualquer coisa — para demonstrar que você se importa
- livre-se da energia excessiva, proveniente de tensão reprimida
- transforme medo em aventura
- levante-se quando o alarme tocar

- use o celular com parcimônia e cortesia
- cante todos os hinos na igreja
- nada tem nem a metade da importância que você normalmente lhe atribui
- certifique-se de que seus amigos saibam que você os aceita como eles são
- divida um *milk-shake* com seu filho
- ofereça-se para ajudar um vizinho num projeto de melhoria da casa, como, por exemplo, pintá-la
- faça um refresco ou um suco gelado nos dias quentes de verão
- fique tonto de tanto otimismo e de ser tão caloroso
- quando se sentir muito vulnerável, fique próximo do que lhe é familiar
- brinque de bater palmas com um bebê
- aprecie e alimente o potencial que existe em tudo
- traga para casa uma surpresa da confeitaria
- receba os vizinhos para uma festa de inauguração da sua casa nova
- lembre-se de como você desejou no passado coisas das quais você já não gosta
- alugue seus filmes favoritos
- seja um maravilhoso hóspede de fim de semana
- enquanto caminha, pense no que está fazendo e perceba como seu corpo sente o estar se movendo
- seja corajoso o suficiente para estar aberto e receptivo a novas possibilidades
- faça com que o seu lar seja um porto seguro
- enxergar a verdade nunca irá prejudicá-lo — irá apenas libertá-lo
- tenha uma noite semanal de diversão em família

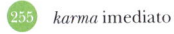

- faça uma prece para a ocasião
- experimente anotar os seus palpites e as suas intuições de todo dia
- dê a algo um tratamento de luxo
- **não deixe que discussões tornem-se brigas**
- desacelere e veja aonde está indo
- jogue bola com uma criança
- lembre-se de olhar para cima e apreciar o céu
- aja com franqueza
- seja um tutor voluntário em escolas públicas
- procure as ofertas, mas não seja mesquinho
- crie beleza
- perceba as reações felizes das pessoas
- expresse regularmente gratidão pelas riquezas da vida
- mergulhe em seus *hobbies*
- vá buscar alguém no aeroporto
- lembre-se de que a felicidade só pode ser encontrada dentro de nós
- seja tolerante consigo mesmo quando não conseguir fazer alguma coisa
- aprenda a fazer as pazes com o que quer que esteja acontecendo agora
- convide os filhos do seu cunhado ou da sua cunhada para um evento esportivo
- equilibre a sua dieta com uma boa quantidade de proteína e ácidos graxos essenciais, e uma modesta quantidade de carboidratos
- **tenha um papel ativo na educação de seu filho**
- dê preferência a um ambiente de vida e de trabalho mais despojado
- guarde as suas perguntas para o final de uma palestra

- faça uma lista do que fazer que não tenha prazos obrigatórios
- seja um estudante da vida, aprendendo sempre
- compre biscoitos numa feira beneficente para doá-los a uma organização de caridade
- demonstre a seus filhos que, independentemente do que aconteça, você sempre estará do lado deles
- nos momentos de desapego das coisas materiais você pode perceber o que realmente tem valor na sua vida
- faça da melhor maneira que souber, da melhor maneira que puder
- faça as pazes com o seu passado e com outras pessoas
- respire e relaxe o coração
- aceite que perder um mau hábito é um processo
- o *feng shui* é sobre tornar-se consciente de seu ambiente e aplicar princípios energéticos à sua volta
- tente vivenciar todas as coisas como se fossem novas em folha
- pare de fazer compras com um dinheiro que você não tem
- deixe que seja o que Deus quiser
- aceite que, à medida que você muda, os seus relacionamentos também mudam
- seja sensível com a pessoa que está ao seu lado
- perceba a beleza que antes pode ter passado desapercebida
- experimente uma compressa para os olhos feita com fatias de abobrinha banhadas em chá de camomila ou de gengibre
- deixe para trás velhos hábitos e velhas negatividades
- você não tem todo o tempo do mundo, portanto não o desperdice
- doe as suas coisas usadas

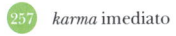

- tire o computador do quarto de dormir
- preste atenção quando alguém tiver um problema
- **tire longas férias**
- ache uma maneira de economizar um pouco de cada salário
- perceba as coisas
- responda a indelicadezas com gentileza
- pergunte; "Estou desperto? Onde está a minha mente agora?"
- julgue uma árvore pelos seus frutos
- aproveite as oportunidades para expandir o seu círculo de amigos
- **esforce-se para manter os seus relacionamentos bem vibrantes**
- uma fruteira cheia de frutas oferece sustento constante para você e para a sua família
- imagine-se fazendo um boneco de neve — descarregue todo o seu estresse nele — e então imagine o sol derretendo o boneco de neve junto com todo o seu ressentimento
- arranje tempo para compartilhar seus valores pessoais, as suas visões e os seus objetivos com seu parceiro
- visite amigos que estejam internados em um hospital
- tente não se permitir ser apressado, impaciente ou ansioso
- aferre-se a algo
- sirva um jantar de verão no jardim
- você pode se permitir ser vulnerável exatamente por ser forte
- deixe que sua inteligência seja guiada por uma motivação positiva
- o Zen exige atenção aos detalhes corriqueiros da vida — onde nós colocamos as coisas, como as pegamos

- apoie a fabricação com um mínimo de desperdício e poluição
- ilumine um canto escuro
- **lembre-se de que as suas decisões afetam outras pessoas**
- faça algo que contrarie todas as expectativas
- da próxima vez que você se sentir especialmente irritado ou zangado, pare e pense no que realmente o está incomodando
- alinhe seus pensamentos e suas emoções com suas intenções
- gaste o seu bônus com uma criança carente
- um projeto ou uma tarefa que você não quer realizar se torna exatamente aquilo que você cria: algo interessante ou uma chatice — a escolha é sua
- deixe uma cesta de flores como surpresa na porta de alguém
- **telefone quando for chegar atrasado**
- freie uma discussão na sua mente antes de abrir a boca
- compartilhe a sua fé
- preste atenção na maneira pela qual você interage com tudo à sua volta
- **ceda**
- adote um jardim abandonado
- certifique-se de que seu testamento esteja correto e em dia
- cada vez que, durante a meditação, você traz de volta a sua mente divagante, você enfraquece o ciclo compulsivo e fortalece a atenção plena
- recupere o seu senso de humor fazendo uma careta engraçada para você mesmo
- lembre-se do seu aniversário de casamento

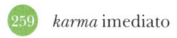

- diminua gradualmente as posses que roubam a sua energia
- aprenda a reconhecer os desejos sem ser controlado por eles
- perceba quanta concentração é necessária para acompanhar cada palavra de uma conversa
- faça algo para outra pessoa
- o que uma pessoa absorve em forma de contemplação, ela põe para fora em forma de amor
- encontre a sua cura para seu bloqueio de escritor
- anote todo elogio ou agradecimento que você recebe durante um mês — então leia toda a manifestação de apreço que você recebeu
- **encontre um lugar para escapar à realidade (de vez em quando)**
- aprenda a fazer uma coisa de cada vez
- levante-se quando a vida o derrubar
- a marca de uma pessoa moderada é sua liberdade em relação a suas próprias ideias
- sente sobre seus calcanhares com os joelhos e os pés juntos por dez minutos após uma refeição para ajudar a digestão
- use *mudras* (posições das mãos) em combinação com exercícios de respiração, visualizações e afirmações para atingir a paz interior e a quietude
- continue a fazer perguntas e a buscar respostas
- faça em vez de tentar; a persistência é a marca da fé
- medite na mesma hora e no mesmo lugar todo dia, se possível
- lembre a si mesmo de que não há nada que você precise obter que não possa esperar mais um pouco
- não veja *infomerciais*, não leia as notícias de ontem nem os horóscopos

- deixe que a música o transporte
- confie em que você saberá o que fazer quando precisar
- permita-se estar consciente do que está à sua frente
- ajude alguém a praticar um instrumento
- não se culpe pelos insucessos de seus filhos
- solicite um sonho especial
- seja um não conformista
- leia *Os oito talentos humanos*, de Gurmukh
- busque oportunidades de trabalhar como voluntário em algo que o ajudará a atingir seus objetivos de vida
- confie na sua sagacidade
- faça doações
- quanto do seu suado dinheiro é jogado fora com o prazer temporário de possuir coisas?
- dê um terno para um morador de rua que está procurando emprego
- leia *Boa noite, Lua* para uma criança
- aceite as suas limitações físicas
- vá a um evento beneficente por uma boa causa
- tenha uma boa impressão de você mesmo
- substitua hábitos antigos e daninhos por hábitos novos e construtivos
- lave as janelas do carro de alguém — por dentro
- tire todo o proveito do que acontece com você
- passe mais tempo na natureza
- surpreenda um vizinho novo com um prato de uma das suas especialidades
- leia livros de 'dicas e sugestões'
- faça a Postura do Arco para manter a sua coluna flexível, para tonificar seu abdômen e para diminuir a preguiça
- sente ao ar livre ao entardecer e veja a noite cair

- aprecie o cinema
- deixe que o ioga traga as respostas
- desentulhe
- dê a um adolescente uma placa de 'Não Perturbe' para o quarto dele ou dela
- reveja quais são as suas distrações
- seja o ouvinte mais atento
- estude *tai chi* com um professor qualificado
- tenha cuidado com tudo o que você pensa e faz
- tente ter uma mente cuidadosamente organizada
- um sorriso pode dar início a uma amizade
- seja o artista, o escritor, o criador do seu futuro
- deixe que seu filho ou sua filha pule na cama dele ou dela
- **ponha um casaco sobre alguém que adormeceu no carro**
- ajude alguém a levantar pesos na academia
- veja quão rico você é interiormente
- diga as palavras certas
- enxergue ao longe
- tente evitar beber durante as refeições
- vá a um lugar bonito para sentar-se calmamente e ler
- eleve conscientemente o nível de suas intenções
- abandone hábitos velhos substituindo-os por novos
- a compreensão flui naturalmente através do processo de uma entrega total
- limpe o espaço, literal e figuradamente, para que haja lugar para mais deleite em sua vida
- dê mais um passo quando achar que não consegue dar mais nenhum
- **dê uma caixa de ferramentas para um casal que está começando a vida juntos**
- sejam honestos uns com os outros

- dê um serviço de lavanderia de presente para um casal que acabou de ter um filho
- se você vender alguma coisa, ofereça a possibilidade de devolução
- nunca é tarde demais para demonstrar que você aprecia alguém
- dê às suas mãos uma simples massagem
- tolere tudo para realizar tudo
- limpe as solas dos seus sapatos antes de entrar
- **divirta-se com paradoxos e ironias**
- contemple a sua vida
- seja capaz de preencher inteligentemente seu tempo de lazer
- domine o interior, não o exterior
- compre um presente que o faça rir
- ame o que você faz
- compre um *kit* de trabalhos manuais para um idoso
- compre quadros de artistas locais
- ache maneiras menos tóxicas de lidar com uma infestação de insetos
- aprecie novas formas de música
- tenha uma estátua do Buda de frente para a porta, a posição do poder e da honra
- coma mais refeições sem carne
- tenha múltiplos talentos
- conte a alguém como está se sentindo e ouça as suas sugestões; então calmamente decida o que fazer
- apoie alguém nos momentos bons, nos momentos ruins e nos momentos péssimos
- faça o que tenciona fazer
- faça uma pausa de sessenta segundos antes de responder a uma pergunta

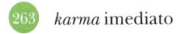

- visite alguém que adoraria vê-lo
- busque a luz no fim do túnel
- **saiba o que fazer em emergências**
- inspire e expire três vezes e observe o tempo desacelerar
- abra as janelas enquanto dirige e experimente a tessitura dos aromas
- ouça a sua voz silenciosa
- pratique ioga logo após o seu banho
- leve um lanche de casa na sua próxima viagem de avião
- identifique as cores que o fazem feliz — vista-as e decore a sua casa com elas
- vista-se de modo a cobrir seu corpo e proteger-se do frio
- tente não fazer grandes refeições tarde da noite
- converse com uma criança solitária
- trate você mesmo com gentileza
- acalme a sua mente pingando várias gotas de óleo de lavanda em um lenço e colocando-o sobre seu travesseiro
- encontre-se com seus amigos depois do trabalho
- tenha um papel ativo e positivo na cura da sua mente, do seu corpo e do seu espírito
- seja ágil no ouvir, lento no falar
- comemore o Dia dos Namorados
- faça uma viagem espiritual ou uma peregrinação a pé
- faça um *kit* de sobrevivência para alguém que está doente: revistas favoritas, livros, guia de tevê, sopa, sucos e um cartão de 'fique bom logo' feito à mão
- **ligue para seu melhor amigo**
- convide pessoas para uma refeição
- dê de presente o seu tempo e a sua energia
- não é apenas o que você diz — é como, quando e por que você o diz

- seja seu próprio disciplinador
- aprecie a comunicação não verbal
- ao relaxarmos, tudo acaba sendo feito
- o que mais importa é o que a mente ingere, absorve e devolve ao mundo
- deixe que seu coração permaneça sempre tão aberto quanto você sente que ele fica quando você doa alguma coisa
- sente-se e escute os sons da sua casa que você normalmente não percebe
- pratique as técnicas básicas de respiração *pranayama*, que oxigena as células profundamente e que expele toxinas
- pense antes de falar
- trabalhe por uma assistência médica garantida a todos
- dê risadas com as crianças
- doe um carro velho para uma instituição de caridade
- tenha na sua casa quantidades limitadas dos alimentos que tendem a ser consumidos com exagero
- carregue suas próprias compras para casa
- imagine você mesmo se comportando como, parecendo ser e sentindo-se uma pessoa confiante
- lembre-se de que a beleza é relativa
- **você é perfeito: seus erros são lições; as suas decepções são testes**
- tire do armário alguns dos seus jogos favoritos — Banco Imobiliário, Detetive, War — para jogar com seu pai e a sua mãe
- jogue fora os maus fluidos do seu carro de forma segura quando for fazer a manutenção dele
- imagine como a sua vida seria sem o seu mau hábito
- faça as coisas que você mais gosta de fazer, e faça-as frequentemente

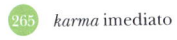

- elimine compromissos desnecessários
- faça todo o esforço necessário para a reconciliação e para resolver quaisquer conflitos, mesmo os pequenos
- mantenha seu ritmo
- tenha à mão uma lanterna antimonstro para uma criança
- cada momento em que conseguimos não querer é um momento de liberdade
- todo pensamento, toda ação, todo sentimento seu afeta o seu *karma* futuro para o bem ou para o mal
- diga uma palavra gentil a alguém
- tenha um aperto de mão firme
- saiba quando entrar no jogo e quando ficar na reserva
- não minta para absolutamente ninguém
- deixe que o Buda fale através de você com transformadoras palavras de aceitação, amor e compaixão
- leve a família para ir colher frutas
- peça ajuda a seus amigos ou a um profissional quando sentir que não está dando conta
- faça uma aula de redução de estresse
- sinta-se à vontade para questionar e investigar
- mantenha seu olhar na rosquinha, não no buraco da rosquinha
- mantenha no mínimo possível a quantidade dos brinquedos das crianças
- diga 'por favor'
- concentre toda a sua atenção em uma única pessoa durante o dia todo
- ajude a banir a caça recreativa
- **sempre aja como se houvesse outros observando**
- saiba sempre o que você está consumindo e o que está consumindo você

- envolva-se na escola de seu filho
- ouça fitas com palavras inspiradoras enquanto viaja para o trabalho
- envie bilhetes congratulatórios
- quando lavar a louça, torne-se completamente consciente de cada prato, da água, dos movimentos das suas mãos
- saiba o que o Dia do Soldado Desconhecido homenageia
- ensine a arte de tomar decisões com inteligência
- cultive o hábito do sucesso
- busque imitar os mestres de outrora, seguindo e respeitando os seus excelentes exemplos
- fale gentilmente com estranhos
- pratique *ujay*, ou o ato de inalar profundamente, para ajudá-lo a se lembrar de seus sonhos e a trabalhar com eles
- crie histórias para a hora de dormir nas quais a criança é o herói ou heroína de uma aventura
- o caminho é recompensa suficiente
- possua apenas o que for necessário
- olhe para as situações de um ponto de vista equilibrado
- dance uma valsa
- aceite graciosamente o fato de estar se sentindo triste, sabendo que sentimentos negativos passarão
- coopere
- respirar em três etapas significa exalar todo o ar, e então inalar enchendo a barriga, a caixa torácica e a área da clavícula antes de exalar novamente
- pense única e completamente no que você estiver fazendo num dado momento e você será livre
- esteja consciente de como você vive a sua vida
- deixe que os pequenos problemas permaneçam pequenos
- busque o lado bom nas pessoas

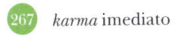

- convença um bilionário a se tornar um filantropo
- perdoe enganos
- ajude as mulheres envolvendo-se com abrigos, centros de prevenção de violência doméstica ou assistência a vítimas
- centre-se e concentre-se cada vez que falar
- dê uma caminhada na chuva para lavar a alma
- cultive estados de espírito salutares antes de ir dormir
- A dor é inevitável, mas o sofrimento é opcional. (Hermann Witte)
- lance olhares de adoração
- faça preces pedindo cura e longevidade
- leia com um dicionário bem à mão
- prestem atenção ao movimento dos carros, deem as mãos e fiquem bem juntos
- **você já tem tudo de que precisa**
- não mate nem faça com que outros matem
- mantenha o *dharma* sempre em mente
- a atitude correta é a chave para lidar com problemas
- pratique respirar entre telefonemas
- abandone o hábito de estar sempre no controle ou o hábito de sempre ceder
- toda semana, tenha um dia para não fazer a cama
- acrescente introspecção à sua respiração consciente
- faça o que você realmente quiser fazer
- torne-se mais consciente do que você fala e de como você fala
- vá dar uma caminhada para clarear a sua mente e para se distanciar das responsabilidades da casa, do trabalho e/ou da escola
- conserve a sua energia
- cante junto quando ouvir qualquer música animada, mesmo no mercado ou no restaurante

karma imediato

- compre uma bolsa na internet em vez de pagar mais em uma loja
- em vez de trocar presentes em família, doe uma ceia de Natal a uma família carente
- a mente deve estar cheia das palavras do *dharma*: as palavras corretas, as palavras que elevam, as palavras que ajudam, as palavras que acalmam
- tenha regras que sejam justa e consistentes para as crianças
- *karma* ioga é ioga de ações corretas e sem egoísmo
- parta do princípio de que outras pessoas irão fazer as coisas de maneiras diferentes e reagir diferentemente a uma mesma situação
- lembre a si mesmo de trabalhar para livrar-se do apego ao ego, do egoísmo, da possessividade, da agressão, do ressentimento, da confusão
- tente participar de peregrinações, preces e meditações em lugares sagrados de diferentes culturas
- aprenda a ser livre, disposto a tomar certos riscos, aberto a outras pessoas e novas ideias
- dê de presente uma assinatura de revista a uma criança
- dê uma gratificação a músicos itinerantes
- você pode fazer do lugar onde está um paraíso
- passe algum tempo sozinho no carro, lendo, entre as tarefas que precisa cumprir
- **reduza seus vícios e aumente suas virtudes**
- aprenda a arte de ser bobo
- doe livros para uma clínica psiquiátrica
- trabalhe como voluntário num abrigo para pessoas necessitadas
- acredite no potencial dos outros e ajude-os a atingi-lo
- aja como um turista

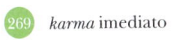

- aprender é a maneira de mudar a sua vida
- seja feliz com o que você tem enquanto trabalha para conseguir o que você quer
- use o método de organização de ESPAÇO de Julie Morgenstern: Classifique, Limpe, Encontre um lugar, Acondicione, Equalize
- ajude uma criança a aprender e a entender história
- quando estiver incerto sobre que direção tomar, faça a afirmação/meditação do mantra 'Eu sou'
- esforce-se mais para entender o que mais o amedronta
- não deixe que nada lhe escape!
- crie um estilo de vida mais autossuficiente
- compre um presente para seu filho no Dia das Mães como retribuição por ele ter feito de você uma mãe
- abandone planos e conceitos fixos
- telefone para um amigo com quem você não fala há tempos
- **deem-se as mãos no cinema**
- evite que um coração se parta
- esteja preparado para o inesperado
- honre a sua dignidade nata
- apoie negócios de minorias
- seja humilde e educado
- caia fora dos modismos
- melhore a sua atitude em relação a uma pessoa ou uma situação na sua vida
- interrompa seu parceiro quando ele estiver fazendo a barba para um beijo surpresa com creme de barbear
- ajude a manter o equipamento do *playground* da escola
- assuma a responsabilidade por aquilo que faz
- quando amigos se oferecerem para ajudar, deixe que o façam

- **ame a sua idade**
- quando expirar, saiba que está expirando; quando inspirar, saiba que está inspirando
- ofereça o seu assento a uma pessoa idosa
- leve uma lanterna aonde for
- lembre-se do prazer que é trabalhar
- tenha como objetivo fazer tudo com fluidez e elegância
- compreenda que as lições que você aprende são as formas que a vida tem de fazer você mudar
- pouse no momento presente
- para quê apressar alguns momentos só para chegar em outros 'melhores'?
- mude de uma maneira de ser centrada em si mesmo para uma maneira de ser centrada no espírito
- sente-se no chão e brinque com seus filhos
- busque a felicidade em todos os cantos da sua vida
- pergunte a seu filho ou sua filha se ele ou ela gostaria de aprender algo
- ignore as falhas dos outros
- livre-se da ambição
- pinte em aquarela cartões com receitas para dar de presente aos amigos
- ponha um bilhete de amor no livro que seu parceiro está lendo
- trabalhe como voluntário com doentes terminais
- **comece a cultivar um jardim de ervas**
- seja um rato de biblioteca
- adapte práticas monásticas de contentamento
- leve crianças a museus interativos
- busque a harmonia
- receba inspiração estudando escritos que descrevem o caminho da liberação

- desestimule jogos de azar
- dê um diário para que uma criança possa anotar seus pensamentos
- faça pequenos travesseiros em formato de coração para todos que você ama
- arranje tempo para indicar a direção certa a alguém que está perdido
- reduza o seu colesterol
- comemore cabelos grisalhos
- incentive a privacidade de crianças
- use o vermelho em aposentos onde haja muita atividade ou para estimular a paixão
- elogie seus colegas de equipe
- acorde com um aroma predileto
- abasteça um jovem estudante com créditos pré-pagos de telefone
- tome liberdades artísticas
- tenha paciência para desatar nós de correntes e de cadarços
- economize antes de gastar
- não tenha nada e viva em liberdade
- limpe a sua própria bagunça
- seja consciente de como suas atitudes influenciam o seu estado físico
- viaje com pouca bagagem para manter sua vitalidade
- demonstre respeito pelas opiniões dos outros
- responda a uma carta prontamente
- o caminho é o objetivo
- contribua de alguma forma para a comunidade em geral
- a verdade não pode ser encontrada por meio de debates ou discussões
- leia livros sobre como as coisas funcionam

- quando tiver muito o que fazer, faça uma lista
- curve-se ao vento como fazem as palmeiras tropicais
- desenvolva algum senso para os negócios
- pratique *tonglen* (termo budista, N.T.), enviando e recebendo, inalando o sofrimento do mundo e exalando paz e felicidade
- praticar significa estar situado no presente com um propósito
- escreva seus pensamentos à medida que eles surgem
- mel pode revitalizar a sua força e a sua resistência
- dê a um jardineiro um banquinho ou um tapete para ele se ajoelhar
- envolva-se com jardinagem, palavras cruzadas, e outras atividades que ajudem naturalmente a manter os pés na terra
- faça compras em lojas de rua em vez de no *shopping center*
- mergulhe nas coisas sem prestar atenção às resistências
- defina o que é importante e ignore o que não é
- melhore o meio ambiente por meio de limpezas, campanhas e educação
- **busque a elegância e não o luxo**
- não cause mal aos outros e você encontrará a felicidade
- abrace alguém enquanto adormece
- veja o seu corpo não como você mesmo, mas como o seu veículo
- ponha uma moeda em todo jukebox que encontrar
- doe sangue
- plante uma árvore
- expresse tudo que tem a exprimir, depois fique quieto
- **encontre maneiras melhores de lidar com as coisas**
- vá a eventos nas livrarias e bibliotecas da vizinhança — palestras de autores, leitura de histórias, clubes de leitura

- torne a usar um vestido antigo de dama de honra
- deixe um legado de bons sentimentos
- quanto mais coisas você planejar fazer, mais energia você terá
- aumente a sua beleza interior
- ponha toda a felicidade que puder em cada momento
- ensine boas maneiras na escola fundamental
- tenha uma conversa íntima com alguém que esteja precisando de uma
- experimente com plena consciência deixar de fazer uma refeição
- ofereça um 'oi' genuíno e um sorriso a quem você encontra
- esteja completamente presente
- quando estiver rodeado de outras pessoas, não fique pensando em si mesmo
- quando você se rende à dor, a dor passa rápido
- consiga não elevar a voz durante uma briga
- não viva apressadamente
- as suas palavras devem estar carregadas de convicção
- opte energicamente por ser positivo
- toque a trilha sonora do seu musical favorito e cante no chuveiro
- caminhe para levantar seu ânimo
- disciplina não é privação — é cuidado consigo mesmo
- se você se der conta de que está perdendo o interesse, renove seu foco
- experimente acupuntura para tratar de algo que o aflige
- reze por uma criança doente
- proteja o seu sono das preocupações ao agendar a 'hora para se preocupar' para muito antes da hora de ir dormir
- bloqueie o desnecessário

karma imediato

- encontre a expressão criativa
- não deixe as pessoas esperarem por você
- compre em barraquinhas de fazendas
- viaje
- faça perguntas que demonstram à outra pessoa que você estava escutando com atenção
- viva intensamente
- nunca desanime
- telefone para contar a alguém os bons pensamentos que você teve a respeito dele ou dela
- ajude seu patrão a causar boa impressão
- provoque mudanças, mas não tente forçá-las
- saiba articular as suas crenças mais fundamentais
- recorte artigos para seu queridinho ler
- use o penteado que combina com você
- torne-se um oportunista
- cultive a liberdade interior e a exterior
- pratique o amor incondicional
- dê de presente um excelente dicionário, um dicionário analógico, um almanaque e um atlas para um jovem que esteja ingressando na faculdade
- planeje as suas compras
- traga para a sua vida novas perspectivas quanto à prosperidade
- não diga "eu não lhe disse?"
- cria as suas próprias receitas
- tenha tempo para vir a conhecer o íntimo de alguém e para mostrar-lhe o seu
- acalme a sua mente através da prece silenciosa
- não baixe o astral de outras pessoas
- saboreie uma conquista

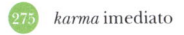

- respire profundamente e imagine que está trazendo sua energia de volta para o seu corpo; você imediatamente se sentirá mais arraigado, mais centrado e mais forte
- **esforce-se pelo progresso, não pela perfeição**
- ajude seu filho a se organizar, especialmente com as coisas da escola
- seja o primeiro a agir com amor ou a se reaproximar
- sorria mesmo quando tiver motivo para reclamar
- ponha uma guloseima debaixo do travesseiro de alguém
- caminhe/exercite-se/mova-se
- boicote produtos mal-acabados e produzidos sem valores éticos de trabalho
- sintonize na estação de rádio predileta de um carona
- ame, mesmo quando o ódio estiver por toda a parte
- aprenda a gostar de aprender
- seja o primeiro a fazer as pazes depois de um desentendimento
- o prazer está sempre no processo
- faça com que o seu assunto predileto continue a ser o predileto ao não falar sobre ele
- aprenda a diferença entre necessidades e desejos
- dê um tanque cheio de presente a alguém que acabou de tirar a carteira de motorista
- esforce-se constantemente para melhorar a sua educação
- tenha uma aula particular da Técnica de Alexandre
- coma peixe duas vezes por semana
- surpreenda crianças com uma parada para um sorvete
- passe tanto tempo quanto for necessário escutando alguém falar sobre o que o está incomodando
- explore a si mesmo e ao mundo com consciência e compaixão

- numa noite chuvosa, escreva longas cartas ou longos e-mails a velhos amigos
- deixe que seus arrependimentos acumulem poeira
- fique com pessoas de quem você gosta e que o fazem feliz
- ame alguma coisa só por ela ser como é
- reconheça até mesmo pequenas melhoras
- ponha um aquecedor na garagem para seu pai, ou, se for o caso, um ar-condicionado em seu escritório
- dê uma melhorada num parque público
- quando estiver ouvindo, não se impaciente
- o conhecimento de sua própria mortalidade é o maior presente que Deus jamais poderia lhe dar
- Reverencie o poder curativo da natureza. (Hipócrates)
- dê o melhor de si em toda atividade
- use a curiosidade como a melhor cura para decepções
- permita que o som entre em sua casa — sinos de vento, água, pássaros etc.
- cheque seus *e-mails* em horários determinados, em vez de permitir que cada mensagem o interrompa
- lave a roupa suja, isto é, faça as pazes com um velho amigo
- tente não acrescentar algo desnecessário ou supérfluo a sua vida
- vá de bicicleta até a lojinha de produtos orgânicos
- anote cada elogio que receber e leia-os quando estiver se sentindo por baixo
- distraia alguém que esteja recebendo uma vacina
- preserve a vegetação que serve de alimento para animais selvagens
- nunca é tarde demais
- o único controle que você exerce é o da escolha dos seus próprios pensamentos, das suas próprias palavras e das suas próprias ações

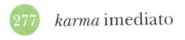

- ponha um pequeno ramo de flores em um copo e coloque-o ao lado da cama de uma criança
- experimente novos ingredientes e novas maneiras de cozinhar
- pratique a Postura das Sete Pontas (numa posição sentada, sentindo as pernas, os braços, as costas, os olhos, a mandíbula, a língua e a cabeça) para atingir calma e clareza mental
- termine cada dia com um abraço
- pense grandes pensamentos
- pare de tentar impressionar outras pessoas
- pendure a roupa para secar ao ar livre para economizar energia
- use a comida que você já tem na sua despensa
- faça compras com uma lista
- programe a ginástica para a manhã
- **prepare um jantar maravilhoso para sua mãe**
- faça simplesmente o que precisa ser feito
- limpe a neve da calçada e use-a para fazer um boneco de neve
- compre papel reciclado; reutilize o papel que foi impresso de um lado só
- abra-se, mergulhe nas coisas, seja livre
- renove a sua fé lendo literatura inspiradora
- trabalhe com os vizinhos num problema comum
- visite um lugar com um clima mais ameno nos dias mais quentes do verão
- prepare refeições que a sua família adora
- as pessoas com quem você se associa influenciam a direção que a sua vida vai tomar
- estique-se além do que é confortável

- toda manhã, faça um pedido para o dia
- envie um telegrama de congratulações
- quando você encontrar alguém que desfrute de beleza, riqueza ou felicidade, fique feliz por eles
- **queira o que você tem**
- enxergue a floresta e as árvores
- caminhe sobre algo macio com os pés descalços
- o Zen se preocupa somente com a experiência direta da intuição ou do plano físico
- proveja uma boa biblioteca caseira para seus filhos
- acredite que a própria vida cuidará de você
- se você tiver lampejos de gênio quando estiver tomando banho, caminhando, dirigindo, arranje tempo para anotá-los
- abandone uma convicção que o limita
- flexione o seu músculo do risco
- saiba que todo noticiário é tendencioso
- participe de uma corrida em prol da cura do câncer de mama
- tente criar um estado de coisas no qual você esteja sempre presente
- mantenha a tecnologia somente no lugar que lhe é próprio
- patrocine um time de esportes infantil
- a maneira de sair de uma armadilha é estudar a própria armadilha: aprenda como foi construída, desmonte-a parte por parte
- tire fotos, guarde as melhores
- medite na trajetória do sol como uma metáfora para o ciclo da vida humana
- quando estiver imprensado contra a parede, apoie as costas nela e relaxe

- Faça o melhor de si mesmo, pois isso é tudo que você pode fazer (Ralph Waldo Emerson)
- deite numa rede e olhe para o topo das árvores
- encontre tempo para cultivar objetivos comuns com seu parceiro
- torne-se uma ajudante de parto, pelo método Lamaze, de uma mãe solteira
- As suas visões se tornarão claras somente quando você conseguir enxergar dentro do seu próprio coração. Quem olha para fora, sonha; quem olha para dentro, acorda. (Carl Jung)
- seja uma pessoa sem preconceito
- um sorriso ajudará você a se tornar um pouco Buda agora mesmo
- cultive a ambidestreza
- ponha para tocar música clássica ou *jazz* quando estiver fazendo um *brainstorm* ou uma pausa
- aja com cortesia
- compre menos
- procurar a felicidade duradoura fora de si mesmo é como esperar ficar em forma olhando outros se exercitarem
- **satisfaça as suas necessidades, desconsidere os desejos**
- fale de forma positiva e seus pensamentos serão positivos também
- aprenda a respiração de ioga e pratique-a todos os dias
- busque uma mudança gradual e contínua em você mesmo
- afaste-se quando outros estiverem discutindo
- olhe ao longe pela janela, sonhando acordado
- pague pelo estacionamento de alguém
- observe o vento
- olhe além da sabedoria aceita como verdade e comece a compreender a Verdade

- mantenha seu quarto de dormir ligeiramente frio para poder dormir melhor
- pratique relaxamento depois de horas de trabalho duro
- certifique-se de ser bem recompensado pelo seu trabalho
- tenha fé no jeito que as coisas são
- no Pilates, faça cada movimento controladamente e execute-os com precisão
- deixe que vão embora os medos sem sentido
- se você se recusa a aceitar qualquer coisa que não seja o melhor da vida, frequentemente você obterá o melhor da vida
- exercite-se com um amigo
- tire um cochilo todo domingo
- aprecie aqueles momentos que vão além das palavras
- defenda outros quando seus direitos são violados
- se algo novo se apresenta, experimente-o em vez de dizer 'não quero' ou 'não posso'
- quando sua energia der sinais de declinar, deite de costas e ponha seus pés numa cadeira com as pernas dobradas num ângulo reto
- leia os grandes livros dos grandes autores sobre as grandes áreas de conhecimento
- dobre-se para frente com uma perna esticada e a outra dobrada para tonificar o abdômen, o fígado, o baço e os rins
- dê a alguém um ioiô
- espere e confie e a solução lhe será dada
- pratique onde estiver
- **o sentido da sua vida encontra-se não em alguns grandes atos mas em milhares de pequenos atos**
- admire você mesmo

- Tenha tempo para todas as coisas. (Ben Franklin)
- não passe a sua vida esperando ansiosamente estar em outro lugar
- equilibre as forças *yin* e *yang*
- saboreie os bons momentos
- não pule o café da manhã
- molhe seus pés numa fonte
- libere-se do mundo indulgente e material
- responda quando a voz da dúvida falar
- ajude um estudante a comprar uma passagem para visitar sua família durante as festas
- encontre um lugar ao ar livre onde você sinta que pode ser você mesmo e refletir sobre a vida
- concentre-se em se divertir com um jogo, não em ganhar
- apoie indústrias locais
- perceba que a jornada em direção ao centro acontece dentro da sua mente
- dê amor
- faça uma limpeza interior com uma dieta frugal, silêncio e escrevendo num diário
- escolha um lugar para ser seu santuário pessoal em sua casa
- deixe tudo um pouco melhor do que como o encontrou
- olhe para todo o bem que há no mundo e esforce-se por retribuir um pouco
- encontre o significado de ideias aleatórias
- faça um bolo de chocolate surpresa para seus filhos
- deixe que mudanças lhe façam bem
- dentro de cada um de nós há um núcleo de bondade e pureza essenciais
- pense em termos de cinza em vez de branco e preto

- permita a você mesmo sentir-se rico sem dinheiro
- meditação é o equilíbrio entre consciência, concentração e energia
- **não desperdice nenhum tempo culpando os outros e nenhuma energia com acusações**
- finalize seu dia com chá de camomila
- tenha um lar que os amigos de seus filhos adorem visitar
- delicie-se com a riquezas da linguagem
- busque mais fundo
- escolha um cartão e envie-o a alguém que jamais o esperaria
- **faça neuroaeróbica (exercícios para o cérebro)**
- quando você muda a si mesmo, é comum descobrir que as mudanças que você queria que acontecessem nos outros estão acontecendo assim também
- seja o sal da terra
- descubra o que a sua dor está tentando lhe dizer
- compre uma bengala bacana para alguém que está precisando de uma
- ensine seus filhos desde pequenos a curtir um tempo sozinhos
- faça algo divertido todo santo dia
- faça o que lhe compete
- considere um outro ponto de vista
- o caminho do Zen é ir limpando à medida que se prossegue
- conte a sua melhor piada
- pare de pensar e acabe com seus problemas
- ganhe créditos pela sua experiência de vida
- perceba o que está acontecendo na sua cabeça antes que os pensamentos tenham a oportunidade de tomar impulso
- deixe que uma criança cultive plantas carnívoras para aprender um pouco de botânica

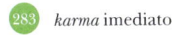

- decida, então persevere
- continue a aprender novas habilidades, experimente novos *hobbies*
- adquira menos coisas e preste mais atenção ao que você já tem
- seja tão ocupado que não vai lhe sobrar tempo para buscar a felicidade
- tenha trabalho a fazer e esteja contente com ele
- ajude no parto de um bebê
- deixe cupões de desconto ao lado das mercadorias em promoção nas prateleiras do supermercado
- envolva-se com pessoas fora do seu círculo usual de amigos
- **conte a seus filhos sobre si mesmo**
- decore as Cinco Lembranças do Budismo: não há como escapar ao envelhecimento, aos problemas de saúde, à morte, à separação de tudo o que existe e às consequências de seus atos
- cultive uma atitude de desinteresse em relação aos extremos
- **faça algo novo cada semana**
- examine a sua consciência
- aprenda a enxergar além das suas opiniões e a perceber as coisas como elas realmente são
- durante suas viagens, leve o seu senso de 'lugar' dentro de si
- faça seus próprios cartões de Boas-Festas
- saiba quando ficar em silêncio; saiba quando dizer algo
- sinta-se em casa onde quer que esteja
- dê uma festa de boas-vindas
- peça com absoluta sinceridade e o caminho se abrirá
- invista seu tempo livre em seu parceiro, seus filhos, seus amigo

- consuma mais antioxidantes
- seja suave quando seu impulso for de ser duro, generoso quando seu impulso for de reter, aberto quando seu impulso for de fechar-se emocionalmente
- tire os antolhos
- faça torções de ioga para realinhar a sua coluna
- contar os passos durante uma caminhada Zen desliga um fluxo de pensamentos que o distraem
- sente numa cadeira de balanço, ouvindo o silêncio e refletindo
- sempre que comprar algo novo, dê algo velho
- limpe seu próprio quarto
- jogue golfe com seu pai
- faça uma lista com as dez coisas mais bonitas que você já vivenciou em qualquer aspecto da vida
- use uma secretária eletrônica mais frequentemente
- leve uma amiga ou um amigo ao médico
- dê um passo à frente e nenhum para trás
- seja compreensivo
- não leve a vida tão a sério — ela existe para ser aproveitada
- curta trabalhar no jardim no outono
- garanta a si mesmo pelo menos um abraço por dia
- faça as pazes consigo mesmo de uma vez por todas
- esqueça o que os outros pensam de você
- aguente a infelicidade com coragem
- faça um curso num jardim botânico
- quando alguém o magoa e você não reage, você está começando a demonstrar sabedoria e inteligência
- deixe que as pessoas entrem na sua frente no trânsito
- faça um acordo de reciprocidade com seu vizinho pelo direito de colher frutas no jardim orgânico dele

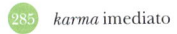

- agarre-se ao que é bom; rejeite todo tipo de mal
- **cultive um grupo de amigos diversificado**
- levante-se com o sol todas as manhãs
- faça algo fora do usual no seu horário de almoço
- a calma mental é um fator muito importante para uma boa saúde
- diga a verdade e aceite as consequências
- você pode se recompor completamente com três respirações
- lembre-se de que o relógio é uma invenção humana
- ouse viver a vida que você sonhou para si mesmo
- concorde com a crítica dirigida a você e veja como isso pode desarmar uma situação
- freie uma compulsão
- **permita que crianças assumam riscos e fiquem sujas**
- articule 'eu te amo' com os lábios para alguém no outro lado do aposento
- mergulhe em coisas novas; é a única maneira de crescer e mudar
- leia todos os livros para os quais você nunca teve tempo antes
- ouça os sons e as vozes do mundo
- adote um gatinho abandonado
- ouça o que seus clientes têm a dizer
- passe uma manhã de sábado com seus filhos, assistindo a desenhos animados, relaxando de pijama com uma tigela de sucrilhos
- sorria para oficiais de justiça
- **entre dois males, escolha nenhum**
- busque lugares tranquilos: um jardim, uma sala de leitura em uma biblioteca, um cantinho num café, um jardim

- botânico, uma capela, um museu, um terraço, uma rede
- diminua a quantidade de energia consumida por sua família
- inale *karma* negativo, dificuldades, emoções conflitantes; exale tudo em forma de felicidade e alegria
- divirta-se com amigos ou com a família pelo menos uma vez por semana
- considere a possibilidade de nunca se pesar; observe como as roupas cabem e como você se sente e use esta informação como um indicador mais confiável
- tenha uma postura de desejar o bem
- busque e você vai achar
- ponha os problemas em um barco de folhas e deixe que ele navegue mar adentro
- perceba a diferença entre o que é irritante e o que é trágico
- pratique a meditação do abraço, respirando para dentro e para fora três vezes
- sempre que possível, evite comer com pressa
- **faça perguntas ponderadas**
- corra com um amigo
- viva cada hora do seu dia com profundidade, concentração e foco
- aprenda a fazer um pouco de manutenção e conserto no seu carro
- todo dia, escolha uma coisa divertida para ficar na expectativa por ela
- seja um defensor da comida caseira
- mude seu foco daquilo que não está funcionando para aquilo que está
- deleite-se com a experiência de acordar

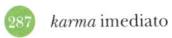

- ouça o seu murmúrio interior
- fixe o olhar na chama de uma vela a uma distância de mais ou menos sessenta centímetros como uma técnica de meditação
- impeça que seu filho só fique centrado em si mesmo
- em vez de desligar na cara de um vendedor de *telemarketing*, apenas diga 'eu não estou interessado, mas obrigado por ligar'
- decida que você quer ter um final feliz e tente fazer de seu sonho uma realidade
- dê à babá uma lista com as tarefas dela e com números de telefone
- beba água enquanto se exercita
- aprecie o esforço de todas os braços, visíveis e invisíveis, que trabalharam para pôr a comida na mesa
- feche os olhos e visualize a Unicidade de Tudo
- ligue para seus pais no dia do seu aniversário e agradeça a eles por terem lhe dado a dádiva da vida
- comidas equilibradas têm tanto *yin* quanto *yang*: vegetais da estação, feijões, sementes, nozes, peixe e muitos grãos integrais
- tente trazer uma clareza de atenção microscópica para todas as suas interações com outros
- ponha um travesseiro fino nas costas para ajudá-lo a sentar-se ereto
- perceba a constância da devoção interior
- evite mudar o seu horário de dormir dramaticamente de um dia para o outro — o corpo gosta de rotinas
- ajude a preservar prédios antigos
- escolha um mantra como *om*
- maravilhe-se com o funcionamento do corpo

- pendure na parede um objeto de arte que o inspire
- o grande bem muitas vezes nasce de um pequeno gesto de gentileza
- sinta a presença do divino em você mesmo
- suporte todas as dificuldades com equanimidade, seja paciente e forte, e nunca se deixe dominar pela raiva
- quando a coisa ficar preta — ria
- escreva as palavras *O Que Estou Fazendo?* num pedaço de papel e pendure-o em um lugar bem à vista
- palavras sagradas de qualquer língua podem ser utilizadas na prática de mantras
- **fique de bem com a vida sem recorrer à comida**
- tire um dia por mês para visitar galerias de arte locais
- imagine a si mesmo como um cântaro derramando seu amor sobre todos à sua volta, mas lembre-se de que você também precisa se reabastecer de vez em quando
- coma frutas todos os dias
- dê um pouco da sua lenha às pessoas que estão acampando ao seu lado
- pratique a Postura do Triângulo, ou a Postura Feliz, para encher seu corpo com alegria e irradiá-la de dentro para fora
- opte por alimentos que aquecem, e que o estimulam durante o outono e o inverno
- os alimentos mais saudáveis para o corpo humano são também os mais saudáveis para o meio ambiente, e os que causam menos sofrimento a outros seres
- domine a sua mente
- tenha uma biblioteca seletiva
- organize uma venda de garagem para a vizinhança
- pense no que você pode fazer para equilibrar seu trabalho, seu lazer e sua vida em família

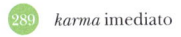

- quando você se exercita, a sua recompensa é mais energia e mais força
- se quiser ser calmo e forte, trabalhe para aumentar a sua fé
- leve café e suco de laranja para seus hóspedes pela manhã
- seja generoso na sua iluminação; luz é felicidade
- cultive um belo estado de espírito
- Se quiser ser feliz, seja. (Henry David Thoreau)
- faça com que cada momento conte; escolha seu objetivo e atinja-o
- não existe destino ou sina — mantenha o futuro tão livre e aberto quanto possível
- viva de acordo com o preceito do Pensamento Correto do budismo e recuse-se a presumir qualquer coisa sobre qualquer pessoa
- use seu poder e sua autoridade gentilmente
- afague um bichinho de estimação
- ponha as dificuldades em perspectiva e descubra quais são as opções que você tem
- sinta-se supremamente feliz
- cubra alguém de beijinhos que dizem 'eu poderia devorar você!'
- esteja em dia com as tarefas domésticas mais leves
- repasse um elogio que você entreouviu; esqueça uma crítica que você entreouviu
- evite ficar enrolando, especialmente com o computador
- pense com cuidado em cada palavra antes de dizer alguma coisa, para que a sua fala seja 'correta' na forma e no conteúdo
- nutra a sua mente com pensamentos grandes e bons
- nada acontece antes do seu designado tempo
- busque o meio-termo em todas as coisas

- vista-se com capricho para ficar em casa
- todos os dias, faça algo para melhorar a sua saúde
- limpe o seu disco rígido regularmente
- segure a porta do elevador para outras pessoas
- dê a uma criança uma experiência de vida real
- não louve a si mesmo
- se encontrar uma pessoa de rara inteligência, pergunte a ele ou ela quais são os livros que lê
- se você quiser chegar longe a cada ano, certifique-se de fazer algo significativo a cada dia
- pratique a caminhada em círculo do taoísmo (*ba gua*) para aumentar a longevidade
- **olhe para as pessoas quando elas estiverem falando com você**
- quando as coisas ficarem nubladas, use as nuvens
- aquele que verdadeiramente pratica o *dharma* deve ser como uma abelha que nunca é atraída por uma só flor, mas voa de uma para outra
- concentre-se na expiração; faça com que seja tão longa e fluida quanto possível
- Afetar a qualidade do dia, essa é a mais elevada das artes. (Henry David Thoreau)
- recolha coisas de plástico que podem engasgar um peixe ou um pássaro
- aprecie os momentos em que um bebê não chora
- não pense que o conhecimento que você possui é a verdade imutável e absoluta
- ponha seus filhos na cama
- opte por alimentos refrescantes e *yin* na primavera e no verão
- encha a sua casa com os aromas acolhedores de comida nutritiva

- **manifeste autossuficiência**
- tenha disposição para tentar um postura de ioga, não importa quão difícil ela pareça
- observe e analise a si mesmo continuamente
- compreenda a futilidade de buscar satisfação em coisas que, por sua própria natureza, não podem durar
- todos os dias use uma quantidade específica de tempo para meditação, para oração, para escrever num diário ou para leitura inspiradora
- colha pérolas de sabedoria de fontes inesperadas
- dê uma caminhada com as crianças ou uma volta com o cachorrinho
- imagine ser uma borboleta pairando na brisa
- cada um de nós é agraciado com as Cinco Grandes Bênçãos do budismo: felicidade, saúde, virtude, paz e longevidade
- não há nada a ganhar em se deixar entrar em antagonismos com as pessoas que você ama
- se você acreditar que um ritual da sorte o ajudará, ele provavelmente o fará
- estabeleça prazos
- viva e aja a partir da compreensão de que todas as coisas mudam
- diga hoje mesmo às pessoas o quanto você as ama
- **expanda os aspectos negligenciados da sua personalidade**
- preencha os seus vazios interiores com espiritualidade
- sempre olhe para aquilo que você ainda tem
- observe as suas ações; elas se tornam hábitos
- leia escritos que o ajudarão a permanecer no caminho escolhido
- proteja a si mesmo permanecendo tranquilo

- nunca trapaceie
- ajude alguém a resolver uma charada
- certifique-se de que o seu estilo de vida seja condizente com aquilo que você diz
- quando ler seu e-mail, responda imediatamente
- certifique-se de ter um testamento e de designar um curador e um testamenteiro
- pese as consequências da produção, do uso e do descarte dos produtos que você está pensando em comprar
- chegue cedo no trabalho
- tome conta de um irmão ou de uma irmã
- use plantas como purificadores de ar: palmeira areca, palmeira dama, samambaias, heras, seringueiras
- aprenda a gostar mais de si mesmo
- dê graças pelos seus amigos
- crie lembranças felizes para outra pessoa
- ajude alguém que está com dificuldades para carregar sua bagagem
- importe-se
- diga às pessoas para não darem um presente a você, e sim a si mesmas (indo a um concerto, tomando um banho de espuma etc.)
- tenha uma boca que sabe pedir desculpas — a maior parte de um *karma* ruim é criado pela fala
- chegue na hora
- aceite o fato de não ser capaz de ganhar a aprovação de todos com quem você se encontra
- certifique-se de que um bebê tenha livros por toda parte, até na banheira
- A única beleza duradoura é a beleza do coração. (Rumi)
- peça o conselho sincero de seus parentes

- entenda o que a publicidade realmente é
- um dia por mês, peça que toda a família faça coisas gentis e especiais para um de seus membros
- considere seriamente acordar uma hora mais cedo para ter um tempo completamente seu
- use livros de culinária saudável
- respeite o que seu corpo naturalmente pede, partindo do princípio de que ele sabe do que necessita
- antes de ir para cama, comece uma lista das coisas que você vem adiando
- faça coisas que trazem à tona o melhor e mais mágico aspecto do seu eu
- se for enfrentar uma situação quanto à qual você se sente ansioso, tenso ou com medo, diga a si mesmo que você é perfeito exatamente como é
- **deixe passar a próxima oportunidade de criticar alguém**
- aceite as dádivas da vida
- tolere os tolos
- acorde seu filho com um beijo
- pare para observar até os objetos mais mundanos, que também são de se admirar
- permita a si mesmo um momento Zen
- aprenda com antimodelos
- medite enquanto percorre um *mala* (colar de contas para meditação e prece, N.T.)
- quando estiver trabalhando para outros, faça-o com o mesmo afinco com que faria se estivesse trabalhando para si mesmo
- faça uma lista de aniversário para ajudar os que querem lhe dar um presente
- assobie

- procure compreender antes de ser compreendido
- identifique cinco comidas que lhe dão conforto e tenha-as por perto
- evite usar sua buzina quando estiver dirigindo
- considere boas condições como uma dádiva e uma benção, em vez de tê-las como favas contadas
- O que quer que satisfaça a alma é a verdade. (Walt Whitman)
- atraia mais moscas com mel do que com vinagre
- faça exercícios de relaxamento muscular para controlar o estresse
- doe 5% do seu tempo ou do seu dinheiro para ajudar os menos afortunados
- Lembre-se de que é melhor não falar de coisas que você não compreende. (Tao Te Ching)
- expresse suas opiniões em reuniões
- pague os cartões de crédito todo mês
- deleite-se com a vida, ache a vida bela e deliciosa de ser vivida
- escolha seus ajudantes com sabedoria
- dê presentes simples
- esforce-se para compreender nossos tempos e as forças históricas que lhes dão forma
- aproveite a oportunidade de fazer bem as pequenas coisas
- seja seletivo
- aja como seu próprio bobo da corte interior
- corte a grama para o seu pai
- ofereça a crianças uma caixa com truques de mágica para elas brincarem
- experimente esses lanches saudáveis: vegetais crus, frutas secas, biscoitos de arroz
- lidere uma instituição de caridade

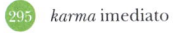

- ofereça-se para pagar o estacionamento e o pedágio de alguém quando você estiver viajando no carro dele
- erradique a intolerância
- agradeça a um amigo que acredita em você
- faça uma contribuição generosa a uma estação de rádio nacional pública
- deixe uma ótima revista na sala de espera do médico ou do dentista
- esteja pronto para uma epifania
- ajude a criar alternativas para os lixões
- tente não deixar que as coisas o incomodem
- **ame a viagem, não sua destinação**
- trabalhe com boas ferramentas
- passe por um aprendizado
- pague bem seus funcionários
- supere dificuldades com risadas
- esteja audaciosamente presente
- o suave entoar da sílaba *ah* é uma meditação fluida e calorosa
- comece o seu dia com uma revigorante prática de Saudações ao Sol
- dê uma gorjeta generosa à garçonete do café da manhã
- a maneira com que você fala consigo mesmo pode ter um efeito poderoso nos acontecimentos da sua vida
- tenha uma moradia humilde
- esteja completamente presente na vida em família
- permaneça em contato com familiares e amigos
- deixe que seus filhos vejam vocês se beijarem
- **deixe que o passado fique onde está**
- eleve o astral das pessoas
- vivencie a tranquilidade de uma vida relativamente simples

- a prece *metta* do budismo: que todos os seres sejam felizes, satisfeitos e realizados. Que todos os seres sejam curados e íntegros. Que todos tenham tudo de que precisam. Que todos os seres sejam protegidos do mal e libertos do medo. Que todos possam desfrutar da paz interior e da tranquilidade. Que todos possam estar despertos, liberados e livres. Que possa haver paz neste mundo e neste universo.
- motivação é mais importante do que técnica
- evite a arrogância
- tenha um caso de amor com a vida
- desenvolva uma perspectiva multicultural
- aprenda a ser autêntico em todos os momentos da sua vida
- faça compras para quem não pode fazê-lo
- apoie sua família; permaneçam juntos
- deixe que seu lado espiritual guie seu lado material, e não o contrário
- ilumine mesmo os menores cantinhos do seu mundo
- dê um passeio terapêutico numa praia
- tenha sempre um cobertor quentinho para pés frios
- tenha miniobjetivos e trabalhe por eles todos os dias
- pinte banheiros nos tons da terra (amarelo, canela, laranja, marrom)
- tudo de que você precisa para quebrar hábitos de comportamento pouco saudáveis está dentro de você
- pague seus empréstimos e suas bolsas de estudante
- encontre uma maneira de se envolver com política e governo
- pratique um costume de casamento à moda antiga dos Estados Unidos, o shivaree (uma serenata de brincadeira com panelas e sinos) do lado de fora da janela dos recém-casados

- ame a você mesmo por ser quem você é
- **não dê aos outros o que eles não querem receber**
- preserve livros de criança antigos
- seja grato pelas suas lembranças e reflita sobre como o tempo foi bom com você
- abandone completamente a sua noção de segurança e veja a ironia que há nas suas tentativas de garanti-la
- planeje uma visita 'de volta à casa'
- experimente um exercício de expansão do seu cérebro, equilibrando o uso dos dois lados dele
- persevere durante os inumeráveis altos e baixos do caminho
- viva como se não tivesse nada a perder
- aprecie com honestidade e sinceridade
- permita que mais luz flua através de você
- estude com afinco, pense em silêncio, fale com gentileza, aja com franqueza
- faça coisas que lhe dão energia
- economize água voluntariamente
- esteja disposto a passar por desconfortos na busca por seus sonhos
- livre-se das coisas que distraem a sua atenção
- descarregue a energia da raiva na limpeza de um aposento, na lavagem da louça, na organização de um armário
- dê uma pasta de presente a alguém que está começando num novo emprego
- assuma riscos em relação às pessoas
- tenha os fins de semana livres para a sua família se você estiver ocupado com o trabalho durante o resto da semana
- mantenha lugares públicos limpos
- quando as circunstâncias não podem ser mudadas, mude a si mesmo

- seja uma pessoa legal
- perceba a rudeza de um pensamento e conte até dez antes de reagir ou responder
- veja o nascer da lua
- transforme vorazmente toda a vida, a família, o emprego, bom ou ruim, transforme tudo em *dharma*
- empregue alguém que estava desempregado
- **faça com que o exercício físico seja inegociável**
- vá preparado para trabalhar duro todo dia
- seja grato por tudo o que tem, mesmo se não for o suficiente
- aprenda a valorizar a fantasia
- imagine que a sua raiva está saindo do seu corpo e se fundindo com o solo ou com a água
- leia um livro, sentindo que as palavras foram escritas só para você
- entre em contato com seu corpo usando o método Feldenkrais
- faça visualizações positivas, realistas e multissensoriais
- viva para algo maior do que você
- deixe os outros saberem quão importantes eles são para você
- nunca abra mão de seus sonhos
- telefone se não puder ir pessoalmente a um aniversário
- amar é uma atitude não egoísta, e não uma fixação
- durante uma refeição étnica, toque a música étnica apropriada
- você só precisa daquilo que vai fazer a sua vida melhor e mais feliz, não do que a faz ser mais pesada
- chegue cedo em seus encontros
- quando outra pessoa o fizer sofrer, é porque ela sofre dentro de si mesma

- aprenda a parar de falar quando não houver mais nada a dizer
- planeje passeios à luz da lua com alguém
- evite defender a sua reputação ou as suas intenções
- caminhe alguns quilômetros no campo num dia de primavera
- viva conscientemente, não no piloto automático
- pratique *dana* (dar) para se tornar mais feliz, mais livre e mais satisfeito
- fique sozinho sem se sentir só
- se você viaja de carro diariamente para o trabalho, procure compartilhar caronas
- aceite o ponto de vista do outro e valorize o fato de ele ou ela o terem comunicado a você
- dê voluntariamente uma parada em tudo que está fazendo em sua vida
- pratique *bodichita*: pense nos outros como pessoas que são mais importantes do que você
- perceba que o que você está buscando já está aqui
- seja o maior defensor do seu filho
- concentre-se em cada uma das coisas que você faz
- limpe a banheira ou o ralo do chuveiro para os outros
- dê a si mesmo uma massagem de presente
- **conseguir relaxar um pouco melhora a vida; conseguir relaxar muito traz felicidade e alegria**
- faça algo que exija reunir muita coragem
- inspire aroma de um lenço borrifado com óleos essenciais para combater as ansiedades provocadas pela queda de açúcar no sangue às quatro da tarde
- aprenda a ser independente e a não fazer com que os outros sejam dependentes de você

- fortaleça a si mesmo sem usar de força
- esteja completamente alerta: nunca negligente, nunca indulgente
- escreva pensamentos positivos e inspiradores num livro de citações
- contribua com uma porcentagem da sua renda para a caridade
- aplauda todo aumento de força de vontade
- deixe uma ou duas moedas junto a um jukebox para que alguém possa escolher uma música
- tente alcançar um equilíbrio entre *yin* e *yang*, entre luz e sombra no seu jardim
- passe um dia por mês em solidão voluntária
- resista à tentação de desistir quando o objetivo que você esperava alcançar não se materializa rapidamente
- na maior parte do tempo, você provavelmente está com mais fome de respiração do que de comida
- sonhe como se fosse sonhar para sempre; viva como se fosse morrer hoje
- dê um abraço de surpresa quando passar por alguém em casa
- sempre que aparecerem objetos que provocam sua atração ou aversão, medite sobre o vazio que há nessas duas reações
- inspire crianças a aproveitar a sua vida ao máximo
- visualize seu corpo numa postura de ioga e sejam um só, você e essa postura
- vá fazer compras e ao correio de bicicleta
- experimente comer peixe para melhorar a sua concentração
- contenha-se totalmente até encontrar uma maneira de dizer algo de forma construtiva
- dê graças pelo que tem

- prepare um café da manhã ao estilo de outro país
- **Cultive uma paz interior que não nos separe do mundo ao redor. Quando conseguimos fazer isso, todo o resto acontece naturalmente. (Robert M. Pirsig)**
- respire profundamente e siga em frente
- **envie um cartão dizendo 'Pensando em Você' para alguém que realmente está precisando de um**
- todos os dias, encontre algo que o faça sorrir
- pratique zazen contando sua respiração, um para cada inalação e exalação, indo até dez, e então de volta a um
- aprecie a sua mente, estime a sua razão, mantenha-se firme no seu propósito
- respire profundamente com sua cabeça e seus ombros repousando em um travesseiro, para abrir o peito — com um lençol sobre você para mantê-lo aquecido
- **Nunca duvide de que um grupo de cidadãos atentos e comprometidos com uma causa pode mudar o mundo. Na verdade, é o único fator que sempre o conseguiu. (Margaret Mead)**
- resolva não minimizar os problemas de alguém
- vote nas eleições primárias
- viva entre as belezas e os mistérios da terra
- tenha o bom senso de parar quando estiver cansado
- faça algo que o faça brilhar
- prepare um lanche para ser compartilhado
- faça um suco fresco
- pratique a Postura da Criança para estimular a respiração ao comprimir o diafragma
- durma com a janela aberta para dar brilho a sua pele
- deixe que seu corpo se sinta completamente à vontade e ao natural a cada momento

karma imediato

- proteja seu tempo livre como se este fosse o seu mais valioso bem
- aprenda alguma forma de estenografia para poder fazer anotações com mais eficiência
- distribua aceitação em vez de julgamento, amor em vez de ódio
- tenha uma aula de culinária com alguém que você ama
- evite o hábito crônico de cuidar dos outros
- use a dor em vez de resistir a ela
- ponha seu parceiro no centro das atenções; seja o seu defensor
- esteja disposto a aprender o que você precisa saber
- **seja um bom pai ou uma boa mãe: esteja presente, ouça, tente rir**
- forneça um lugar seguro para adolescentes se reunirem
- beba um copo d'água antes de cada refeição
- leve alguém de carro para a escola quando estiver chovendo
- prepare as crianças para a vida adulta
- perceba que ser quem você quer ser e fazer o que você quer fazer significa ter autorrespeito
- olhe antes de saltar
- ajude seu parceiro a realizar o seu sonho
- comece seu dia com pãezinhos quentinhos saídos do forno
- conte para as pessoas quando as sugestões que elas lhe deram lhe foram úteis
- sirva um café da manhã na cama para seus filhos
- limpe a cozinha assim que terminar sua refeição, enquanto você ainda tem energia
- busque a limpeza no seu corpo, a clareza na sua mente e a pureza na sua alma
- permaneça curioso

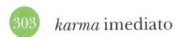

- faça as suas compras na vizinhança
- aceite que a dor e a decepção fazem parte da vida
- sempre que sua mente tentar se fixar em informações negativas, use seu tempo para silenciosamente limpar a sua cabeça
- **questione as suas suposições mais confortáveis**
- assobie quando estiver se sentindo por baixo
- simplifique as rotinas domésticas
- aprecie a imaginação de uma criança de três anos
- dedique sua vida a algo
- observe as ondinhas se espalhando quando uma moeda cai na água
- prepare uma cesta para animar um amigo
- termine a frase 'eu quero explorar...'
- livre-se das desculpas
- desligue o telefone quando for a hora de ficar com a família
- seja uma versão de primeira mão de si mesmo e não uma imitação de segunda mão de outra pessoa
- jogue gamão com um grupo de idosos no parque num domingo de manhã
- se estiver sob tensão mental, conte para a sua família
- o que importa não é a quantidade do seu conhecimento, mas sua qualidade
- compre um bilhete de loteria para alguém que você ama
- pratique *asanas* (posturas de ioga) para aprender a exercitar o autocontrole
- **o que mais importa não é o que acontece com você; é o que você faz com isso**
- mantenha aberto o canal de comunicação para cada membro da sua família
- use sua capacidade de persistir

- seja uma pessoa que diz 'posso sim' e 'vou tentar'
- respeite cada pessoa, não importa quão miserável ou ridícula ela for
- separe um tempo para relaxar
- **seja um exemplo de integridade**
- expanda a sua mente e a sua perspectiva através da leitura
- seja gentil em sua crítica e encorajador no seu elogio
- nunca subestime o poder do amor, o poder do perdão, o poder de uma palavra ou de um ato gentil
- toda a arte da meditação é saber começar de novo
- pegue livros na biblioteca regularmente
- coma ao menos metade das suas calorias até o começo da tarde
- evite contradizer as pessoas
- use o amarelo para estimular o lado esquerdo do cérebro
- deixe que uma criança fique acordada até tarde numa ocasião especial
- dê a seus pais uma viagem para uma ilha no seu quinquagésimo aniversário de casamento
- não dê ao mal nada que se oponha a ele, e ele desaparecerá por si mesmo
- apoie soluções de mobilidade urbana
- olhe para o lado engraçado
- deixe que seus olhos fiquem suaves e relaxados
- experimente exercícios estabilizadores para os abdominais
- calce galochas e vá andar por campos e florestas molhados para se lembrar de todas as coisas que foram soterradas ou esquecidas durante o inverno
- aceite as limitações do ser humano, mas saiba que seu espírito irá um dia transcender esses limites
- faça compras com sacolas de lona ou algodão

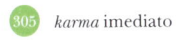

- vista-se por prazer
- brinque
- nunca desista daquilo que você realmente quer fazer
- confie em que seu subconsciente lhe dará uma pequena sacudida quando for a hora de acordar de um cochilo
- <mark>visite uma aldeia Amish e aprecie o seu estilo de vida simples</mark>
- ponha as coisas em ordem
- experimente balneoterapia (terapia com banhos de banheira), talassoterapia (rituais de chuveiro e imersão usando produtos marinhos), compressas no corpo todo, banhos de ervas, tratamentos de vapor e imersões em poços de lama
- saboreie os pequenos momentos da vida
- aproveite todas as oportunidades de ficar com a boca fechada
- use lâmpadas de espectro total
- crie uma coleção de 'figurinos' para uma garotinha, feita de roupas antigas
- por alguns momentos (ou mais!), todos os dias, permita a si mesmo parar de se esforçar e livre-se de toda preocupação
- aprenda malabarismos; eles desenvolvem a coordenação entre a mente e o corpo
- aprecie a natureza tranquila das músicas de Natal
- sorria sem motivo
- **faça tudo com uma mente descomprometida**
- de pé, faça rotações de quadril para abrir o segundo *chakra*
- deixe sempre que a sua consciência seja o seu guia
- passeie na natureza com um guia; descubra árvores, animais e pássaros

- seja uma pessoa afável
- faça com que suas palavras sejam diretas, simples, e ditas com um sorriso — você é aquilo que você diz
- libere, abra mão de sua individualidade e funda-se com o Tao
- reconheça as boas qualidades de seus filhos
- mantenha extintores de incêndio à mão
- lembre-se de que não conseguir o que você quer é às vezes um lampejo de sorte
- no fim do dia, faça uma prece de gratidão
- dê uma chance ao vegetarianismo por dois meses inteiros
- saiba qual é a sua melhor qualidade e cultive-a
- experimente usar o humor, a criatividade e a compaixão no seu trabalho
- abra mão da certeza de ter razão
- tire tudo do seu armário e comece de novo
- a maior proteção é um coração amoroso
- reserve uma noite por semana somente para você e seu cônjuge
- reconheça a diferença entre um dia ruim e uma vida sem esperança
- relaxe fechando os olhos e contando devagar de trás para frente a partir de cem
- mantenha a sua fé como um assunto privado
- acorde o corpo com pilates
- num dia frio, use meias e luvas quentinhas
- aprendam coisas juntos
- faça almofadas aromáticas para os pés dos atletas da família
- não continue se apegando a algo que você já fez
- comporte-se durante a sua juventude de um modo que lhe permita viver em paz na velhice
- no outono, medite sobre a abundante dádiva da natureza

- seja um monitor numa festa de escola
- **viva a vida como se ela fosse um experimento**
- sinta-se nutrido pelo sol
- asse um pão caseiro para alguém
- desenvolva seus próprios valores e crenças
- administre com diplomacia
- seja grato a todo mundo
- para fazer contato pelo olhar com alguém, concentre-se em um de seus olhos
- resista ao impulso de criticar você mesmo ou os outros
- direcione seus pensamentos para o que há de correto em alguém
- a verdadeira ação de doar significa abandonar o controle [sobre o que que foi doado]
- seja direto e claro nas suas comunicações
- não se apresse nem se precipite de manhã cedo
- tenha a certeza de poder rir em qualquer situação
- confie na sua capacidade de se transformar durante uma situação de transição
- encha seu jardim com uma grande variedade de flores
- beba mais água
- acene para aviões que partem do aeroporto
- lembre-se de suas origens e celebre a sua etnicidade
- quando alguém lhe perguntar o que você quer, diga
- tenha jarras de água com fatias de limão na geladeira
- tire algumas semanas de férias da vida e apenas leia
- esteja disposto a caminhar devagar o suficiente para que uma criança de três anos possa explorar o mundo
- leia o *Tao Te Ching*, que ensina sobre a natureza
- diga a alguém que ela é linda
- coma cinco frutas e legumes todo dia

- finalize um período de prática de ioga dizendo, "Que eu esteja em paz. Que eu seja feliz. Que todos os seres estejam em paz. Que todos os seres sejam felizes" — desafie a si mesmo a alcançar níveis mais altos e mais avançados
- aceite a morte e siga o fluxo da vida com calma
- para o que você tem de fazer, seja o que for, reserve um pouco mais de tempo
- aprecie bons descontos
- assuma responsabilidade pelos seus erros sem jamais pôr a culpa nos outros
- investigue todos os seus pensamentos e todas as suas ações e localize qualquer traço de motivação que não seja benéfica ou saudável
- tente descobrir o significado de palavras estranhas de acordo com o contexto da frase
- não faça mal a ninguém
- **busque atividades que sejam difíceis e que enriqueçam a sua mente**
- faça levantamento de pernas para fortalecer o seu abdômen que, por sua vez, dá suporte a suas costas
- resista à tentação de dizer aos outros do que eles necessitam
- se você vai rir disso daqui a dez anos, por que não rir agora?
- considere o papel da comida numa vida equilibrada
- deixe que sua força interna o sustente
- quando sentir a sua mente movendo-se rápido demais, está na hora de dar um passo atrás e se reorganizar
- encontre beleza no normal e o normal da beleza
- estreie os lençóis de cetim
- finja que nada do que você usa é para ser jogado fora — e invente usos alternativos para coisas que você normalmente chamaria de lixo

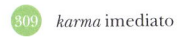

- **deixe que crianças conheçam diferentes religiões**
- seja generoso, ofereça elogios, dê um *feedback* preciso, ouça com atenção
- estabilize seus pensamentos vacilantes antes de agir
- dê a seu parceiro um livro com poemas de amor
- pergunte, "qual é a melhor coisa que poderia acontecer?"
- **esteja aberto aos *insights* e às experiências dos outros**
- uma meditação de vinte minutos pode ajudá-lo a enxergar as coisas com mais leveza
- diga oi a todas as pessoas que você encontra
- lide com seu estresse aprendendo novas técnicas: respiração, mudança de cenário, um banho quente
- seja grato por algo diferente todos os dias
- **acredite em você mesmo quando ninguém mais o fizer**
- Olhar para cima é alegria. (Confúcio)
- comece o dia de alguém com seu café da manhã preferido
- no *feng shui*, acender uma vela amarela estimula a calma e a inteligência
- esforce-se para não ter ciúmes secretos, desejos ou raivas
- evite beliscar entre as refeições
- não beba se vai dirigir
- tente ouvir a si mesmo para saber como aquilo que você diz soa de uma perspectiva diferente
- periodicamente, faça do jeito de outra pessoa
- saiba que você tem o poder de alcançar aquilo que você sonha
- não tente fazer demais rápido demais
- sem ser perfeito você se sairá muito bem
- faça a sua própria declaração de independência
- pratique a Postura da Borboleta para abrir os quadris e o *chakra* da pelve

- se motoristas furiosos o quiserem ultrapassar com pressa, deixe que o façam; o lugar para onde eles estão indo não é o caminho
- lembre qual foi o gesto mais atencioso que você recebeu no ano passado e perpetue a gentileza ao fazer o mesmo por outra pessoa
- **o que por direito for seu virá até você**
- aprecie ser servido por uma pessoa amável e prestativa
- lembre-se de todas as coisas doces na sua vida
- estimule sua energia subindo escadas
- aprenda a dizer 'eu te amo' na linguagem dos sinais
- para lidar com a raiva, siga uma prática de meditação *metta* (amor-gentileza)
- não queime pontes atrás de você
- dê um pé de roseira para alguém no Dia dos Namorados
- limpe a sua carteira, o seu estojo de maquiagem e a sua bolsa
- seja ousado na vida
- quando a sua motivação é a generosidade, o amor ou a sabedoria, você está criando as condições cármicas para a abundância e a felicidade
- estabeleça uma rede de professores, mentores ou treinadores que pode ajudá-lo a traçar e a seguir o seu caminho
- prepare jantares caseiros e congele-os para a família comer nos dias em que você não está em casa
- o que importa não é a sua maneira de enxergar o mundo, mas a sua forma de agir
- participe de um desfile de barcos
- pesquise as causas e os assuntos que são importantes para você
- faça uma massagem nos pés do seu parceiro

- **aprecie a competência**
- simplifique o guarda-roupa de seus filhos
- aprenda a ver todos os fenômenos da mente como sendo completamente naturais e compreensíveis
- designe um dia para ser o Dia da Doação
- labute
- deixe uma criança bater em potes e panelas se ela estiver de mau humor
- leve uma pessoa idosa de carro a um tratamento de beleza
- com atenção plena você consegue apreciar a sua felicidade e pode fazê-la durar mais
- na próxima vez que alguém no escritório ou em casa estiver precisando de ajuda, ofereça-se para ajudar
- ria muito e alto
- faça algo sem que alguém peça
- seja parte da solução
- mude o que não está funcionando
- use um tom de voz mais suave
- assista a um concerto ao ar livre
- alcance felicidade, liberdade e paz de espírito ao dar tudo isso para outra pessoa
- contribua para a preservação de lugares históricos
- esteja física e emocionalmente disponível para aqueles que você ama
- saiba quando ligar para o médico
- **tire mais fins de semana de três dias**
- remodele você mesmo uma casa
- dê graças antes e depois de uma refeição — ou ao menos faça uma pausa e sinta-se grato
- desista da lógica; ouça a voz que está dentro de você
- pendure um prisma num quarto de bebê

- deixe que seu perfeccionismo o abandone
- economize dinheiro
- faça campanha pelos direitos civis
- faça a Postura da Cobra Adaptada para alongar a região lombar
- leia os sábios de antigamente
- deixe um pequeno presente ou um buquê de flores sobre a mesa de alguém no trabalho
- lembre-se de que o seu caráter é mais importante do que a sua reputação
- reconheça que a causa do embaraço é o seu próprio ego e não uma situação
- duvide se necessário — mas persista
- chame as pessoas pelos nomes que elas preferem
- imagine uma brisa agradável soprando sobre você e levando as suas preocupações embora
- aceite a si mesmo, com as verrugas e tudo — incondicionalmente
- evite carnes e peixes defumados, linguiças e carnes processadas
- torne-se um minimalista
- cante na chuva
- reaja agradavelmente
- esforce-se para experimentar a validade da informação por meio de *insights* da sua vida cotidiana
- tenha um pote cheio de biscoitos para crianças
- recicle cartões de aniversário e use-os como marcadores de livros
- faça as compras de mantimentos com uma lista
- tenha um adereço divertido, como óculos com nariz, para pôr quando as coisas ficarem tensas

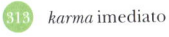

- dedique-se a uma vida inteira de aprendizado
- controle menos e preste mais atenção ao deixar acontecer
- dê um beijo de boa-noite em seu cônjuge e diga "eu te amo"
- aprenda o seu trabalho e ache o lado divertido dele
- quando tudo está claro em sua mente, ninguém pode criar obstáculos para você
- ponha os diferentes aspectos da sua vida numa balança até encontrar o equilíbrio
- brinque com formas de areia com uma criança
- livre-se de seus ressentimentos e simplesmente divirta-se
- se você não pode controlar algo, deixe rolar
- **clareie a sua mente com uma minimeditação**
- crie seu próprio esconderijo
- doe para a instituição de caridade preferida de seu amigo
- visite os macacos no zoológico
- faça travessuras
- coma com pauzinhos para evitar comer rápido demais ou colocar comida demais na sua boca
- tenha tempo para as coisas que são importantes para você
- tenha orgulho do seu trabalho
- deixe o sol brilhar
- preocupe-se mais com a maneira com que você vive do que com o tempo que ainda viverá
- compre alimentos sem embalagens de plástico ou de isopor
- use todo o tempo de que precisar
- acredite que perseverança é o ingrediente essencial da conquista pessoal
- aprenda com todos, não julgue ninguém, seja amável com todos e diga obrigado
- tente resolver as coisas você mesmo
- trabalhe pelo bem-estar de outros

- faça do mundo o seu centro de experimentação
- ponha o troco que sobrou num pote para a caridade
- faça a Postura do Sapo, alternando entre agachar-se e curvar-se para a frente, entre 11 e 26 vezes
- retribua a seus pais de todas as formas que puder
- acenda uma vela pela paz no mundo
- um relacionamento livre de um apego irrealista torna-se livre de decepção, conflito e ciúme
- tome decisões que beneficiam outras pessoas além de você mesmo
- fique pronto na hora certa para não atrasar os outros
- prolongue a primavera de um amor
- torne-se consciente do seu relacionamento com comida
- trate servidores públicos com respeito
- para obter o melhor de uma discussão, evite-a
- **caminhe com o cachorro de um vizinho enfermo**
- traga para sua filha uma flor ou um buquê
- concentre-se em ter controle sobre as decisões que você toma
- prefira iogurte em vez de sorvete
- planeje um tratamento de desintoxicação pelo menos uma vez ao ano
- não fique para baixo num dia escuro de inverno
- compre um pequeno presente para os bebês dos novos vizinhos que acabaram de se mudar
- carregue suas próprias sacolas
- pratique *ágape:* um amor transbordante que não busca nada em troca
- **saiba que as coisas acabam sempre dando certo para aqueles que sabem lidar melhor com o jeito com que as coisas acabaram sendo**

karma imediato

- troque a bateria dos detectores de incêndio regularmente
- dar uma pomba de jade de presente é transmitir bons votos de saúde e longevidade
- telefone para avisar a sua família se você for se atrasar ou se seus planos mudarem
- lave suas mãos antes de comer
- parte da nossa jornada é aprender a guardar somente o que foi bom e produtivo na nossa educação, enquanto perdoamos o resto
- inspirem uns aos outros
- lembre-se do que é importante e esqueça o que não é
- dê de presente a uma criança um tabuleiro de xadrez para ensinar-lhe desde cedo lições de estratégia e disciplina
- invista seu dinheiro
- não tente entender ou explicar tudo
- quando estiver lendo, anote as frases de que mais gostar
- ceda seu turno na quadra de tênis antes de seu tempo esgotar para alguém que está esperando há muito tempo
- faça amizade com um vizinho idoso
- lembre-se da alegria que é organizar-se
- ensine crianças que viver de acordo com regras é bom para elas
- obedeça aos sinais e às leis de trânsito
- estimule seus filhos a fazerem o máximo que puderem, para criar um senso de realização
- comece de novo jogando fora coisas velhas
- leve seu almoço para viagem e sente-se no banco do parque mais próximo, ou no zoológico, na beira de um lago com patinhos ou nos degraus de uma biblioteca
- use pensamentos e palavras de amor já que tudo o que você pensa e diz volta para você

- pare de gritar
- mantenha simples a decoração do banheiro
- seja gentil com a terra
- tenha mapas no seu carro
- crie uma rotina matinal sem pressa
- reconheça as lições que sua alma precisa aprender
- realize os sonhos de uma criança que não é seu filho
- concentre-se completamente no sabor de um alimento
- use um ionizador para manter o ar cheio de íons carregados negativamente — como na natureza
- dizer com sinceridade para alguém 'você está fazendo um ótimo trabalho' pode alegrar o dia dele
- ponha o seu disco favorito e dance sozinho
- lembre-se de que nenhuma montanha é alta demais para ser escalada se você o fizer no seu próprio ritmo
- certifique-se de que suas janelas estejam limpas para deixar que o *chi* fresco entre
- ofereça-se para entregar refeições em domicílio na casa de pacientes com AIDS
- Aprenda a ficar imóvel no meio da movimentação e de estar vibrante e vivo em repouso. (Mahatma Gandhi)
- ponha mensagens escritas à mão nos cartões de Natal
- Não julgues para não seres julgado. (Jesus)
- use livros de referência impressos, de editoras e de autores confiáveis
- quando alguém lhe falar de seus objetivos, aponte as possibilidades e não os obstáculos
- um bom artista deixa que sua intuição o leve para onde quiser
- mantenha sua casa conservada e em bom estado
- dê a uma criança um quadro de cortiça para ela decorar como quiser

- viva de acordo com seus valores mais profundos
- seus inimigos lhe fornecem oportunidades de desenvolver tolerância, paciência e compreensão
- **deixe que os outros tenham suas próprias crenças**
- preste atenção à respiração em diferentes partes de seu corpo — diafragma, narinas, caixa toráxica etc.
- lembre-se de que sua mente é como um jardim: precisa ser cuidada para que não haja crescimento excessivo
- móveis devem ser dispostos de tal forma que você possa ver as pessoas entrando e saindo de um aposento
- viva como você quererá ter vivido quando estiver à beira da morte
- acenda velas em todas as refeições durante o inverno
- cada passo consciente, cada gesto atento é o caminho
- deseje bem aos seus inimigos e seu coração ficará mais leve
- elogie a mãe de seu parceiro
- não espere por nada quando em meditação
- aprenda uma língua que não seja a sua língua nativa
- saiba que para tudo há um momento
- desenvolva uma 'visão afirmativa' do que você quer ser, o que você quer conseguir ou com o quê quer contribuir
- fale apenas daquilo que você sabe por si mesmo, você mesmo viu e você mesmo acha
- desenvolva uma nova habilidade no seu emprego
- entre para um grupo solidário
- de pé, dobre-se para a frente e leve sua cabeça ao joelhos para esticar toda a parte de trás do corpo
- respire mais devagar e mais profundamente
- se você desenha ou escreve muito, pense em investir na compra de uma prancheta
- beba um café bom, coma uma comida boa

karma imediato

- lembre-se do valor do tempo
- **convide um amigo para um chá e para uma conversa de verdade**
- dê suas receitas prediletas como presente de casamento
- ofereça-se para participar da diretoria da escola
- prepare um caderno com dicas de organização do lar para o benefício de outros
- faça com que telefonemas sejam razoavelmente breves
- deixe cair um dinheirinho na rua e imagine quão feliz alguém ficará quando o encontrar
- acredite que há alegria no envelhecer
- reexamine seus planos cuidadosamente
- encontre alguns momentos para a amizade
- seja coerente com as crianças
- passe as férias como voluntário numa colônia de férias para crianças com câncer
- saiba que a sua vida tem propósito e significado
- na fila, deixe que as pessoas que parecem estar com pressa passem à sua frente
- pergunte, "pelo quê posso ser grato agora mesmo?"
- seja amigo da polícia
- compre um livro para alguém que tenha expressado interesse em algo novo
- quando parar num sinal de trânsito, pratique relaxamento
- consolide e compacte
- contribua para diminuir a papelada
- **faça com que seus atos contem**
- transforme uma fonte de irritação numa oportunidade para estar atento
- quando você fizer algo do qual tiver orgulho, dê a si mesmo um tapinha nos ombros

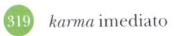

- acenda um fogo na lareira numa daquelas noites de tempestade
- varie a sua dieta
- deixe que outros terminem de falar antes de você começar
- **vá àquela reunião de família**
- a arte do arqueiro Zen é usada como uma prática espiritual para cultivar a paz interior
- sorria para um estranho
- faça tudo para trazer elegância, ordem, beleza e alegria a cada tarefa que você cumpre
- elogie os *insights* e a sabedoria de outros
- limpe as folhas do carro de um estranho no estacionamento
- o que você está buscando está bem a sua frente
- compartilhe os quadrinhos do jornal de domingo
- reconheça o condicionamento a que estão sujeitas suas experiências e esforce-se para romper com suas limitações
- envelheça com elegância
- permita-se explodir de alegria
- uma pessoa tranquila pode ter uma influência profunda numa família
- envie um cartão parabenizando um casal amigo que acabou de noivar
- o primeiro passo depende do último e o último passo depende do primeiro
- o Falar Correto do budismo significa não ceder a mentiras, fofocas ou qualquer maneira de falar à toa
- evite pessoas que tentam fazer você sentir-se culpado
- tudo o que você é resulta do que você pensou
- **experimente coisas novas mais frequentemente**
- atente ao que você fala informalmente
- mantenha-se dentro do orçamento quando planejar uma festa

- brinque de 'eu te amo mais do que... (preencha o espaço vazio)'
- evite coisas que machucam seu corpo
- empurre você mesmo para além do limite, o tempo todo
- mergulhe com todos os sentido num campo de flores silvestres
- saiba os apelidos das pessoas
- aprenda a ficar relaxado e educado independentemente de quanto estresse você sente
- não responda àqueles que contradizem você
- declare moratória a roupas novas — tente manter seu guarda-roupa por toda uma estação
- siga as dicas para economizar eletricidade e água
- abrace a moralidade
- animais têm *karma* porque têm consciência e intenção, mas somente humanos podem conscientemente discriminar entre atos benéficos ou maléficos
- faça pequenos desenhos para divertir outras pessoas
- tenha um prato de balas para seus colegas
- faça hidroterapia
- acredite que corações podem ser curados
- se notar que outra pessoa está julgando você, não seja tão rápido em concordar ou em internalizar o julgamento
- não seja um *workaholic*
- vista um pijama limpo todo dia em que estiver em casa por causa de uma gripe
- encare o sucesso como algo que você já tem
- *Bhastrika*, ou a Respiração do Fole, traz calor ao corpo, clareia e purifica a mente
- escolha um novato para ser do seu time
- faça com que seus medos sentem-se ao seu lado em vez de deixar que eles fiquem pairando sobre você

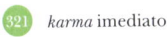

- pratique a reciprocidade
- compre bebidas geladas para as pessoas sentadas ao seu lado num jogo de basquete
- mantenha seu arquivo do imposto de renda atualizado com os últimos cinco anos de renda
- recuse desafios para duelar
- concentre-se nos valores e nas virtudes que você sabe serem importantes a longo prazo
- dê presentes a seus amigos
- decida que você é bonita
- dê uma gorjeta maior do que o normal
- explique com paciência
- **não concorde se você não concorda**
- dê uma pausa à sua escrivaninha e faça alguns exercícios com pesos
- uma vez por semana, faça uma dieta de líquidos
- jogue aos ventos as suas preocupações com esta vida
- mentalmente libere tensões pelas solas dos pés
- faça uma massagem nas costas de alguém que você ama
- muitas vezes, encontramos mais habilmente as respostas quando deixamos que a mente se acalme
- sinta-se bem a respeito das coisas que você decide perseguir
- ofereça-se para ser mentor ou conselheiro numa viagem de escola ou dos escoteiros
- considere a ideia de parar de esperar que alguém telefone
- pratique com seus filhos para ter uma sessão de ioga em família
- reconheça o seu acúmulo de potencial positivo
- trate com gentileza visitantes estrangeiros
- incentive seu cônjuge regularmente

- diminua atividades, hábitos e relacionamentos que não sejam tão recompensadores quanto outros
- construa cada dia numa base de pensamentos agradáveis
- leia somente os livros que são reconhecidos como sendo indubitavelmente bons
- faça uma pausa de cinco minutos para fazer carinho num gatinho ronronante
- ensinamentos escritos são um tipo de alimento para o seu cérebro
- reze respirando com consciência
- escreva um *haiku*
- use seu tempo com atividades que fazem de você uma pessoa melhor
- a única coisa que você sempre poderá realmente controlar é você mesmo
- adote uma floresta
- use seu tempo ao volante para respirar e refletir
- ajude alguém a morrer bem
- combata o mofo e o bolor com óleo essencial de *tea tree*
- ponha uma folha de gerânio sobre um ouvido dolorido para acalmá-lo
- tenha um inventário das coisas que estão guardadas na garagem ou no sótão
- **siga o exemplo daqueles que você mais admira**
- chame um táxi para uma pessoa idosa
- escreva legivelmente
- todos os três *doshas* (tipos físicos) devem praticar ioga, caminhar e nadar
- seja criativo ao enfrentar problemas
- dê a seus convidados aquilo que eles nunca souberam que queriam

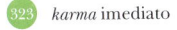

- **saiba que todo direito traz consigo uma responsabilidade**
- pratique a genuína humildade
- elogie a si mesmo constantemente
- cante enquanto toca
- saiba claramente quais são seus valores principais
- crie espaço para a respiração
- pratique movimentos de *tai chi* como um gato dando passos cuidadosos ao andar
- ponha vinagre na queimadura solar de alguém
- agradeça a alguém por acreditar em você
- certifique-se de que seu filho esteja recebendo uma boa educação
- deixe que alguém vá à sua frente numa porta giratória ou numa escada rolante
- crie uma pasta com documentos importantes para que você e todos da família possam localizá-los
- cuide de seu carro para preservá-lo
- quando você colocar as chaves em algum lugar, faça-o conscientemente; quando as pegar novamente, faça-o conscientemente
- você tem este precioso corpo humano para poder servir outros seres vivos
- cante com exaltação
- fale e aja como se tudo o que você faz fosse um verdadeiro prazer
- **concentre-se com total convicção**
- perceba que seu 'dia jogado fora' foi provavelmente a pausa da qual você necessitava
- crie o hábito de fazer boas ações para pessoas que nunca saberão que foi você
- caminhe como se estivesse beijando a terra com seus pés

- faça uma maratona de trabalho quando sentir que está ficando para trás; você se sentirá melhor
- procure ganhar sua subsistência com algo que contribui diretamente para o bem-estar do mundo, e que permite a você desenvolver melhor as suas capacidades competitivas
- a meditação em pé pode ser melhor aprendida com as árvores
- quando você faz algo de que se orgulha, saboreie a experiência
- junte-se a uma peregrinação
- respeite a vida selvagem
- ame livremente, puramente
- exija que a comida de restaurante seja fresca
- faça exfoliação de pele com uma pasta de sal marinho com óleos essenciais calmantes, como a lavanda
- seja gentil e cortês com todas as pessoas que parecerem irritadas ou de pavio curto
- dê a uma criança pequena uma caixa de papelão grande para fazer uma casa ou um carro
- deixe que seus filhos escolham e comprem uma quantia determinada de brinquedos para doar a uma instituição de caridade
- aprenda a abrir seu coração aos outros
- certifique-se de ter uma vista desimpedida da porta da frente de sua casa
- diga a alguém que você mal pode esperar para experimentar o que ele está preparando, seja lá o que for
- aprenda algo novo todo dia — ou até mais frequentemente
- deixe que outra pessoa fique com o encosto de braço no avião ou no cinema
- **em vez de se arrepender do passado, crie o futuro**

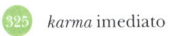

- tenha o maior sorriso do mundo
- Na dúvida, diga a verdade. (Mark Twain)
- você não falha quando perde — você falha quando desiste
- flua como um rio na direção do mar, seguindo o caminho de menor resistência
- o sacrifício por uma boa causa é carmicamente muito favorável
- quando estiver com a pessoa que você ama, esteja com a pessoa que você ama sem esperar nada em troca
- arrisque-se a se magoar novamente
- faça uma lista das dez atividades que você gostaria de fazer
- faça o que puder com o que você tem, onde quer que esteja
- na sua vida particular, acumule conhecimento e habilidades extraordinárias, mas mantenha uma aparência simples
- quando acordar de manhã, respire profundamente e preencha o seu interior com o vazio à sua volta
- toda hora da vida deve ser vivida da melhor maneira que você conseguir
- compre um rolo de adesivos coloridos e cole-os nas crianças que você conhece
- ensine a uma criança o alfabeto, os números, as formas e as cores
- numa noite de fim de semana, ponha o despertador para as duas da manhã para assar biscoitos de aveia e ler, escrever ou fazer qualquer coisa
- compre para seu filho ou sua filha o *software* que eles querem ter
- faça uma pausa proposital durante um minuto a cada hora para perceber o mundo à sua volta e dentro de você
- proteja seu entusiasmo daqueles que tendem a ser negativos

- seja um observador esperto de tudo o que acontece neste mundo
- aprecie os presentes dos outros; cada um tem sua própria maneira de presentear
- dê flores frescas — já que flores secas podem ter uma energia negativa por terem morrido
- no supermercado, agradeça ao caixa e a quem o ajuda na embalagem
- doe mantimentos ou alimentos para o abrigo de animais local
- guarde para si mesmo as suas experiências durante a meditação
- **devolva um sorriso**
- pratique *jalandhara bandha*: enquanto prende a respiração, traga o queixo firmemente na direção do peito para ajudar a energia a fluir
- seja claro e puro, totalmente modesto, não invente artificialismos e sim retorne à simplicidade
- toda mudança positiva que você faz tem a capacidade de dar frutos
- acompanhe alguém a um leilão
- quando tiver uma intuição, aja
- cultive seus próprios legumes
- o que é que você está pondo no seu corpo e por quê?
- leve seu amigo a uma loja *gourmet* cheia de coisas gostosas
- cada momento faz surgir o próximo momento
- mantenha um álbum de aniversários de uma criança, começando com o primeiro aniversário
- permita que pequenas decepções abram portas inesperadas
- a simplicidade traz mais alegria do que a complexidade
- **viva sem inveja**

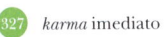

- fique quieto enquanto seu cônjuge estiver assistindo a seu programa de televisão predileto
- se a qualquer momento algo lhe der uma sensação ruim, por que não respeitar os seus sentimentos?
- seja uma verdadeira fortaleza sem perder uma admirável elegância
- vá buscar os remédios na farmácia para um amigo mais velho
- **não seja 'adulto demais' para coisa alguma**
- se alguma coisa vale a pena de ser feita, que seja bem feita
- agarre tudo: o que você agarrar é o que você vai levar
- goste dos outros, aceite os outros, ria com os outros
- receba cada manhã com um sorriso
- perceba que tudo o que você vê está na verdade acontecendo, momento a momento, dentro da sua própria mente
- pergunte, "eu vou me lembrar desta situação dentro de alguns dias, ou meses, ou anos?"
- dê uma mão
- ponha uma estátua do Buda no mesmo nível ou mais alta que os ocupantes de um aposento
- dê espaço para os cotovelos dos outros
- experimente tofu
- ajude a salvar velhas árvores
- tenha um *kit* de costura completo
- perdoe rapidamente
- aprecie tarefas simples e que lhe deem satisfação, como arrumar a bagunça da sua escrivaninha
- recupere-se
- **faça um novo colega sentir-se à vontade**
- a escola nunca termina — a sala de aula está em toda parte

- o fruto estará diretamente relacionado à semente
- pense nos tempos difíceis como sendo treinamento espiritual
- beba muita água para aumentar a sua energia
- não desperdice energia lutando contra todas as pequenas ondas — o oceano é cheio delas e elas estão sempre presentes; apenas preste atenção e corrija o curso quando for preciso
- limpe a geladeira regularmente
- dê boas-vindas ao inesperado
- encontre algo para fazer
- ofereça palavras de conforto depois de um pesadelo
- esteja aberto e receba todas as bênçãos que vêm até você
- leve o lixo para fora mesmo se não for a sua vez
- olhe nos olhos de seus filhos
- Seja paciente com tudo o que não está resolvido no seu coração e tente amar as próprias questões. (Rainer Maria Rilke)
- lembre-se de que não há pessoas estúpidas no mundo, somente pessoas infelizes
- ioga é uma ferramenta inestimável para desenvolver a intuição
- não se force a abrir mão de comidas indesejáveis ou a se privar fazendo dietas forçadas
- peixes mantidos em múltiplos de nove trazem prosperidade
- examine a sua necessidade de acumular coisas e de se apegar a elas
- perca todo desejo por coisas que estão além do seu alcance
- busque felicidade na solidão
- sente-se ereto; pratique a boa postura
- eduque as crianças para que amem a terra

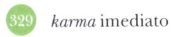

- respeite aqueles que têm autoridade
- desperte a mente sem tentar fixá-la em lugar algum
- volte a estudar para alcançar um grau acadêmico mais elevado
- não deixe que entrem em seus domínios objetos que sejam frívolos ou que irão complicar a sua vida
- são necessários vinte e um dias para se praticar um novo comportamento antes que este se torne um novo hábito
- trabalhe por um mundo sem fumo
- **pague você a conta do restaurante**
- sirva o café da manhã na cama e não se preocupe com a bagunça
- encontre a ideia pela qual você pode viver e morrer
- busque uma vida mais suave
- seja honesto, justo e gentil à medida que for seguindo pela vida
- escreva uma declaração pessoal do que considera a sua missão, para inspirar a si mesmo, não para impressionar alguém
- aprecie a vida como se ela fosse um presente
- cure uma ruptura
- considere manter um diário para ajudá-lo a se conhecer melhor
- passe a usar ingredientes naturais, produtos autenticamente orgânicos, alimentos que não sejam geneticamente modificados
- ajude alguém a exercitar um talento
- **dê uma resposta suave mesmo quando o sentimento é forte**
- tenha a coragem de relaxar e confiar no fluxo natural da vida
- expresse algo que é profundo em você, escrevendo

karma imediato

- mantenha uma profundidade de compromisso que possa ser mantida a longo prazo
- cuide das plantas
- todo dia procure algo de belo em uma pessoa
- guarde um lugar na fila para alguém
- concorde em discordar
- só a verdade liberta
- faça uma lista com tudo o que você gostaria de fazer ou de se tornar nesta vida, e então faça tudo que for necessário para que isso aconteça
- tenha um *koan* em mente enquanto estiver meditando
- quando você faz a conexão entre todas as coisas, você encontra uma maneira de sair do isolamento
- ria para desanuviar uma situação ridícula
- visite seus pais com mais frequência
- envie flores anonimamente a alguém que está precisando se alegrar
- fale suavemente e com sinceridade
- tenha um *insight*
- **cumpra suas promessas**
- fique feliz quando estiver sozinho numa multidão
- passe duas semanas escalando montanhas com a Outward Bound Brasil
- arranje tempo para pensar
- curta grandes alegrias e pequenos prazeres
- lute pelos seus próprios direitos
- ajude a limpar uma praia poluída
- desenvolva um programa de treinamento físico para si mesmo
- seja uma pessoa prestativa
- use o poder da sua imaginação todos os dias

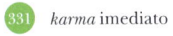

- passe um tempo com seus filhos
- evite abarrotar a sua vida com um excesso de atividades e projetos
- Se você conseguir ser gentil com as pessoas, isso será suficiente. (Dalai Lama)
- **pergunte aos outros como eles vão**
- mesmo se não tiver ajuda, siga sozinho no caminho espiritual
- estimule crianças a celebrar as suas peculiaridades
- faça seu próprio perfume
- sempre que alguém aliviar a sua carga, não se esqueça de agradecer
- diga obrigado aos porteiros
- visualize uma montanha para aprofundar a concentração e a atenção plena durante a meditação
- pense em como você pode aprofundar o seu compromisso com aqueles valores que lhe são mais caros
- mantenha todos os aposentos livres de entulho, até o porão
- promova a paz, a educação e a reconciliação entre famílias, comunidades, nações e em todo o mundo
- compartilhe seu almoço
- comemore o hoje
- doe seu tempo e sua energia a causas nas quais você acredita
- o único erro é não aprender com um erro
- aprenda uma língua estrangeira com um *pen drive* ou uma fita no carro
- seja amigo da sua irmã ou do seu irmão
- use um código secreto para 'eu te amo' entre membros da família
- faça com que um sonho se realize

karma imediato

- dê água a quem tem sede
- mime a criança em seu aniversário
- persiga o seu ideal até o fim apesar de todos os obstáculos em seu caminho
- aja como se fosse seu dever estar feliz
- acredite na dignidade do trabalho
- pratique *nadi sodhana*, ou a respiração alternando narinas, para equilibrar sua natureza emocional e física
- sua vida é o caminho
- leve uma criança para o seu trabalho
- enterre um tesouro para uma criança e faça um mapa para que ela o encontre
- pergunte a alguém se ele emagreceu
- saiba quando já for o bastante
- tenha um brilho que vem de dentro
- repetição e absorção de um som conduz ao sagrado
- monte o primeiro aquário de uma criança
- visualize aquilo que você deseja manifestar em sua vida
- esvazie o lixo toda noite sem que ninguém lhe peça
- diga, "Inalando, eu acalmo a minha raiva. Exalando, eu cuido da minha raiva."
- quando você comprar uma peça nova de roupa, livre-se de uma peça velha
- qualquer que seja a forma de *feng shui* que você escolher, seja consistente e prático
- mantenha suas negociações com outros tão francas quanto possível
- respeite a lei mesmo quando não houver um policial por perto
- Não ser apegado a algo significa estar ciente do seu valor absoluto. (Shunryu Suzuki Roshi)

- busque conhecimento para planejar, iniciativa para executar, honestidade para tudo governar
- nunca retalie
- esteja em paz independentemente da disposição do outro
- aprenda a massagear seu próprio pescoço, seus ombros e seus pés
- pare de desejar coisas materiais
- pratique a Postura do Cachorro com a Cabeça para Baixo para explorar um alinhamento correto e ajudar o sangue a voltar para o coração
- **dê a si mesmo a chance de recomeçar**
- dar é melhor do que receber
- uma vez assumido um compromisso, dê tudo de si para cumpri-lo
- esforce-se para permitir que mais coisas se desenrolem na sua vida sem forçá-las a acontecer e sem rejeitar as coisas que não deveriam estar acontecendo
- lembre-se de que as melhores coisas da vida são de graça
- as coisas nunca são tão más quanto você imagina que elas sejam
- leve um pequeno presente quando for convidado à casa de um amigo
- nada é enfadonho se o fazemos de boa vontade
- compreenda as suas próprias emoções e como elas afetam o seu comportamento
- existem três elementos — pensamento, palavra e ação — com os quais se cria o *karma*
- tenha grandes não expectativas
- ponha para tocar uma música de fundo agradável
- não seja crítico em relação aos amigos de seu amado
- dê a alguém paz e tranquilidade

- evite a sobrecarga, que deixa os seus sentimentos embotados
- escreva fábulas morais
- beije seu cônjuge sob o ramo de visco (um arbusto de Natal; esta é uma tradição americana e inglesa, N.T.)
- leve as crianças numa excursão para observar a vegetação
- leia *Como ter Controle sobre o seu Tempo e sobre a sua Vida* de Alan Lakein
- quando houver egoísmo, ofereça generosidade
- se você for religioso, afirme a sua fé todos os dias
- ofereça explicações perfeitamente plausíveis
- doe um balanço que não está sendo usado para uma creche
- lembre-se de que a integridade e a beleza interior valem mais do que a aparência
- seja um líder quando vir um caminho que outros não perceberam
- grave um grande evento em vídeo, para alguém
- use o interior para fazer o exterior agradável, mas não use coisas exteriores para fazer o interior agradável
- tente manter a boa postura em todas as suas atividades
- **pratique a medicina preventiva**
- use o amor-próprio como o único artifício para perder peso
- leve seu filho para um passeio de carro de surpresa, com uma destinação secreta
- ligue para um irmão sábio ou uma irmã sábia para pedir conselhos
- compre apenas *videogames* que não sejam violentos
- olhe sempre para o espelho retrovisor
- venda roupas não usadas em consignação
- memorize apenas piadas que não sejam sujas

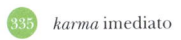

- tente não impor uma ideia aos outros, mas sim prefira pensar conjuntamente sobre ela e deixar que cada um chegue a suas próprias conclusões
- torne-se consciente de como você se sente quando come
- resista ao impulso de interferir sem necessidade nos resultados
- mesmo nas circunstâncias mais difíceis, não reclame, não entre em pânico e não perca a esperança
- recrie o seu primeiro encontro
- você recebe do mundo exatamente aquilo que você dá ao mundo
- O trabalho é muito mais divertido do que a diversão. (Noël Coward)
- leve uma criança para uma aula de cerâmica e pintura
- apazigue uma briga
- a maior parte das coisas em relação às quais que você se sente mal não são, para começar, tão más assim
- veja se você ainda consegue fazer cinquenta abdominais
- administre bem o seu tempo
- seja implacável quanto a se livrar de qualquer coisa da qual você não mais precisa
- faça pudim de chocolate para uma criança que está resfriada
- jogue fora as pilhas da forma apropriada
- faça todo ano um curso de artes
- construa um sonho e o sonho o construirá
- acredite que a felicidade é possível
- treine sua mente a precisar daquilo que a situação exige
- feche os olhos quando beijar
- mergulhe em si mesmo e encontre ali o seu refúgio
- Quanto mais silencioso você se torna, mais você consegue escutar. (Ram Das)
- visualize o sucesso, visualize a saúde

- **incentive um jovem a dar o melhor de si**
- arquive o máximo que puder eletronicamente
- Aproveite o hoje, e conte o menos que puder com o amanhã. (Horácio)
- faça um piquenique
- deixe todas as pessoas com quem você entra em contato sentindo-se melhor do que estavam antes
- ajude uma cidade a reapropriar um edifício abandonado para usá-lo como abrigo a desprivilegiados ou idosos
- **aprenda a relaxar**
- aprenda o poder da contenção
- junte-se a uma organização social que beneficia um grupo ou uma comunidade
- faça uma meditação cheia de riso
- decida por si mesmo
- tenha a elegância de se abster de uma palavra rude
- abaixe a voz
- faça um bom trabalho independente dos obstáculos que enfrentar
- passe menos tempo ao telefone
- seja aquiescente
- visualize a sua bolha protetora sempre ao seu redor
- mantenha uma perspectiva de longo alcance
- viva com a convicção de ter feito o melhor que podia
- comece a pensar de forma positiva e você imediatamente experimentará uma mudança para melhor na sua sorte
- recue quando necessário
- resolva parar de reagir negativamente a qualquer coisa que acontece a sua volta
- faça uma caminhada sob a chuva e realmente vivencie a experiência

- lute contra a difamação de homossexuais
- expresse amor incondicional
- jogue limpo
- esteja aberto a 'o que é' em vez de a 'o que seria se...'
- sente-se em uma cadeira, as mãos nas coxas, respirando pelo nariz e concentre-se em seu terceiro olho — visualizando um triângulo entre ele e suas mãos
- opte por bebidas e alimentos que o ajudam a reduzir o consumo de açúcar
- comemore as tradições de todas as religiões
- se você tiver que comer no McDonald's, peça um Lanche Feliz
- conserte os patins velhos de uma criança
- esteja aberto às imagens, aos aromas e aos sons do mundo ao seu redor
- quando a vida lhe opuser barreiras, tome desvios saudáveis
- melhore o cuidado a idosos por meio de asilos, hospitais e organizações de apoio a doentes de Alzheimer
- caminhe para permitir-se penetrar em *insights* dos quais você talvez não se tenha dado conta
- não exagere nas suas reações
- diga "saúde" quando alguém espirrar
- veja o mundo como uma miragem, como uma bolha pairando à sua frente
- abstenha-se de usar a comida como um arrimo que lhe dê coragem
- viva com metade do que você ganha e guarde a outra metade
- use bons pijamas, da mesma forma que usa boas roupas
- passe uma tarde de sábado jogando boliche
- pratique *tai chi* regularmente para se tornar mais consciente de seu corpo

- decida amar alguém agora mesmo
- leve a si mesmo para assistir a peças, filmes e atuações inspiradores
- faça algo positivo para melhorar o centro da cidade
- seja um ombro amigo
- sempre que você cometer um erro ou for derrubado pela vida, não passe muito tempo olhando para o que aconteceu
- viaje com pouco peso na bagagem
- deseje o melhor às pessoas
- desenvolva uma aptidão para tornar a vida melhor ou mais especial
- como você pode tornar a sua situação mais divertida?
- use o som do mantra *om mani padme hum* para reprimir energias negativas
- divida tarefas grandes em tarefas menores
- faça a cama
- simplesmente seja feliz
- **faça refeições sob as árvores**
- lembre-se de que o verdadeiro trabalho é metade iniciativa e metade saber como deixar que as coisas aconteçam por si mesmas
- dê a seus filhos raízes e asas
- ame a chuva
- pare de tentar mudar as pessoas
- divida com alguém um saquinho de balas
- crie aliados imaginários
- nunca castigue a si mesmo
- respire profundamente muitas vezes
- deixe que chore alguém que esteja precisando de consolo
- **peça aquilo que você quer**
- seja fácil de satisfazer

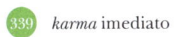

- leve um amigo curioso, receptivo e não vegetariano a um restaurante vegetariano
- pratique visualização após meditação, ioga ou exercícios
- aprenda as lições da vida com um coração leve
- dê pequenos presentes de amor
- apoie o seu clube esportivo local
- apoie a igualdade de direitos
- borrife seus pés com uma mistura de óleos de *tea tree* e de eucalipto
- abrace a solidão e o estar sozinho, dando-se conta de que você e o universo são um só
- aplauda nossos veteranos
- seja amigável mas respeite o espaço dos outros
- colecione *Gonsen koans*, que ajudam a esclarecer as palavras difíceis do mestres Zen e que abrem um mundo secreto de beleza e sabedoria
- permita que seu parceiro exagere de vez em quando
- **participe de atividades que renovem a sua energia**
- cumpra o seu dever, mesmo quando observado por olhares críticos
- todos podem aprender com a sua gentileza, e todos merecem a sua gentileza
- pergunte, "Pelo que estou esperando para ser feliz? Por que não fico feliz agora mesmo?"
- após um desentendimento, seja o primeiro a dizer 'desculpe'
- olhe para os problemas do mundo: será que seu problema é tão grande quanto você pensa?
- diminua seu consumo de sal usando ervas e temperos
- tire um dia para se cuidar — um dia de férias remuneradas ou não — e faça aquilo que quiser

karma imediato

- cultive a arte de jamais reclamar
- colha mais margaridas
- deixe que seus objetivos evoluam junto com as circunstâncias em sua vida
- jogue fora a sua apatia de coitado e aja com brio numa crise
- apoie o jornal local, independentemente de sua qualidade
- mantenha o lume aceso como expressão de boas-vindas
- invente novas maneiras de amar
- as pessoas que nós amamos precisam de espaço para serem felizes
- não fique preocupado com a aparência
- ajude a limpar um litoral
- faça piquenique em vez de ir a restaurantes
- crie um rótulo compassivo e bem-humorado para um pensamento insistente, como 'A-História-de-Como-Eu-Pisei-na-Bola-Novamente'
- acredite que você pode ter uma mente satisfeita
- seja deferente com aqueles que são mais iluminados que você
- abasteça-se de verduras e legumes
- inspire, sorria, expire, relaxe
- **realize tarefas fáceis como se fossem difíceis e tarefas difíceis como se fossem fáceis**
- mantenha privados seus pensamentos privados
- se você está num buraco, pare de cavar mais
- siga os seis princípios de pilates: concentração, controle, foco, fluxo, precisão e respiração
- você consegue não ligar para isso?
- acenda uma vela vermelha para proteção
- desenvolva um desejo ardente de não prejudicar os outros, física ou verbalmente, não importa como

- tenha uma gaveta cheia de coisas que fazem você se sentir mimado e querido
- ofereça a alguém a cereja do seu drinque
- leia e cante para seus filhos, e ouça o que eles têm a dizer
- vá dar um passeio de carro sem destino certo
- faça um voto de que, ao sentar para meditar, tudo que possa distraí-lo desaparecerá
- abra todos os seus sentidos
- toque um sino nos cantos de um aposento para limpar energias paradas ou estagnadas
- repense seu planos de ação quando as coisas ficarem complicadas demais
- em vez de fazer suas tarefas na correria, desacelere
- acredite na justiça suprema — em *karma*
- reconheça quando as coisas estiverem maduras, e saiba aproveitá-las
- ajude um projeto científico
- faça uma pausa antes que suas emoções dominem as suas ações
- faça trabalhos manuais com crianças, especialmente para um feriado próximo
- nós somos os exclusivos responsáveis por nossa própria cura
- tenha tempo para esperar; detenha-se no momento presente
- **ajude uma tartaruga a atravessar a rua**
- só depois de esvaziar a xícara de chá é que você abriu espaço para um chá realmente delicioso
- sempre se despeça de pessoas queridas com palavras de carinho
- experimente o exercício de deitar de costas e fazer abdominais empurrando o pé para baixo e elevando a pelve

- carregue apenas o peso do momento presente, e não mais que isso
- aprofunde o seu amor pela sabedoria
- discuta meio brincando
- dê à sua mente a liberdade de nada saber durante um certo tempo
- pare de se preocupar com ganhar ou perder e encontre a alegria
- pare de comprar brinquedos em demasia
- diga a si mesmo, "eu posso lidar com qualquer problema porque estou calmo e relaxado"
- não se esqueça de dar uma boa gorjeta à pessoa que traz o jornal bem cedo todos os dias do ano
- trabalhe por regras justas para todos
- quando você sente uma gratidão verdadeira, *metta* (amor-gentileza) fluirá de você naturalmente
- busque compreender os seus erros para não repeti-los
- aprenda com as situações que o fazem se sentir ansioso ou impaciente
- dê a si mesmo um tempo com seus amigos, fazendo as coisas que você quer fazer
- aprenda a usar o que acontece com você em vez de tentar controlar o que acontece com você
- abster-se de falar incorretamente não significa apenas dizer a verdade mas também evitar conversas inúteis e frívolas
- aprimore as suas aptidões de caráter social
- a indagação traz uma pitada de tempero à vida
- esteja à altura da situação e lute com bravura pelo que é certo
- **sempre faça aquilo que você tem medo de fazer**

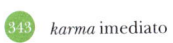

- decida deixar por cinco minutos que sua mente fique como uma tela branca e fique atento aos pensamentos que afloram
- procure e ache a quietude
- cuide dos pensamentos e as ações cuidarão de si mesmas
- exista pelo bem do homem
- direcione a sua respiração conscientemente para cada um dos sete *chakras*, passando dois minutos em cada um desses centros de energia
- livre-se de toda convicção que tenha perdido a sua utilidade
- comunique-se de forma a cultivar conexões e não divisões
- faça *flash cards** para ajudar uma criança a estudar [* cartões com perguntas em uma das faces e as respostas na outra. N.T.]
- crie um santuário mental
- quando alguém expressar uma necessidade, faça algo para ajudar
- dê a um bebê um banho com um sabonete bem suave
- **não confunda sua vida com seu trabalho; o segundo é apenas parte da primeira**
- doe seu tempo ajudando uma loja de uma instituição de caridade
- asse uns *marshmellows* com as crianças
- proclame as boas qualidades e as conquistas dos outros
- o trabalho invisível que você faz para seu próprio aprimoramento é, em si mesmo, o trabalho mais importante do mundo
- beba pelo menos três copos de água antes do almoço
- no seu caminho para o trabalho e de volta dele, escute todos os sons à sua volta sem julgar se são bons ou não
- **seja livre para mudar a si mesmo e se expressar**

karma imediato

- tenha cuidado para não criticar a mente ou lutar contra ela
- não coma por tédio
- pergunte, "como posso viver minha vida da melhor forma possível?"
- perceba que você não tem poder sobre o que acontece, mas você pode controlar a sua atitude
- visite uma galeria de arte e compre um cartão postal colorido ou uma reprodução em pôster
- ande de carrossel
- trabalhe pela melhoria das possibilidades de lazer na sua área
- organize festas infantis seguras
- fale menos sobre assuntos de trabalho
- **demonstre paciência na frente de crianças**
- tome uma posição
- ame sua sogra e seu sogro
- espere por um milagre
- sempre há uma outra opção
- dê uma festa de aniversário para um amigo
- caminhe devagar para chegar longe
- arrecade fundos para ajudar quem necessita
- quando você começa a prestar atenção, o seu relacionamento com as coisas muda
- compre comidas feitas com produtos naturais
- esteja sempre disposto a ajudar sem esperar que alguém peça
- contribua com dinheiro e com mantimentos para ajudar a alimentar quem tem fome
- a sua conduta é crucial
- assuma um compromisso a longo prazo com a prática de descartar ressentimentos

- cante "e muitas mais" ao fim de "...nesta data querida"
- enriqueça o seu ambiente por meio do som: toque muita música
- doe bons livros para um asilo de idosos
- tente não comer pelo menos seis horas antes de ir dormir
- agradeça a seus sogros por terem educado seu cônjuge da forma como o fizeram
- seja um cruzado do amor
- reveja algumas das suas receitas de carne favoritas e torne-as vegetarianas
- mude de roupa para se livrar do *chi* do dia
- se pescar um peixe, devolva-o à água
- estique e desperte seus músculos antes de sair da cama
- você precisa de mais sabedoria, não de mais conhecimento, e a sabedoria vem da atenção
- concentre-se em viver uma vida de qualidade
- **incentive artistas em potencial**
- ponha sempre algo no pratinho ou na latinha de coleta
- ame muitas coisas com paixão
- arranje um tempo só para você
- realize grandes tarefas com uma série de pequenos atos
- escolha uma instituição de caridade e ajude-a de todas as formas que puder
- tenha tempo para um chamego na cama ao acordar durante o fim de semana
- promova a hora da diversão infantil não eletrônica
- você pode tropeçar, mas deve sempre se levantar novamente
- tenha prazer em doar
- desperte sua mente fazendo algo diferente
- **observe um pássaro construindo seu ninho**

- leia livros da lista de leitura de seu filho
- encontre maneiras de integrar a sua filosofia espiritual com os seus relacionamentos
- ofereça-se para passar a noite com uma pessoa idosa para que alguém possa ter uma noite livre
- tenha um bom livro na sua mesinha de cabeceira
- monte um teatro de fantoches para uma criança enferma
- esforce-se para lembrar-se daquilo que lê
- faça amizade com uma pessoa idosa
- cante "Graça Excelsa" para levantar o seu astral
- em vez de descartar desejos, procure transformá-los
- coma frequentemente em família
- leve uma criança a uma loja de *hobbies*, jogos e passatempos
- não fique se mostrando ou tentando impressionar alguém
- cuidado com as rotinas
- tome um suplemento de cálcio
- tenha um registro de seus gastos
- ofereça-se como voluntário para brincar com crianças num hospital
- seja uma força estabilizadora para alguém
- acredite que uma promessa é uma coisa sagrada
- compartilhe a abundância de seu jardim
- desacelere, e reavalie o que é realmente importante
- mantenha-se num estado de perpétua meditação
- para um bom *feng shui*, transfira a sua área de exercícios para o centro do aposento
- leve seu animal de estimação numa visita a um asilo de idosos
- cultive a coragem
- nós somos o resultado de nossas vidas passadas, mas nós também somos o resultado daquilo que fizemos ontem

- não espere para enviar seus cartões de 'melhoras' e expressões de simpatia
- ajude uma criança a ter boas razões para curtir as férias
- varra a calçada de alguém quando essa pessoa não estiver por perto
- discipline com amor
- concentre-se na sua obrigação principal
- faça direito logo na primeira vez
- os mais sábios entre nós são os que têm menos a dizer
- organize uma coleta de lixo ou uma patrulha do lixo
- prepare um jantar para um amigo querido
- passe a sua aposentadoria sendo um voluntário para boas causas
- **não peça nada e dê tudo**
- resolva o que ficou pendente antes de concluir sua jornada de trabalho
- ajude uma criança que está com soluços
- enfrente conflitos sem se envergonhar
- ensine ética
- crie tempo para ficarem juntos sozinhos depois de as crianças irem dormir
- experimente e teste intelectualmente tudo o que tem possibilidade de ser testado
- escreva seus problemas na areia e observe a água fazendo-os desaparecer
- pare de acreditar no seu crítico interior
- estude religião comparada
- no jantar, coma frugalmente e cedo
- doe bicicletas usadas
- ponha um cobertor sobre alguém que está tirando um cochilo

- dedique parte do seu horário de almoço ao exercício — caminhada, ioga, aeróbica leve
- tente conseguir uma dedicatória de alguém famoso para um aniversariante que completa oitenta anos
- ouça as histórias de seus avós
- 'adote' uma estrada
- escolha uma postura apropriada para a meditação e faça-a corretamente
- mostre a uma criança quão divertida a vida pode ser
- faça com que alguém se sinta valorizado
- ao caminhar, apenas caminhe; ao sentar, apenas sente
- compre ingressos para assistir um *show* do seu/sua comediante preferido/a
- **você nunca perde aquilo que compartilha ou doa**
- cause um impacto nas pessoas
- crie um espaço onde você possa trabalhar em um *hobby* completamente à vontade
- faça a respiração taoísta, direcionando a inspiração para a área quatro dedos abaixo do umbigo e prolongando a expiração
- olhe e deixe que se vá
- o seu comportamento quando ninguém está olhando revela seu verdadeiro caráter
- faça enfeites 'naturais' para a árvore de Natal
- seja uma aventura
- tente adquirir a menor quantidade possível de problemas novos
- **trabalhe para se tornar, não para adquirir**
- não tenha 'frescuras'
- tome pequenos goles de chá ao longo do dia para hidratar seu corpo
- crie mapas do que fazer (criando conexões e associações lógicas) em vez de listas

- boicote um modismo
- faça um carinho nas costas ou uma massagem no pescoço
- participe de um coral
- aja de acordo com a necessidade do momento, mesmo se não for a sua
- permita que ideias amadureçam
- seja um bom amigo
- tente compreender alguém
- quando estudar, realmente aprenda
- acenda velas sobre seu altar em ocasiões especiais
- vivencie o vazio ou o 'não eu' do silêncio interior
- lembre-se de que quase tudo pode ser alcançado se você seguir com bastante calma
- ajude seus filhos a criar uma boa autoimagem
- deixe passar— porque não há nada material que valha o seu apego
- preserve estradas de terra em vez de asfaltá-las
- organize uma caça ao tesouro romântica, direcionando seu amado para um restaurante ou de volta para casa para uma comemoração íntima
- diga "bom dia" de manhã
- deixe que seu filho escolha o *menu* de uma noite da semana, principalmente a sobremesa
- tenha todo dia um plano bem claro daquilo que você deseja alcançar
- o seu passado e o seu futuro existem simultaneamente no seu presente — por isso esteja presente!
- respeite as horas de sono dos outros
- carregue a mochila de alguém
- **seja um doador de órgãos**
- sorria o tempo todo

- respeite a bandeira
- faça as coisas que fazem com que você se sinta bem consigo mesmo
- tente viver em equilíbrio
- a compaixão é uma consciência e uma determinação que exigem ação
- remova os ganchos emocionais internos que o mantêm preso a situações dolorosas
- curta ter a casa toda só para você
- leve um avô ou uma avó ao cinema
- faça algo de valor com os ingredientes comuns da vida
- trabalhe como voluntário na Special Olympics
- demonstre um senso de humor adequado à situação
- **compartilhe os créditos**
- sente-se com as pernas cruzadas, os braços para os lados como se fossem asas e sacuda seus pulsos/suas mãos rapidamente por três minutos (para o sexto *chakra*)
- cumpra o seu dever
- demonstre confiança
- ajude alguém jovem a aprender novas aptidões ou a melhorar numa área em que é fraco
- aprenda a tocar a terra com mais gentileza
- você consegue ter sempre consigo, na vida cotidiana, a imagem de uma montanha?
- tire umas miniférias numa cadeira de balanço
- entre em contato com aqueles dos quais você aprendeu, e agradeça-lhes
- dê a uma criança as férias da vida dela
- fique mais contactado com as suas mãos durante a meditação sentada
- olhe através do pensamento, não para ele

- confie que seus filhos farão a coisa certa
- tenha *joie de vivre* (alegria de viver, N.T.)
- toda tarde tenha tempo para uma xícara de chá e reflexão
- deixe que o ar fresco entre e o ar poluído saia
- cultive girassóis
- ganhe um brinde para uma criança no parque de diversões
- em todas as situações em que você se encontrar na sua vida, pergunte a si mesmo "que tipo de alimento de vida eu estou ingerindo?"
- descubra as suas fraquezas e conserte-as
- **tenha fé — em você mesmo, na sua família, nos seus amigos, no mundo**
- tente melhorar o sistema educacional
- perceba as oportunidades de ajudar que aparecem no seu caminho
- quando você sente que tem raízes em algo, você se sente em casa e fortalecido
- determine metas físicas para si mesmo
- adote uma atitude de contentamento durante a meditação
- pare de trabalhar além do horário
- ponha as necessidades dos outros antes das suas
- pratique descartar a ânsia de comer quando você não está com fome
- plante em segredo bulbos de flores por toda a vizinhança
- vá a peças e musicais de escola
- diga a alguém que você o ama ou a ama enquanto ainda há tempo
- alugue um filme romântico clássico e aconchegue-se para assistir
- vá a um lugar diferente para tomar café ou para comprar flores

- ensine a seu filho a arte de compartilhar
- procure por rostos amistosos
- termine cada sessão de ioga com alguns minutos de completo e total relaxamento
- alongue seus braços e pernas — sempre
- se alguém lhe contar um segredo, guarde-o
- admire flores silvestres à beira da estrada
- inicie para alguém uma biblioteca de livros de cozinha, ou contribua para ela
- preste atenção a cada gota de chuva
- cumpra seus juramentos
- conceda aos outros o benefício da dúvida
- todo dia cumprimente todos os empregados e funcionários com alegria e com um sorriso
- encare o desconforto, cumprimente-o, e siga com ele até que ele amadureça na forma de realização, orgulho, satisfação
- beije seu cônjuge antes de sair de casa
- para receber amor, seja amoroso
- escute uma criança praticar e ensaiar
- tenha planos, não resoluções
- peça o conselho de uma criança
- relaxe e aproveite a vista
- ouça a boa obra de músicos famosos
- divida as tarefas com outros
- deem-se mais as mãos
- pergunte a si mesmo, "isso será importante daqui a um ano?"
- ensine a seus filhos uma segunda língua
- importe-se com os menores detalhes num pedaço de mármore ou de madeira

- faça aquilo que você deve fazer, quando deve ser feito, quer você queira ou não
- trabalhe para preservar os espaços abertos
- livre-se das coisas ou você passará o resto da vida arrumando-as
- o autoconhecimento leva ao autocontrole
- a melhor cura é aceitar, abrir mão, se entregar
- o que quer que você possa fazer, ou sonhe que possa, comece a fazer
- **aprenda com os mestres**
- lembre-se de que as crianças percebem tudo o que os adultos fazem e dizem
- desenvolva uma propensão para trabalhar duro
- aprenda a beber e continuar sóbrio, apreciando aquilo que está bebendo
- **colha as suas próprias maçãs e amoras**
- aceite as emoções fortes dos outros e não se responsabilize por elas
- faça os exercícios que você adora
- não critique, condene ou reclame
- demonstre respeito pelos mais velhos
- quando se sentir tentado a criticar seu pai, sua mãe, seu cônjuge ou seus filhos, morda a sua língua
- o gengibre ajuda a digestão e estimula a circulação
- pratique visualizações quando seu corpo estiver relaxado e sua mente estiver livre
- o *tai chi* destaca a importância do foco interior e de se movimentar de maneiras que exigem equilíbrio e controle
- tire vantagem de um tempo tranquilo no ônibus
- assista a filmes que levantam o astral
- simplesmente absorva o dia

- aumente as quantidades de legumes nas receitas
- leve uma criança para pescar em um lago
- resultados positivos vêm da combinação de atividade física e calma mental, como no *chi kung*
- você não precisa de silêncio completo para meditar; não é o barulho que o incomoda, é como você encara o barulho
- deixe suas responsabilidades para trás — depois de cumpri-las
- não coma mais do que duas porções por dia de carne, e de carne magra (peixe, frango, peru, carne de porco ou carne bovina)
- faça do mundo o seu monastério — onde quer que você esteja, o que encontrar está ali para lhe dar exatamente aquilo de que você precisa naquele momento
- você é aquilo em que acredita
- dê um mergulho com *snorkel* para ter uma perspectiva diferente do mundo
- dê a crianças presentes tradicionais que tendem a ter um valor mais durável do que o modismo mais recente
- torne-se necessário para alguém
- A felicidade nunca diminui ao ser compartilhada. (Buda)
- dê preferência a produtos que sejam duráveis, fáceis de consertar, eficientes no uso de energia e funcionais
- o alimento que você come afeta a sua energia vital, as suas capacidades mentais e a sua saúde emocional tanto quanto afeta o seu bem-estar físico
- busque a sabedoria guardada no mundo
- apare a grama, regue as plantas, corte a lenha, varra as folhas — estas são atividades que ajudam a manter os pés no chão
- **ria sempre e ame muito**

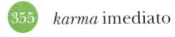

- encontre tempo para cumprir uma promessa
- leia, medite, estude, pinte, faça jardinagem, esculturas, nade, escreva, cozinhe, jogue tênis, visite um museu
- seja flexível, física e mentalmente
- faça elogios ao cozinheiro
- tenha compromisso com um autoaprimoramento diário
- tudo que vale a pena exige um certo sacrifício
- acorde ao som de música clássica
- assista a uma aula sobre meditação
- dê a si mesmo tempo livre para deixar sua mente vagar
- envolva-se com boas pessoas
- mude o nome do personagem principal de um livro que você lê em voz alta para o nome do seu filho
- estimule o miraculoso acreditando no impossível
- faça todas as suas refeições longe da televisão, do computador e do telefone
- compre defumadores feitos de sálvia e caminhe pela casa com o defumador aceso; isso purifica a energia de sua aura
- diga a crianças que você confia nelas
- telefone para as suas duas pessoas prediletas e diga o quanto elas são maravilhosas
- Pois eu aprendi a achar satisfação em qualquer estado em que me encontre. (Epístolas paulinas 4:11)
- faça o seu trabalho, e então tome alguma distância; este é o único caminho para a serenidade
- esteja pronto para o imprevisto
- espalhe todas as boas novas que puder
- sente à beira-mar e ouça o som das ondas
- faça uma lista com as 100 perguntas que são importantes para você

- cultive um coração sem fronteiras para com todos os seres
- faça uma parada total
- deixe o mundo um pouco melhor
- corte as pessoas tóxicas da sua vida
- curta a combinação entre sua mente e seu corpo, que é única
- se quiser que as pessoas façam mais, elogie e aprecie o que eles já estão fazendo
- fique de olho nas crianças quando elas estiverem na piscina
- um ato de meditação é na verdade um ato de fé — fé no seu próprio potencial
- brinque com seu animal de estimação
- faça o exercício Gato/Vaca de ioga, no chão de quatro — e respire
- Todo momento é de ouro para aquele que tem visão para reconhecê-lo como tal. (Henry Miller)
- anime os corações
- uma canção pode fazer um momento cintilar
- aprenda o vocabulário dos assuntos pelos quais você tem um interesse apaixonado
- encare a verdade
- ponha no bolso de alguém um bilhete com uma lista de coisas boas que podem fazê-lo feliz
- fique bem aconchegante num roupão de banho enquanto lê um bom livro
- omita palavras desnecessárias
- comprometa-se a fazer um mundo melhor
- dê a sua mente a liberdade necessária para chegar além do sofrimento
- faça de si mesmo uma pessoa interessante
- **ofereça bons votos a todos os seres que você encontrar**

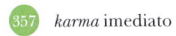

- deixe para membros da família um bilhete de amor para cada dia em que estiver ausente durante uma viagem
- envie um cartão de solidariedade para uma criança que tenha perdido seu bicho de estimação
- o nome de alguém é para ele mesmo o mais doce dos sons
- leia toda manhã uma página de um livro inspirador
- uma grande ideia pode revolucionar a sua vida
- leve as coisas numa boa
- pendure ramos de visco para garantir muitos beijos na sua casa [beijar sob um ramo de visco é uma tradição americana, N.T.]
- doe uma cesta de basquete para um centro de recreação local
- faça uma colcha de retalhos para seu filho ou seu neto
- seja o mesmo na vida privada e na vida pública
- de vez em quando, deixe o seu espírito aventureiro ditar as regras
- retire os seus antolhos
- atente aos pontos de vista de outras pessoas
- mantenha bem abastecido um *kit* de material de escritório ou escolar
- torne-se um só com cada postura de ioga
- programe sua diversão
- crie uma ilha de apenas 'ser' no meio do mar do constante 'fazer'
- a decisão de mudar tem a sua própria beleza
- abstenha-se de elogiar as suas próprias qualidades e realizações
- venda os livros que você não usa mais
- cresça profissional e pessoalmente
- envie bilhetes encorajadores

- tenha um efeito positivo sobre as pessoas
- escolha a fila mais longa no supermercado ou no banco — respire devagar e concentre-se na sua impaciência
- apoie a agricultura orgânica
- **deixe que seus pensamentos negativos se vão, deseje o melhor aos seus inimigos (mesmo que seja na privacidade da sua própria mente)**
- Um grande homem demonstra a sua grandeza na forma com que trata homens menores. (Thomas Carlyle)
- experimente o exercício de ioga 61 Pontos de Relaxamento, um relaxamento do corpo numa ordem numérica de pontos
- aprenda com cada pessoa que você encontra
- lembre-se de que você só é tão flexível quanto a sua coluna
- você é o seu *karma*
- identifique-se menos com o exterior físico, sempre em transformação, e mais com o seu espírito
- faça uma moratória nas compras — limite-se a comprar somente alimentos e o essencial — por trinta dias
- telefone para saber como vai alguém que está doente
- apoie um alcoólatra que está se reabilitando
- cada dia traz novas oportunidades de iluminação
- **sempre que um pensamento surgir, jogue-o fora**
- mantenha seus olhos e seus ouvidos abertos para receber as mensagens das quais você precisa
- pedras lisas, arredondadas, passadas de dedo a dedo aliviam a preocupação, focam a mente e acalmam as ansiedades
- veja por si mesmo
- quando estiver triste, faça aquilo que realmente o deixa feliz

- o *chi* se move mais eficazmente por trajetórias curvas, não por trajetórias retas ou ângulos agudos
- dê nas crianças um beijo de boa-noite, mesmo se elas já estiverem dormindo
- desafie as regras
- empenhe-se com bravura
- observe suas intenções antes de realizar atividades rotineiras
- para comer da maneira Zen, cada mordida e cada migalha devem ser saboreadas total e completamente
- nunca tome um relacionamento amoroso como garantido
- o perdão está no cerne de toda felicidade
- você não precisa seguir suas emoções só porque elas vieram à tona
- seja um exemplo de leitura
- ajude num centro para idosos uma vez por semana
- relaxe com a vida
- perceba os menores ruídos, os menores movimentos e as menores mudanças de luz
- limpe os dentes do seu animal de estimação
- **saiba que nem tudo precisa ser dito**
- acenda uma vela verde para curar as energias e trazer boa sorte e prosperidade
- dedique-se a conhecer as pessoas
- leve biscoitos de Natal para os amigos
- tenha somente dúvidas construtivas
- estabeleça objetivos que sejam ambiciosos mas possíveis
- dê ao seu parceiro uma rosa de caule longo
- encomende uma felicitação de aniversário na estação de rádio favorita de alguém
- tenha todo dia um *happy hour* sem álcool

- uma respiração liberadora — inalando pelo nariz e exalando com força pela boca — ajuda a soltar a raiva e as frustrações
- renove seus votos de casamento
- perdoe os erros alheios
- discipline com uma mão gentil
- se estiver num mundo de fantasia, volte rapidamente à realidade
- vá com tudo — totalmente
- areje a sua casa e adicione algumas flores cheirosas
- calce meias nos pés de uma criança adormecida para que seus pés estejam quentinhos quando ela acordar
- tenha *hobbies* manuais como artesanato em madeira, pintura ou culinária
- **dê a si mesmo um dia livre**
- vislumbre o vazio infinito à sua volta
- escolha um emprego do qual goste
- delegue uma tarefa ao preparar o jantar
- ponha sua mente no 'silencioso'
- tome um suplemento vitamínico todos os dias
- participe de comemorações que sejam importantes para os que lhe são próximos
- enfrente o trânsito da hora do *rush* com um sorriso
- aprenda a tolerar as pequenas coisas
- **compreenda as origens de sua religião**
- permita a alguém o luxo de dormir até mais tarde
- ofereça seu jornal ou sua revista a alguém quando for sair de uma sala de espera
- veja poesia em tudo
- a única razão para estarmos aqui é aprender, e o *karma* oferece as lições

- O que não é fácil de fazer deve ser feito com muita persistência. (Confúcio)
- A vida é dez por cento o que acontece comigo e noventa por cento como eu reajo a isso. (Lou Holtz)
- o que faz você se sentir bem também pode fazer você aparentar estar bem
- todas as grandes coisas são feitas de forma silenciosa, humilde e simples
- perceba o romantismo do momento
- respeite o estilo de cada criança
- fique bem-casado para o resto da vida
- espere sua vez
- agradeça ao seu cônjuge regularmente
- redefinir um objetivo não significa que você fracassou, apenas que aprendeu com a experiência
- passe seu tempo com pessoas que acham você maravilhoso e que lhe dizem isso
- mantenha viva a criança que existe dentro de você
- acenda a sua imaginação com pequenos detalhes
- comemore todos os seus aniversários, não importa quantos anos você faz
- use os dias chuvosos para realizar projetos especiais que você vem adiando
- deixe que a sua inerente gentileza o libere
- **decida quais são as batalhas que valem a pena ser travadas e as que devem ser deixadas de lado**
- procure saber mais sobre técnicas inovadoras de trabalho corporal
- empregue pessoas que gostam de pessoas
- dê de presente um unicórnio chinês para trazer bons fluidos a alguém

- tenha ótimas refeições de reserva no congelador, como uma pizza vegetariana de pão francês
- ame as ferramentas com as quais você trabalha
- para reanimar sua energia e seu espírito durante a tarde, experimente automassagem, ioga, *tai chi* e/ou exercícios de respiração
- se você caiu na comilança, retorne imediatamente às três refeições diárias
- faça tudo o que for necessário para o bem-estar da biosfera
- incentive uma criança a aprender algo
- quanto menos se falar sobre o sofrimento da vida, melhor
- a forma como você come, bebe e caminha na vida diária tem impacto no mundo
- valha-se de qualquer desculpa para estar ao ar livre
- use roupas das quais você gosta
- o melhor produto de beleza é viver uma vida verdadeira
- use sua energia de forma positiva
- ajude a salvar uma 'alma perdida'
- cubra seu parceiro de beijos
- tenha muitas flores em sua casa
- estime seus amigos
- cante com enlevo
- **comece de onde está**

SOBRE A AUTORA

Barbara Ann Kipfer é a autora de mais de vinte e cinco livros. Ela tem mestrados em Estudos Budistas e Linguística, e doutorados em Linguística e Arqueologia. Além de vários livros publicados pela editora Workman, incluindo o *best seller 14.000 coisas para ser feliz*, ela também escreveu muitos livros de referência. Ela cria bom *karma* como lexicógrafa e arqueóloga, e vive em Connecticut com sua família.

CONHEÇA OUTROS TÍTULOS DA ODISSEIA EDITORIAL

Sua meditação:
3.299 mantras, dicas, citações e koans para a paz e a serenidade
Barbara Ann Kipfer

Um momento todo seu!
Sua meditação é um guia com dicas, reflexões, koans e mantras, baseado em práticas espirituais, como zen-budismo, ioga e sufismo. O livro apresenta uma gama variada de meditações e técnicas de respiração que podem ser praticadas em qualquer momento e em qualquer lugar, visando à diminuição do ritmo do cotidiano e ao aproveitamento da vida.

O leitor aprenderá a meditar e relaxar em momentos estressantes, como em um engarrafamento, ou ainda em situações que passariam despercebidas, como fazer compras no supermercado ou aguardar uma consulta médica. Ele entenderá ainda a importância da meditação para alcançar o equilíbrio, o bem-estar e a serenidade, buscando viver de forma mais tranquila.

Os mitos da felicidade
Sonja Lyubomirsky

Em *Os mitos da felicidade*, a professora de psicologia da Universidade da Califórnia Sonja Lyubomirsky desconstrói os mitos que criamos para os momentos mais marcantes da vida, como o casamento, o nascimento dos filhos, ou a conquista do emprego tão almejado. Acreditamos que a felicidade só será alcançada quando certa conquista for feita, e que se isso não nos tornar felizes pode haver algo de errado conosco. Com seu olhar pragmático, Lyubomirsky faz uma abordagem realista dos momentos críticos que atravessamos, e mostra que devemos manter a mente aberta para enxergarmos além do caos.

CONHEÇA OUTROS TÍTULOS DA LEXIKON EDITORA

Dicionário analógico da língua portuguesa
Ideias afins / Thesaurus
Francisco Ferreira dos Santos Azevedo

Expressar uma ideia com clareza e elegância é um desafio da comunicação. Sabemos muito bem que o vocabulário comum, adquirido e manejado no círculo de amizades e de trabalho, não nos basta, em determinadas ocasiões, para expressar exatamente o nosso pensamento. O contato com a gramática e com os dicionários é importante, mas precisamos recorrer a outras fontes quando precisamos empregar palavras de uso comum para sermos perfeitamente compreendidos. A principal dessas fontes, um dicionário analógico, provê essas palavras, a partir de seus análogos. O *Dicionário analógico da língua portuguesa: ideias afins* é um verdadeiro *Thesaurus*, uma coleção de conceitos de grande importância e valor para quem escreve por gosto ou por ofício.
Conheça também a versão da Coleção referência essencial: *Thesaurus essencial — dicionário analógico*

Novíssimo Aulete
dicionário contemporâneo da língua portuguesa

A Lexikon Editora apresenta o *Novíssimo Aulete — dicionário contemporâneo da língua portuguesa*, cuidadosamente adaptado à nova ortografia, segundo o Acordo Ortográfico.
O acervo de palavras abrange mais de 75 mil verbetes de vocábulos e elementos de composição, aos quais se somam locuções e expressões idiomáticas, atingindo com isso cerca de 95 mil unidades de significado, que geram cerca de 200 mil acepções. O universo de palavras do *Novíssimo Aulete* é, pois, abrangente e atual, na medida em que oferece uma consistente representatividade do léxico da língua portuguesa falada no Brasil, em um dicionário de porte médio.

Este livro foi impresso no Rio Grande do Sul em agosto de 2014,
pela Edelbra Gráfica e Editora para a Odisseia Editorial.
As fontes usadas são: ITC New Baskerville 10/13.5pt no
miolo e Gill Sans 12/13.5pt para títulos e subtítulos.
O papel do miolo é offset 63g/m² e o da capa é cartão 300g/m².